PBF XI, 4

(Novotná)

PRÄHISTORISCHE BRONZEFUNDE

Im Rahmen der
Union Internationale des Sciences Préhistoriques et Protohistoriques

herausgegeben von
HERMANN MÜLLER-KARPE
Universität Frankfurt

C. H. BECK'SCHE VERLAGSBUCHHANDLUNG
MÜNCHEN

PRÄHISTORISCHE BRONZEFUNDE

ABTEILUNG XI · BAND 4

Halsringe und Diademe in der Slowakei

von

MÁRIA NOVOTNÁ

Archäologisches Seminar der Universität Bratislava

C. H. BECK'SCHE VERLAGSBUCHHANDLUNG
MÜNCHEN

Mit 81 Tafeln

Schriftleitung: Seminar für Vor- und Frühgeschichte der Universität Frankfurt a. M.
H. Müller-Karpe, A. Jockenhövel

Übersetzung: Adolf Schebek
Redaktion: Ulrike Wels-Weyrauch
Zeichnungen: Gerhard Endlich, Berthold Hartung, Eva Hofmann, Monika Seidel, Karin Sommerfeld, Ernst Stahl

Gedruckt mit Unterstützung der Deutschen Forschungsgemeinschaft

ISBN 3 406 09064 8

© C. H. Beck'sche Verlagsbuchhandlung (Oscar Beck) München 1984
Satz und Druck des Textteils: C. H. Beck'sche Buchdruckerei Nördlingen
Reproduktion und Druck des Tafelteils: Graphische Anstalt E. Wartelsteiner Garching-Hochbrück
Printed in Germany

VORWORT

Gegenstand der vorliegenden Arbeit ist eine relativ kleine Kollektion von kupfernen und bronzenen Halsringen, Stirnbändern und Diademen aus der Slowakei. Eine Sondergruppe bilden die Barrenringe, die im Hinblick auf ihre Verknüpfung mit den altbronzezeitlichen Ösenhalsringen in das Manuskript mitaufgenommen wurden. Die zeitliche Begrenzung des Fundstoffes entspricht den Erfordernissen der PBF-Reihe; erfaßt sind die ältesten, noch äneolithischen Stücke bis zu den Halsringen und Stirnbändern aus dem Ende der Hallstattzeit. Der Fundkatalog enthält alle erreichbaren, in den tschechoslowakischen und ausländischen Museen, wissenschaftlichen Institutionen und Privatsammlungen aufbewahrten Funde sowie die auf sie bezogenen Literaturhinweise. Die meisten Zeichnungen wurden nach Originalvorlagen ausgeführt.

Der Textteil wurde im Sommer 1979 abgeschlossen. Neue bzw. auch ältere, nur nachträglich zur Kenntnis gelangte Funde sind zwar dem Katalog beigefügt, doch nicht mehr im Text ausgewertet worden.

Ich halte es für meine angenehme Pflicht, in erster Linie Herrn Professor H. Müller-Karpe meinen aufrichtigen Dank auszusprechen für sein meiner Arbeit von allem Anfang an entgegengebrachtes Interesse, seine wertvollen Ratschläge und die Aufnahme der Arbeit in die Reihe der Prähistorischen Bronzefunde.

Für die Überlassung des Materials bin ich zahlreichen Museen und Institutionen, ihren Direktoren und allen Fachkollegen, die mir freundlicherweise Unterstützung und Hilfe boten, zum Dank verpflichtet. Besonders danke ich Herrn Dr. T. Kemenczei, Magyar Nemzeti Múzeum Budapest, Herrn Dir. Hofrat Dr. W. Angeli, Naturhistorisches Museum Wien, Herrn Dr. A. Sherratt, Ashmolean Museum Oxford, Herrn Dr. J. E. Sjöberg, Arkeologiska Museum Göteborg, Herrn Dr. D. Gašaj, Východoslovenské múzeum Košice, Herrn Dr. V. Hanuliak, Liptovské múzeum Ružomberok, Herrn Dr. J. Hartl, Národní muzeum Praha, Herrn Dir. Prof. Dr. B. Chropovský, DrSc., Archeologický ústav SAV Nitra, Herrn Dr. I. Keller, Mestské múzeum Bratislava, Herrn prom. hist. R. M. Kovalčík, Podtatranské múzeum Poprad, Herrn Dr. R. Kujovský, Oblastné Nitrianske múzeum Nitra, Herrn prom. hist. J. Labuda, Slovenské banské múzeum Banská Štiavnica, Herrn prom. hist. J. Moravčík, Považské múzeum Žilina, Frau Dr. T. Nešporová, Trenčianske múzeum Trenčín, Herrn Dr. P. Novák, Západoslovenské múzeum Trnava, Herrn Dr. J. Paulík, CSc., Slovenské národné múzeum Bratislava, Frau prom. hist. P. Ratimorská, Oblastné Podunajské múzeum Komárno, Frau Dr. M. Remiášová, Múzeum Bojnice, Herrn Dr. M. Říha, Záhorské múzeum Skalica, Herrn prom. hist. M. Slaninák, Slovenské národné múzeum Martin, Frau Dr. E. Studeníková, Slovenské národné múzeum Bratislava, Herrn Doz. Dr. A. Točík, DrSc., Archeologický ústav SAV. Nitra, Herrn prom. hist. G. Tököly, Banícke múzeum Rožňava, sowie den Museumsdirektionen in Betliar, Nové Mesto nad Váhom, Piešťany und Rimavská Sobota.

Frau Dr. A. Mozsolics, Budapest, und Herrn Dr. E. Schubert, Römisch-Germanische Kommission des DAI. Frankfurt/M., bin ich für viele Anregungen und Hinweise dankbar.

Herrn Direktor Prof. Dr. F. Maier und allen Kollegen der Römisch-Germanischen Kommission bin ich zu Dank verpflichtet für die umfassende Unterstützung in ihrem Hause.

Herrn Dr. A. Schebek danke ich für die Übersetzung des slowakischen Manuskriptes ins Deutsche sowie für alle damit verbundene Mühe und Frau Dr. U. Wels-Weyrauch für die umsichtige redaktionelle Betreuung. Mein Dank gilt auch der Deutschen Forschungsgemeinschaft für die mir zuteilgewordene Beihilfe.

Die Reinzeichnungen und die Montage der Tafeln wurden im Seminar für Vor- und Frühgeschichte der Universität Frankfurt/M. von G. Endlich, B. Hartung, E. Hofmann, M. Seidel, K. Sommerfeld und E. Stahl angefertigt, denen ich an dieser Stelle dafür danken möchte.

Bratislava, im Oktober 1981 *Mária Novotná*

INHALTSVERZEICHNIS

Einleitung 1

Der Fundstoff
Kupferzeitliche Halsringbarren 9
Älterbronzezeitliche Hals- und Barrenringe 13
    Drahthalsringe 14
    Ösenhalsringe 17
    Ringbarren 20
Sonderformen glattstabförmiger Halsringe 27
Tordierte Halsringe 30
    Tordierte Ösenhalsringe 30
        Dünnstabige tordierte Ösenhalsringe 30
        Massive tordierte Ösenhalsringe 32
        Verwandte Formen 36
    Einzelformen tordierter Halsringe 38
    Unbestimmbare Halsringfragmente 40
    Tordierte Drahthalsringe 43
    Wendelring 44
    Große tordierte Doppelringe 45
Ringhalskragen 46
Drahthalsring vom Typ Várvölgy 47
Posamenteriekolliers 48
Halsringe vom kujawischen Typ 52
Rundstabige Halsringe mit Endspiralen 56
Diademe vom Typ Istebné 57
Drahtdiademe mit Seitenspiralen 60
Blechstirnbänder und -diademe 62
Kragenartige Blechdiademe vom Typ Vácszentlászló 67
Sonstige, nicht näher klassifizierbare Stücke 69

Anhang: Analysentabelle 72

Verzeichnisse und Register
Verzeichnis der allgemeinen Abkürzungen 74
Verzeichnis der Literaturabkürzungen 75
Verzeichnis der Museen und Sammlungen 77
Verzeichnis der Fundortabkürzungen auf Taf. 66/67 79
Ortsregister 80

Tafeln 1–81

EINLEITUNG

Bronzene Halsringe, Stirnbänder und Diademe bilden in der Slowakei zwar fundmäßig eine Minderheit, doch typologisch eine ausgeprägte Denkmälergruppe der Bronze- und Hallstattzeit. Daß man ihnen bislang relativ wenig Aufmerksamkeit schenkte, hängt vielleicht mit der Langlebigkeit einiger Typen und demzufolge mit der beschränkten Möglichkeit ihrer Verwendung zur genaueren Zeitbestimmung zusammen. Als Ausnahme in dieser Hinsicht gelten die Halsringe der Frühbronzezeit und einige urnenfelder- und hallstattzeitliche Typen von Diademen bzw. Halsringen. Die ersteren hat jüngst E. Schubert im Hinblick auf die kulturethnologische Seite, die Herstellungstechnik, Metallbeschaffenheit und Typologie sowie in bezug auf die Barrenringe ausgewertet.[1] Verfasserin behandelte vor einiger Zeit ihre Funktion[2] und trug auch die kragenartigen Blechdiademe (Typ Vácszentlászló – Nr. 378. 379), die Posamenteriekolliers (Nr. 338–341) und die Halsringe aus Draht (Nr. 9–17) sowie einige weitere hallstattzeitliche Typen (rundstabige Halsringe mit Endspiralen [Nr. 346–350], Istebné- [Nr. 351–357] und kujawischer Typ [Nr. 342–345]) aus der Slowakei und Ungarn zusammen.[3] In seiner späteren Arbeit nahm S. Foltiny zu dem bisher unbekannten Fund eines Diadems vom Typ Istebné aus Dobšiná (Nr. 344) Stellung.[4]

Die vorliegende Arbeit hat das Ziel, die Funde typologisch zu gliedern, ihre Stellung in zeitlicher und kultureller Beziehung zu bestimmen (s. Abb. 1 und Taf. 81), ihrer Funktion als Trachtteil nachzugehen bzw. ihre Bedeutung auf kultischem und symbolischem Gebiet des vorgeschichtlichen Menschen zu erörtern. Dabei wurde die Herkunft und Entstehung und nicht zuletzt auch die Herstellungsweise in Betracht gezogen, wodurch ein tieferer Einblick in die Technologie der Bronzeverarbeitung in einzelnen Zeitabschnitten bzw. Kulturen oder Kreisen der Bronze- und Hallstattzeit gewonnen werden soll.

Die Arbeit umfaßt alle im Original zugänglichen bzw. aus der Literatur bekannten Funde von den ältesten, noch äneolithischen kupfernen Halsringen(-barren) und Stirnbändern an bis zu den jüngsten aus Bronze gefertigten hallstattzeitlichen Stücken. Die Aufteilung in Typen und Varianten trägt sowohl dem typologischen als auch dem chronologischen Gesichtspunkt Rechnung. Bei ihrer Benennung wurde in Anlehnung an die für das PBF-Unternehmen geltenden Richtlinien auf die Formgestaltung oder im Falle der eigenständigen, spezifischen Typen, auf den charakteristischen oder die Herkunft bezeichnenden Fundort geachtet. Um einem Namengewirr auszuweichen, sind viele Typen und Varianten innerhalb größerer Gruppen ohne Bezeichnung (z.B. tordierte Halsringe) belassen und die vorhandenen Unterschiede jeweils in die Charakteristik einbezogen worden.

Die Typenverwandtschaft der frühbronzezeitlichen Barrenringe (Rohformen) mit den Halsringen führte häufig zu Funktions- und Begriffsverwechslung, auf der anderen Seite aber, ihres Verhältnisses zueinander wegen, sah sich die Autorin veranlaßt, die ersteren in den Fundbestand einzufügen. Zur Ergänzung des Bildes über die beständigen Barrenformen der älteren und ausgehenden mittleren Bronzezeit in der Slowakei wurde in den Fundkatalog auch der bisher einzige slowakische Rippen- (Spangen)barren (Nr. 230) miteinbezogen.

Der Fundstoff enthält zwei Formengruppen: Halsringe und Stirnbänder bzw. Diademe. Eine genaue Zuweisung zu der einen oder anderen Gruppe bzw. Funktion ist in manchen Fällen nicht nur schwie-

---

[1] E. Schubert, 54. Ber. RGK. 1973/1974, 78f.
[2] M. Novotná, Slov. Arch. 29, 1981, 121f.
[3] Dies., Musaica 7, 1967, 47ff; dies, ebd. 8, 1968, 29ff.
[4] S. Foltiny, Musaica 13, 1973, 89ff.

rig, sondern unmöglich. So kann z. B. der Istebné-Typ (Nr. 351–357) sowohl als Halsring wie auch als Diadem angesehen werden. Unklarheiten hinsichtlich der Funktionsbestimmung ergeben sich ebenso bei den riesengroßen tordierten Doppelringen mit Hakenverschluß. Ihr Gebrauch als Metallgürtel ist nicht auszuschließen, obgleich ihre Form und technische Details eher für eine Verwendung als Halsringe sprechen.

Die ältesten Halsringe aus der Slowakei sind aus glattem oder auch tordiertem Kupferdraht hergestellt. Sie treten im späteren Abschnitt der Badener Kultur in der Zips an einem einzigen Fundort, Vel'ká Lomnica (Nr. 1–8), auf. Eine Reihe gleicher Anzeichen, u. a. die Typenübereinstimmung mit den ältesten europäischen Drahtstücken und Drahtringen der Bodrogkeresztúr-Kultur, bei denen erstmals die Torsion auftritt, die gleiche Metallbeschaffenheit bei einigen Funden (E. Schuberts Typ Nógradmarcal[5]), läßt einen genetischen Zusammenhang vermuten, wenn auch die bestehende Zeitlücke durch neue Funde nicht überbrückt worden ist. Die Bedeutung des innerkarpatischen metallurgischen Kreises, dessen integrierter Bestandteil die Bodrogkeresztúr-Kultur war, liegt also nicht nur in seiner Selbständigkeit und Unabhängigkeit, sondern in seiner Überlieferung, auf der weitere Generationen bauten. Ihm zu verdanken sind der Aufschwung des Abbaus und der Rohstoffverarbeitung sowie die Nutzung neuer Quellen (erstmaliges Vorkommen des Kupfers vom Typ Nógradmarcal), Herstellung eigenständiger Schwergerättypen und schließlich die Erfindung zahlreicher neuer, früher unbekannter Formen der Metallindustrie wie der Dolche, Messer und eben auch der Ösenhalsringe aus Draht und Blechstirnbänder. Ihnen folgten in Anlehnung an die erwähnte Tradition – obgleich nicht unmittelbar anknüpfend – die älteren frühbronzezeitlichen Halsringe aus Draht. Unter den Funden aus dem mittleren Donaugebiet ist gleichzeitig der Prototyp der ältesten gegossenen Halsringe zu erkennen; seine Umgestaltung in gegossenen Schmuck erfolgte im Wirkungsbereich der Aunjetitzer Kultur, wie aus der räumlichen Verbreitung der Halsringe und der Fundleere in der entlegenen Ostslowakei und der gesamten Theißebene zu ersehen ist. Wir wissen vorläufig nicht, wie weit die Schmuckstücke infolge der Handelsbeziehungen südostwärts vordrangen (z. B. Mokrin) oder ob sie dort einem anderen Produktionskreis zuzuschreiben sind. Die Auswirkung der Aunjetitzer Kultur in der südwestlichen Slowakei äußert sich unter anderem durch das häufige Vorkommen von gegossenen Halsringen in den Gräbern der Hurbanovo-Gruppe und solcher der Wieselburger und Aunjetitzer Kulturen. Die den „aunjetitzischen" Halsringen eigene Form verschwindet am Ende der älteren Bronzezeit aus den Gräbern gänzlich und kommt nur noch vereinzelt in den Depots bis zum Anfang der mittleren Bronzezeit vor.

Aus nahestehenden Vorläufern bildeten sich die blechernen Stirnbänder heraus. Sie erscheinen erstmalig im Depot der Cucuteni-Stufe AB von Gorodnica neben zwei kleineren, doch typenmäßig mit den Ösenhalsringen identischen Drahtringen (Dm. 5,6 × 5,2 cm und 5,4 cm), einer „bodrogkereszturer" Hakenaxtform (Typ Jászladány), einem Tongefäß der Tripolje-Kultur und einem Dolch.[6] Ein anderes Stirnband aus dem Ockergrab von Vukovar läßt genetische Beziehungen zu Osteuropa vermuten.[7] Die von T. Sulimirski vorausgesetzte Reichweite dieser Beziehungen bis zum ägäischen Gebiet (frühere Phase der Kykladischen Kultur, Troja II bzw. Maikop im Kaukasus) stößt auf eine zeitliche Unstimmigkeit, ist doch das Stirnband aus Gorodnica viel älter als alle anderen bekannten Funde aus den aufgeführten Gebieten. Die Abweichungen im Äußeren der einzelnen Stücke haben aufs ganze gesehen etwas Eigentümliches an sich und zeugen von einer individuellen, symbolischen Einstellung

---

[5] Schubert, Vortrag am IX. Intern. Symposium Nitra-Nové Vozokany, Oktober 1979.

[6] T. Sulimirski, MAGW. 91, 1961, 91 ff. (ohne Ösenringe).

Für den freundlichen Hinweis danke ich Herrn E. Schubert.

[7] J. Brunšmid, Vjesnik Hrvat. Arch. Društva 6, 1902, 60 ff. Abb. 19, 1.

dieser eigenartigen Schmuckgattung gegenüber. Etwas jünger als der Fund aus Gorodnica ist das Stirnband der Badener Kultur aus Vörs.[8] Gemeinsam ist beiden die schmale, den ganzen Kopf umspannende Bandform, die sich dadurch von dem spätbadener, nur als Stirnschmuck gedachten Exemplar aus Vel'ká Lomnica (Nr. 362) unterscheidet. In zeitlicher Hinsicht verläuft die Entwicklungsreihe der Stirnbänder nicht fließend. Ähnlich wie bei den Halsringen beobachten wir auch bei ihnen die fast gleichen aufeinanderfolgenden Zeitlücken: in der Cucuteni-Stufe AB, in der klassischen und späten Stufe der Badener Kultur und danach erst in der frühen Bronzezeit. In der Slowakei treten sie in der Bronzezeit in den Gräbern der Frühstufe der Nitra-Kultur und später auch in denjenigen der Hurbanovo-Gruppe, der Aunjetitzer und Mad'arovce-Kultur auf. Als zeitlich gleichlaufend betrachten wir die Stirnbänder und Diademe aus dem östlichen Mittelmeergebiet, aber auch aus Kreta und Anatolien.

Die Tradition der mitteldonauländischen altbronzezeitlichen Stirnbänder greift unmittelbar auf die nicht nur in der Slowakei, sondern auch in Niederösterreich (Gemeinlebarn, Gedersdorf, Spitz, Unterwölbling[9]) vorkommenden Stücke über; von ihnen dürften gleichsam die Funde aus Böhmen (Hluboká, Hosť, Kamýk)[10] und Süddeutschland (Straubing)[11] abgeleitet sein. Die in der Slowakei gefundenen Stirnbänder machten hier keine markante Entwicklung durch und starben in der mittleren Bronzezeit aus. Es handelte sich um einfache, spärlich und anspruchslos verzierte, im Südwesten des Landes konzentrierte Exemplare. Der vorläufig einzige Stirnbandfund in der Ostslowakei stammt aus Barca (Nr. 375), dessen Band breiter und mit einem Sonnenmotiv verziert ist.

Später wurden die Stirnbänder aus organischem Material gefertigt: aus Textil oder Leder, manchmal mit aufgenähten Metallzieraten. Sollten sowohl die im lausitzischen Grab von Malé Krštěňany vom Feuer verzogenen Blechfragmente (Nr. 376) als auch das im Frauengrab der Čaka-Kultur von Dedinka gefundene Stück (Nr. 377) tatsächlich von einem Stirnband stammen, so wären diese jungbronzezeitliche Stücke.

Auch die gegossenen Halsringe sind unter den mittelbronzezeitlichen Befunden nicht mehr vertreten. Als eine Ausnahme gelten die verzierten Halsringe von Stupava (Nr. 231), vorausgesetzt, daß es sich hier um einen geschlossenen, Bronzen des Koszider-Horizontes umfassenden Verband handelt, und von Hodejov (Nr. 43). Die größte Halsringgruppe der Urnenfelderzeit bilden die aus Brandgräbern, weniger aus Depots, doch auch als Einzelfunde bekannten tordierten Exemplare. Wir unterscheiden bei ihnen mehrere Typen und Varianten, die jedoch für die eigentliche Zeitstellung im wesentlichen belanglos ist. Nach den Begleitfunden zu urteilen, erscheinen die ersten dünnstabigen tordierten Halsringe in der älteren Urnenfelderzeit und erreichen ihre Blütezeit in der mittleren Urnenfelderzeit, wie mehrere geschlossene Grabfunde, z. B. diejenigen von Chotín (Nr. 244–248. 251. 252) oder der Depothorizont Trenčianske Bohuslavice zu erkennen geben (Nr. 263). Aber sie treten auch noch später auf, gegebenenfalls gemeinsam mit den massiven Formen und bezeugen somit ihre Langlebigkeit in unveränderter Ausprägung. Hingegen kommen die massiven Halsringe der älteren Urnenfelderzeit in der Slowakei nicht vor. Charakteristische Merkmale der späturnenfelderzeitlichen Exemplare sind außer ihrer Massigkeit und scharfen Torsion auch die Güte des Metalls, die vollkommene Herstellungstechnik und vielfach größere Maße. Die hallstattzeitlichen Halsringe stimmen wiederum formenmäßig mit den jungbronzezeitlichen überein, wobei die Herstellungstechnik für die zeitliche Stellung ausschlaggebend ist. Während bei den dünnstabigen Stücken eine Unterscheidung zwischen der echten und unechten Torsion schier unmöglich ist, so handelt es sich bei den massiven späturnenfelderzeitlichen und namentlich hallstattzeitlichen Halsringen meist um eine unechte, offenbar in der sog. verlorenen

---

[8] J. Banner, Die Péceler Kultur (1956) Taf. 87.

[9] Schubert, 54. Ber. RGK. 1973/74, 3 ff. Taf. 18, 15; 20, 2.

[10] L. Hájek, Pam. Arch. 45, 1954, 170 Abb. 5, 1; 7, 7.

[11] H.-J. Hundt, Katalog Straubing I Taf. 15, 31.

Form gegossene Torsion. Diese Technik wurde mit Vorliebe im Bereich der Lausitzer Kultur angewandt, aus dem auch die meisten hallstattzeitlichen slowakischen Halsringe stammen. Trotzdem läßt sich die zeitliche Vorkommensgrenze mancher einzelner Halsringe nicht immer bestimmen. Die Aufgabe eines sicheren chronologischen Anzeigers erfüllen die tordierten Halsringe mit Hammerkopfenden (Nr. 281. 281 A), die innerhalb einer bestimmten Zeitspanne auftreten: in der Slowakei im Depothorizont Sitno um die Wende von der Späturnenfelderzeit zur Hallstattzeit, in Rumänien in der siebenbürgischen Gruppe Vintu de Jos-Vaidei bzw. oltenischen Gruppe Bilvaneşti-Ghidici und in Kroatien in der letzten Urnenfelderstufe V.[12]

Zu den Sonderformen der tordierten urnenfelderzeitlichen Halsringe gehören der Drahtring aus einem Grab der Čaka-Kultur von Dedinka (Nr. 329) und der einfache Wendelring der lausitzischen Stufe Diviaky II (Nr. 330). Eigengeartet und in weiten Gebieten Mitteleuropas unbekannt sind die großen tordierten Doppelringe mit Hakenverschluß (Nr. 331–335), die vielleicht auch als Gürtel getragen wurden; sie sind eine spezifische Erscheinung im eng begrenzten Šariš-Gebiet der Ostslowakei. Eine größere, in Depots enthaltene Anzahl dieser Ringe läßt hier eine Werkstatt vermuten, deren Tätigkeit wir jedoch zeitlich nicht näher zu bestimmen vermögen. Sonst sind die allgemein bekannten tordierten Halsringtypen in ganz Mitteleuropa verbreitet. In der Slowakei finden sie sich in Gräbern der mitteldonauländischen Urnenfelder und der Lausitzer Kultur, wobei der Fundzahl nach das Gräberfeld von Chotín an erster Stelle steht. Sie fehlen von der mittleren Urnenfelderzeit an auch nicht in Depots, namentlich in den von der Lausitzer Kultur beherrschten Gebieten. Ein gewichtiges Kulturzeugnis der späten Urnenfelder- bis Hallstattzeit ist das Depot von Sitno (Nr. 253); die drei Ringe aus der Umgebung von Hlohovec (Nr. 267–269) setzen wir schon in die Hallstattzeit. Unter den Funden aus dem Karpatenbecken ist nur der Wendelring fremd, während die schon erwähnten großen Doppelringe oder Gürtel lokale Werkstatterzeugnisse zu sein scheinen.

Von der massiven, tordierten Ringform sind einige weitere Halsringtypen und Diademe der Hallstattzeit abgeleitet. Sollte der späthallstattzeitliche kujawische Typ aus dem Depothorizont Istebné-Krásna Hôrka (Nr. 342–344) ein Importstück aus dem Produktionskreis im polnischen Kujawien sein, könnte man die Diademe vom Typ Istebné (Nr. 351–354) als die in häuslicher Eigenproduktion von den Meistern der Lausitzer Ökumene in der Nordslowakei (Orava) hergestellten Schmuckstücke bezeichnen. Inwieweit fremde Vorlagen als Prototypen dienten, ist ungewiß. Eine formale Verwandtschaft läßt sich zunächst nur mit den nordischen, von E. Sprockhoff als Halsringe gedeuteten Funden nachweisen.[13]

Von den urnenfelderzeitlichen Typen entfällt nur eine geringe Anzahl auf die glatten, nicht tordierten, gegebenenfalls ritz- oder stempelverzierten Halsringe. Im vorliegenden Fundstoff ordnen wir sie den Sonderformen bei. Sie sind typenmäßig uneinheitlich, einzelne Exemplare unterscheiden sich voneinander durch den Stabquerschnitt, die Gestaltung der Enden, aber auch durch die Verzierung und Herstellungstechnik. Den Begleitfunden zufolge (trotz unklarer Fundumstände) dürfte das vierkantige Stück mit Tannenzweigmuster und Ösenenden von Stupava (Nr. 231) aus dem Koszider-Horizont das älteste sein. Verjüngte und zugespitzte Enden weisen die Halsringe von Viničky (Nr. 231–234) aus dem Depotfundhorizont Trenčianske Bohuslavice auf, obgleich bei den jüngsten, aus der Endstufe der Urnenfelderzeit stammenden und mit feiner Stempelverzierung versehenen Exemplaren auch keulenartig verdickte Enden beobachtet werden. Mangels sicherer Fundbelege lassen sich die in der Verzierung

---

[12] M. Petrescu-Dîmboviţa, Depozitele 161 Taf. 381, 2; 163 Taf. 390, 1; K. Vinski-Gasparini, Kultura polja sa žarama u sjevernoj Hrvatskoj (Die Urnenfelderkultur in Nordkroatien) (1973) 168f.

[13] E. Sprockhoff, Jb. RGZM. 1, 1954, 67ff.

Einleitung

festgestellten Unterschiede weder verallgemeinern noch in Einzelfällen für die Datierung verwerten. Aufschlußreich in dieser Hinsicht ist die in der älteren und mittleren Urnenfelderzeit noch nicht vorkommende, dafür aber in der späten Urnenfelder- bis frühen Hallstattzeit beliebte Stempelverzierung. Ohne seinesgleichen im Karpatenbecken ist der aus drei Halsringen zusammengesetzte und mit Nietstiften verbundene Halskragen aus dem Depot von Sitno (Nr. 336). Die Entwicklung der auf der Grundlage des einfachen gegossenen Ringes entstandene Halsringreihe schließen die mit Endspiralen im Horizont Istebné-Krásna Hôrka belegten Exemplare ab (Nr. 346. 347).

Mit der steigenden Zahl der in der Urnenfelderzeit als Trachtzubehör immer mehr beliebten bzw. die gesellschaftliche Stellung kennzeichnenden Halsringe wuchs auch ihre Typenskala an. Neu sind die dünndrahtigen Posamenteriekolliers (Nr. 338–341) und der aus sog. endlosem Draht gefertigte Halsring vom Typ Várvölgy (Nr. 337); beide im Karpatenbecken beheimatete Typen gehören derjenigen Warengattung an, die zur Verbindung der Drahtstücke Zwingen bzw. Schließen benutzte. Inwiefern die Zahl der Drähte aus denen das Halskollier besteht, als chronologischer Anzeiger gelten kann, wird erst nach Gegenüberstellung der geschlossenen Funde aus Polen geklärt werden können. Dem gegenwärtigen Stand der Ermittlungen zufolge dürften die Halskolliers aus viermal umwundenem Draht die ältesten sein, während diejenigen aus doppeltem Draht als jünger zu betrachten sind. Die dünndrahtigen Kolliers waren die Ausgangsform, aus der sich die Drahtdiademe mit Seitenspiralen entwickelten (Nr. 358–361). Ist hiermit das Entstehen der Posamenterieware einigermaßen klargelegt, so sind doch die Funde dieser Schmuckgattung im Arbeitsgebiet äußerst spärlich; sie beschränken sich auf den Siedlungsraum der Lausitzer Kultur im Gebirgsland von Liptov und Orava. Ihre Zeitstellung bestimmen wir in Anlehnung an die Halskolliers und den Depotfund von Medvedzie (Nr. 358), in dem eine Posamenteriefibel enthalten war, die auf die mittlere Urnenfelderzeit hinweist.

Aus einer Meisterwerkstatt der Pilinyerkultur sind die kragenartigen Blechdiademe vom Typ Vácszentlászló hervorgegangen (Nr. 378–379). Als Muster dienten die aus dem Gräberfeld von Nagybátony bekannten, von P. Patay noch in den Horizont Forró oder die unmittelbar darauffolgende Zeit datierten Miniaturformen.[14] Alle großen Diademe sind – soweit die Begleitfunde eine Datierung ermöglichen – jüngeren Alters. Beim Fragment aus Rimavská Sobota (Nr. 379) handelt es sich um einen Fund aus dem Depothorizont Malá Vieska bzw. Buzica; das Diadem von Vácszentlászló war mit einer dem Typ Gusen angehörenden Bronzeschale vergesellschaftet.[15]

In der Herstellungstechnik der Halsringe, Stirnbänder und Diademe spiegeln sich der Zeitgeschmack und die in damaliger Zeit für die Fertigung auch anderer Formen der Metallindustrie angewandten Verfahren wider. Als älteste gelten die Drahthalsringe, an deren Stelle schon im Verlauf der älteren Bronzezeit der in zweiteiliger Form gegossene Schmuck tritt. Bei jüngeren Fundstücken setzen wir eine zumindest teilweise Benutzung der sog. verlorenen Form voraus, die sich besonders für die Herstellung der unechten Torsion eignete. Bislang wurden in der Slowakei neben Gußformen auch entsprechende Werkstattrückstände gefunden. Erst in der Urnenfelderzeit wurde der Drahthalsring wiederverwendet. Neben dem einfachen tordierten Exemplar aus dem Grab von Dedinka (Nr. 329) kennen wir insbesondere die spezifischen, im Bereich der Posamenterie-Industrie entstandenen und dem regionalen Geschmack entsprechenden Formen. Bei den gegossenen urnenfelder- und hallstattzeitlichen Halsringen ist es nur in wenigen Fällen möglich, die echte Torsion von der unechten mit Sicherheit auseinanderzuhalten. Die gleichen Schwierigkeiten in dieser Hinsicht bereiten auch die drahtförmigen, fein quergekerbten oder tordierten Posamenteriekolliers. Beim Gestalten der gegossenen Schmuckgegenstände wurde mitunter die Treibtechnik angewandt. Als Beispiel sei der Typ Istebné

---

[14] P. Patay, Arch. Ért. 94, 1967, 53 ff.   [15] Gallus/Horvath, Un Peuple cavalier 33 f.

genannt, denn ohne das Treiben war die Anfertigung der rechteckigen Schmuckplatte nicht denkbar. Gehämmertes Blech und Niete benutzte man auch beim Reparieren der beschädigten Stücke.

Das gehämmerte Blechstück bildete die Grundlage zu den Stirnbändern und Diademen der Badener Kultur, ebenso wie zu den älterbronze- und urnenfelderzeitlichen Schmuckstücken. Erst nachträglich erfolgte die Verzierung mit getriebenen Punkten oder Buckeln. Einige Stücke sind durch Unerfahrenheit beim schwierigen Verzierungsverfahren an den Rändern beschädigt worden. Dagegen belegt das in Treibtechnik verzierte und mit Federverschluß versehene Diadem vom Typ Vácszentlászló die fortgeschrittenen Kenntnisse in der Blechbearbeitung (Nr. 378).

Die Tragweise beider Gattungen läßt keine Zweifel aufkommen: eine genaue Vorstellung darüber geben uns die Körpergräber. Weitere Erkenntnisse, u. a. über das Geschlecht des Trägers, vermitteln uns anthropologische Untersuchungen, die Lage des Skelettes oder die Beigabenkombinationen. In manchen Fällen stützen wir uns auf figürliche Darstellungen. Das Tragen geläufiger, vielfach in Gräbern belegter Halsringgattungen ist auf eine lange Tradition zurückzuführen. Die freien Enden wurden ursprünglich im Nacken zusammengebunden. Die Typen mit speziell gestalteten, verzierten Enden hingegen trug man andersherum, mit den Enden nach vorne, wie auf einigen Bildwerken ersichtlich. Zweifellos waren sie ein Bestandteil der festlichen Tracht. Das Rekonstruieren einiger Tragweisen führt nicht immer zu eindeutigen Schlüssen. So wird zum Beispiel mitunter der Halsring mit dem Diadem verwechselt oder es ist die Lage des Ringes unterschiedlich, entweder direkt am Kopf auf einer organischen Unterlage oder auch in Verbindung mit der Tiara. Laut J. Paulík befindet sich beim Diadem vom Typ Vácszentlászló der Verschluß mit den aufgerichteten Spiralen vorne.[16] H. Müller-Karpe wiederum – von praktischen Möglichkeiten ausgehend und sich auf einige Darstellungen stützend – will den Verschluß mit nach unten weisenden Spiralen nach hinten gerichtet sehen.[17]

Nicht leicht ist schließlich zu beurteilen, wann der Halsring oder das Stirnband eine dekorative Funktion, wann eine andere Aufgabe erfüllt und als Abzeichen oder Symbol gilt. Auch darüber bieten uns die Körpergräber Aufschluß. Am häufigsten sind in den Gräbern die Halsringe vertreten, weniger die Stirnbänder und nur ausnahmsweise die Diademe. Die ältesten drahtförmigen Halsringe waren nicht nur Schmuckgegenstände, sondern auch besondere Standeskennzeichen der Träger. Ursprünglich hatten sie offenbar eine kultische Bedeutung und erst später ging ihre Zweckbestimmung immer mehr auf ein Gebiet über, das die gesellschaftliche und wirtschaftliche Stellung des Trägers bezeichnen sollte. Auf kultischen Belang deutet der älteste Drahtring hin, der im Grab von Decea Muresului bei einer Bestattung (vielleicht eines Mannes) mit trepaniertem Schädel gefunden wurde.[18] Denselben Charakter sprechen wir auch den Halsringen aus den Gräbern der Badener Kultur in Niederösterreich zu. Während in Leobersdorf an den Füßen des Halsringträgers fünf Kinderschädel lagen, handelt es sich in Lichtenwörth um ein Massengrab von fünf Erwachsenen und drei Jugendlichen.[19] Der eigentliche Wandel in der Tragweise vollzog sich in der Bronzezeit, da die Halsringe vielmehr die gesellschaftliche Stellung des Trägers zum Ausdruck bringen sollten. In der Slowakei fanden sich drahtförmige und gegossene Halsringe in bronzezeitlichen, reich ausgestatteten Frauen- und Kindergräbern; ausnahmsweise war ein solcher einem männlichen Toten in der Bestattung von Vinodol (Nr. 23) mitgegeben worden mit der klassischen Beigabekombination eines Lappenbeiles, Dolches und einer Nadel. Als Trachtzubehör der gesellschaftlich übergeordneten Schicht treten die Halsringe in einer Reihe anderer Länder in der älteren Bronzezeit auf, und zwar im Raum vom nördlichen Jugoslawien über das Donaubecken, Burgenland, Niederösterreich bis Süddeutschland. Überraschend niedrig ist ihre Fund-

---

[16] J. Paulík, Múzeum. Metodický študijný a informačný materiál 13/4, 1964, 253 Abb. 4.
[17] Müller-Karpe, Handb. IV Taf. 331, G.
[18] T. Kovács, Közlemények 4, 1944, 3 ff.
[19] K. Willvonseder, WPZ. 24, 1937, 15.

zahl in den Gräbern der Aunjetitzer Kultur in Böhmen, deren Ausstattung oder Bau keineswegs auf eine höhere Stellung des Bestatteten hinweisen. In den aunjetizischen Gräbern in Polen fehlen die Halsringe gänzlich, ebenso in den mittelbronzezeitlichen Gräbern in der Slowakei. Sie kommen erst wieder in der Urnenfelderzeit in Mode, wobei die tordierten Ringe bevorzugt werden. In den Brandgräbern der mitteldonauländischen Urnenfelder und der Lausitzer Kultur gehörten sie zum persönlichen Schmuck des Toten, der ihm auf dem Scheiterhaufen mitgegeben wurde. Durch mangelhafte anthropologische Untersuchungen ist die Bestimmung der Geschlechtsgebundenheit der Halsringe in Gräbern häufig in Frage gestellt. Immerhin wird aufgrund erfolgter Rekonstruktionen und der jeweiligen Zusammenstellung des Inventars (z. B. im Grab 40 von Chotín, vergesellschaftet mit einem Messer) angenommen, daß sie ebenso von Männern wie von Frauen getragen wurden. Der Drahthalsring aus dem Grab der Čaka-Kultur von Dedinka (Nr. 329) gehörte einem Mädchen. Die Mehrheit der bei uns bislang nur aus Depots bekannten bzw. vereinzelt vorkommenden Posamenteriekolliers wird als Frauenschmuck gedeutet. Diese Interpretationen bekräftigen auch die formal verwandten, obgleich jüngeren Funde aus Polen. Den Männern hingegen sind die großen und massiven hallstattzeitlichen Halsringe zuzuschreiben. Inwieweit ihre Größe modebedingt ist bzw. dem Symbol der Macht und Stellung entspricht, ist schwer zu entscheiden. Im Grab 112 von Dolný Kubín (Nr. 349) lagen außer einem rundstabigen Halsring mit Endspiralen noch Pferdegeschirrteile.

Die Stirnbänder treten in der älteren Bronzezeit ausschließlich in Frauen- bzw. Mädchengräbern auf. Unseres Erachtens sind sie nicht nur ein äußeres Zeichen der Wohlhabenheit, sondern hängen sinnbildlich mit dem Kult und den Ritualvorstellungen zusammen oder veranschaulichen die Stellung der Trägerin nicht im vermögensrechtlichen Sinne, sondern in bezug auf ihr Familienbündnis. Das Vorkommen zweier den Kopf eines 16–18jährigen Mädchens zierender Stirnbänder in Grab von Hurbanovo (Nr. 368. 369) spricht nicht gegen die vermeintliche Ausnahmestellung der Toten in der damaligen Gesellschaft, sondern unterstützt vielmehr diese Annahme. Ihre symbolische Funktion haben die Stirnbänder auch nicht in der Urnenfelderzeit eingebüßt. Als Beispiel gilt der Fund eines Blechzierates im seitlichen Brandgrab des Grabhügels von Dedinka (Nr. 377), wenn die Annahme, es handle sich um ein Stirnband, den Tatsachen entspricht. Die besondere Ehre, die die Verstorbene zu Lebzeiten genoß, spiegelt sich in der reichen Ausstattung und der Beisetzung im sogenannten Fürstengrab wider.

Zum Unterschied von den Stirnbändern, deren Bedeutung auf kultischem Gebiet beruhte bzw. die soziale Stellung des Trägers betraf, handelt es sich bei den Diademen in erster Linie um die Kennzeichnung der Macht in der Stammesorganisation oder im militärischen Bereich; doch ist auch hier ein Zusammenhang mit religiösen Vorstellungen und dem Kult durchaus nicht auszuschließen.

Europa und Vorderer Orient	Mitteleuropa	Slowakei					
		Südwest- (Westteil)	Südwest- (Ostteil)	Südost- und Mittel	Ost	Lausitzer Kreis	Depotfunde
Eisenzeit: Ältere	Hallstattzeit: Jüngere, Ältere	Thrakische Kultur; Kalenderberg	Thrakische Kultur	Thrakische Kultur	Kuštanovice	Orava-Typ; Platěnice	Istebné-Krásna Hôrka
Eisenzeit: Frühe; Bronzezeit: Späte	Hallstattzeit: Frühe; Urnenfelderzeit: Späte				Vojnatina-Somotor		Sitno
	Urnenfelderzeit: Jüngere	Brno-Obřany Klentnice II	Chotín			Schlesische Lausitzisch-Gruppe	Somotor-Lúčky
Bronzezeit: Jüngere	Urnenfelderzeit: Mittlere	Oblekovice Klentnice I	Velatice II	Kyjatice		Diviaky II	Trenčianske-Bohuslavice
	Urnenfelderzeit: Ältere	Velatice-Očkov	Karpatenländische Phase Velatice I		Gáva	Diviaky I	Martinček-Bodrog (Kurd)
		Baierdorf-Lednice	Čaka				Buzica (Aranyos)
	Hügelgräberzeit: Späte; Urnenfelderzeit: Frühe	Blučina-Kopčany	(Vor-Čaka)		(Vor-Gáva)	Mikušovce	Malá Vieska-Ópályi
						Ondrašová	Ožd'any
Bronzezeit: Mittlere	Hügelgräberzeit: Jüngere	Zohor				Martin	Dreveník II-Forró
	Hügelgräberzeit: Mittlere	Smolenice	Karpatenländische Hügelgräber	Piliny	Piliny	Liptovský Michal	Dreveník I
	Hügelgräberzeit: Ältere	Mitteldanubische Hügelgräber	Dolný Peter	Spätotomani	Spätotomani		Koszider
		Spätmad'arovce					
	Ältere Bronzezeit IV	Věteřov / Mad'arovce					
Bronzezeit: Ältere	Flachhockerzeit; Ältere Bronzezeit III	Nordpannonische inkrust. Keramik; Aunjetitz-Mad'arovce; Hurbanovo; Hatvan		Otomani	Otomani; Hatvan		
	Flachhockerzeit; Ältere Bronzezeit II	Wieselburg Nitra II			Košt'any II		
Bronzezeit: Frühe	Ältere Bronzezeit I	Nitra I Chlopice-Veselé			Košt'any I		
	SPÄTÄNEOLITHIKUM						

Abb. 1. Tabelle der im Text verwendeten Stufenbezeichnungen für das Arbeitsgebiet.

DER FUNDSTOFF

KUPFERZEITLICHE HALSRINGBARREN

Die Enden der ältesten, in der Slowakei gefundenen und aus Draht hergestellten Halsringformen sind nicht zu Ösen eingerollt, sondern einfach zurückgebogen. Unter den gemeinsam aufgefundenen, gleichzeitigen Stücken bestehen typologische Abweichungen. Die erste, massivere Form mit verjüngten, spitzen und nach außen gebogenen Enden ist durch zwei in vier großen Fragmenten erhaltene Halsringe vertreten (Nr. 1. 2). Zwei weitere Halsringe bestehen aus dünnem Draht und haben einen einfachen Verschluß mit einem nach außen und einem nach innen gebogenen Ende (Nr. 3. 4). Die tordierten Halsringbruchstücke Nr. 5–8 sind ebenfalls aus Draht gefertigt und weisen zweimal ein nach außen und einmal ein nach innen gebogenes, flaches hakenförmiges Ende auf.

1. Veľká Lomnica, Kr. Poprad, Flur Burchbrich. – Depot in spätbadener Gefäß. – Halsring in zwei Bruchstücken *(Taf. 1, 1)*; Analyse s. S. 72. – Beifunde: weiterer Halsring (Nr. 2); zwei Halsringe aus dünnem Kupferdraht (Nr. 3. 4); vier tordierte Halsringfragmente (Nr. 5–8); Blechstirnband (Nr. 362); 25 ganze und beschädigte Rechteckbleche mit eingerollten Enden; vierkantiger Meißel (PBF. IX, 3 [Novotná] Nr. 422 Taf. 25 – dort fälschlich als Einzelfund); kleine Perlen; drei durchbohrte Muscheln (Taf. 72, A). – *Datierung*: Späte Badener Kultur. – Mus. Poprad (Nr. unleserlich).
2. Veľká Lomnica, Kr. Poprad, Flur Burchbrich. – Vgl. Nr. 1. – Halsring in zwei Bruchstücken *(Taf. 1, 2)*; Analyse s. S. 72. – Mus. Poprad (2. 1; 1398).
3. Veľká Lomnica, Kr. Poprad, Flur Burchbrich. – Vgl. Nr. 1. – Kleiner, verbogener Halsring *(Taf. 1, 3)*; Analyse s. S. 72. – Mus. Poprad (Nr. unleserlich).
4. Veľká Lomnica, Kr. Poprad, Flur Burchbrich. – Vgl. Nr. 1. – Großer Halsring *(Taf. 1, 4)*; Analyse s. S. 72. – Mus. Poprad.
5.–8. Veľká Lomnica, Kr. Poprad, Flur Burchbrich. – Vgl. Nr. 1. – Dicht tordierte, massive Halsringe in vier Bruchstücken *(Taf. 1, 5–7)*; Analyse s. S. 72. – Mus. Poprad (2002–2005).

Zeitstellung und Verbreitung (Taf. 68, A): Dieser aus mehreren Ziergegenständen und einem einzigen Werkzeug bestehende Komplex ist von seiner Zusammensetzung her ein im Karpatenbecken außergewöhnlicher Fund. Seine Bedeutung wird zum einen durch die zuverlässige zeitliche und kulturelle Bestimmung, zum anderen durch die eigenartigen Fundumstände unterstrichen, die hier erwähnt seien. Das im Jahre 1896 in einer befestigten Höhensiedlung der Badener Kultur[1] entdeckte Depot wurde lange Jahre in der Privatsammlung Dr. M. Greisigers in Spišská Belá aufbewahrt. Als das Museum die ganze Sammlung übernahm, fehlte die zugehörige Dokumentation und so wurde ein Teil der Denkmäler (unter anderem auch der Meißel – PBF. IX, 3 [Novotná] Nr. 422) als Einzelfunde geführt. Das Stirnband und die Blechstücke beließ man zwar als ein Ganzes, doch ihrer Ähnlichkeit mit einigen altbronzezeitlichen Funden wegen glaubte man, sie schon der Bronzezeit zuweisen zu müssen. Erst vor kurzem – dank eines alten Fotos und der Beschreibung aus dem Nachlaß des Herrn Greisiger – konnten einzelne Denkmäler aus dem Depot belegt und identifiziert werden. Außer den Perlen und Muscheln wurden sämtliche Metallgegenstände zusammengeführt, ja sogar fast alle Scherben des Gefäßes, in dem sie ursprünglich deponiert worden waren.

---

[1] Die Grabungen daselbst erfolgten erst in den Jahren 1965–1967 unter der Leitung des Archäologischen Seminars der FFUK. in Bratislava.

Zu den zwei dünneren, nicht tordierten Halsringen Nr. 3 und 4 liegen als nächste mitteleuropäische Parallelen diejenigen aus Baden-Königshöhle,[2] Leobersdorf und Lichtenwörth[3] in Niederösterreich vor. Aufgrund der Begleitkeramik setzen wir die niederösterreichischen Ringe in die spätklassische Phase der Badener Kultur, während die Funde aus Vel'ká Lomnica schon in den späten Abschnitt gehören. Die genaue Form des Gefäßes, in dem sich die Kupfergegenstände befanden, läßt sich nicht mehr rekonstruieren. Seine Materialbeschaffenheit und Verzierung, bestehend aus schräg von einem Einstich unterhalb des Randes hinablaufenden Rillenbändern, fällt nicht aus dem geläufigen keramischen Rahmen der gesamten Siedlung. Die engen Beziehungen zur kleinpolnischen Badener Kultur ermöglichen eine Einstufung in die Spätbadener Gruppe, auch Vel'ká Lomnica-Gruppe genannt.[4]

Den jungen Charakter der Siedlung von Vel'ká Lomnica betonen auch einige keramische Funde der Nyírség-Zatín-Gruppe, obgleich zwischen dem Ausklingen der Badener Kultur und der weiteren Entwicklung im allgemeinen eine längere Zäsur vorausgesetzt wird. Die Verwandtschaft zwischen den niederösterreichischen Halsringen und denjenigen aus Vel'ká Lomnica ist jedoch trotz eines bestimmten zeitlichen Abstandes offenkundig. Gemeinsam ist ihnen der Werkstoff (Draht), die weit geöffneten Enden, zum Teil auch zurückgebogenen Hakenenden und schließlich die Torsion (einziges Vergleichsstück in Lichtenwörth). Ungewöhnlich ist das Vorhandensein von Zierblechen und einem Stirnband im Depot. Eines der Blechstücke zeigt am Rand Reste einer Perlbuckelverzierung und eine runde Durchbohrung. Wir kennen nicht die Zweckbestimmung dieser ungleich großen Blechstücke (ihre Länge schwankt zwischen 6,5 und 7,8 cm, die Breite zwischen 2 und 3 cm); sie mochten zu Arm-, Stirnbändern geformt oder nur als Blechbänder benutzt worden sein. Ebenso wie die Halsringe sind sie sichere Anzeichen des technologischen Wandels, der sich, namentlich bei der Herstellung von Ziergegenständen, durch die Bevorzugung des Treibens auf kaltem Wege statt des Gießens offenbarte. Durch Treibarbeit, ein charakteristisches Kennzeichen der ausklingenden Steinzeit, wurden auch die ältesten halbmondförmigen Halskragen erzeugt; ein solcher aus getriebenem Kupfer fand sich im Steinkistengrab der Rivnáč-Kultur in Velvary.[5] Die Herkunft dieses Halskragentyps will V. Moucha von den Halsringen der Badener Kultur ableiten. Ein anderes Halsringfragment wurde in sekundärer Lage an der Palisade I der Höhensiedlung von Homolka gefunden, wird aber nur mit Vorbehalt der Rivnáč–Kultur zugewiesen.[6] Der Ort wurde später von den Trägern der Aunjetitzer Kultur besiedelt. Von den Badener Halsringen unterscheidet sich derjenige aus Homolka auch typologisch: er weist die Form der massiven, wahrscheinlich gegossenen Barren mit Ösenende auf.

Der vierkantige kupferne Meißel aus Vel'ká Lomnica ist in der Slowakei und im ganzen Karpatenbecken eine seltene Erscheinung. Typologisch nahestehend ist in Bezug auf die zeitlichen und kulturell identischen Fundzusammenhänge der Meißel aus Hirschkogel bei Mödling in Österreich.[7]

---

[2] H. Ladenbauer-Orel, Arch. Austr. 16, 1954, 67ff, Taf. 1, 1. Schalengefäß einer Urne aus Uny nahestehend; Nosswitzer Kanne.

[3] K. Willvonseder, WPZ. 24, 1937, 15ff. Abb. 3, 2. 3. Auf Abb. 3, 3 ein Ende des Halsringfragmentes leicht tordiert. Lichtenwörth: ebd. Abb. 4, 9–14.

[4] Die von J. Kozłowski eingeführte Benennung Dreveník-Vel'ká Lomnica ist nicht zutreffend, da sich das Fundmaterial aus Dreveník von der Keramik aus Vel'ká Lomnica formen-, verzierungsmäßig und auch oft zeitlich unterscheidet.

[5] V. Moucha, Arch. Rozhl. 12, 1960, 465ff. Abb. 171. Das Grab von Velvary wird in die III. Stufe der Badener Kultur gesetzt (R. Pleiner/A. Rybová (Hrsg.), Pravěké dějiny Čech [1978] 251f.), obgleich die Keramik aus diesem Grab mit der Rivnáčer Tonware identisch ist (ebd. Abb. 62. 63), die in die letzte Stufe der Badener Kultur gehört. Die bronzezeitlichen Halskragen sind gegossen, auch formal und technisch verschieden (R. Hachmann, Jschr. Halle 38, 1954, 92ff.). Ein anderer, der Remedello-Kultur in Villafranca bei Verona angehörend, ist silbern (O. Kleemann, Germania 31, 1953, 135ff.; L. H. Barfield/L. Fasani, Musaica 12, 1972, Taf. 4, A 3).

[6] E. W. Ehrich/E. Pleslová-Štiková, Homolka, an Eneolithic Site in Bohemia (1968) 180 Taf. 44, 10.

[7] E. F. Mayer, PBF. IX, 9 (1977) 208 Nr. 1216 Taf. 86, 1216. Die Höhensiedlung, aus der der Meißel stammt, ist der jungkupferzeitlichen Gruppe Melk zugewiesen. Zur Kulturzugehörigkeit des Fundortes s. näheres ebd. 209 Anm. 4.

Bei der Suche nach der Herkunft der ältesten mitteleuropäischen Halsringe wird das Augenmerk am häufigsten in die Ägäis und auf die „Porteurs de torques" aus Ras Schamra[8] bzw. auf die Halsringe aus den ältesten, an Nickel reichhaltigen Depots von Byblos[9] gerichtet. N. Kalicz bezeichnete die mitteleuropäischen Halsringe in Zusammenhang mit den stilisierten anthropomorphen Urnen aus Center und dem Stirnband aus Vörs als deutliche Beweise für das Bestehen von Beziehungen zwischen der Badener Kultur und dem kleinasiatischen Troja bzw. dem östlichen Mittelmeergebiet.[10] Nach H. Müller-Karpe sind durch die wechselseitigen Kontakte der Badener Kultur mit dem ägäisch-mittelmeerischen Kulturkreis – wie übrigens schon die Kupferindustrie besagt – bestimmte chronologische Verknüpfungen bedingt.[11]

Die Frage des Ursprunges der Halsringe muß aus zweierlei Sicht geklärt werden: der funktionellen und der die Herstellung betreffenden. Hinsichtlich der ersteren wird meistens die primäre Stellung des Nahen Ostens bzw. des ägäisch-ostmittelmeerischen Kreises als anregender, die Gedanken in den Badener Kulturkreis übertragender Faktor betont. Auch vom technologischen Gesichtspunkt aus ist der Südosten für die Benutzung des tordierten Drahtes bei der Herstellung der Halsringe ausschlaggebend und mustergültig gewesen. Zur Zeit des Bestehens der Badener Kultur war das metallurgische Zentrum im Norden Mittelanatoliens von größter Bedeutung; hier wurden eine ganze Reihe anspruchsvoller Guß- und Schmiedeverfahren angewandt und auch massive, mitunter tordierte Kupferstäbchen gefertigt.[12] Die südöstlichen Vorlagen sollten nun nachgeahmt, nicht aber als Fertigprodukte importiert werden. Die Annahme, daß die Halsringe von den Trägern der Badener Kultur in Eigenproduktion hergestellt wurden, unterstützten nicht nur einige typologisch-technische Abweichungen, sondern auch eine andere Metallbeschaffenheit. Im Karpatenbecken treten die Halsringe – wie E. Schubert hervorhob –, wenn auch ausnahmsweise, erstmals in der zweiten Phase der Kupferzeit auf,[13] die mit dem jüngeren Polgár- und Lengyel-Kreis zeitlich gleichlaufend ist. Am wichtigsten ist der dünndrahtige Halsring aus dem Grab von Decea Muresului in der Nekropole der Polgár-Gruppe („Decea-Muresului-Stufe").[14] Ein Zusammenhang mit den späteren Badener Halsringen ohne zeitliche Kontinuität ist vorläufig nicht erkannt worden. Unbekannt ist ebenso die Zweckbestimmung der ersten, im Bereich der Bodrogkeresztúr-Kultur vorkommenden tordierten Drähte. Nur der 39 cm lange Draht mit glatten spitzen Enden aus Fenyeslitke schließt eine Verwendung für einen Halsring nicht aus. Seine Deponierung im Grab, in dem man eher ein Fertigerzeugnis als ein Halbfabrikat erwarten würde, trägt allerdings zur Bekräftigung dieser Annahme nicht bei.[15]

Zur überlieferten Meinung, die ältesten Metallhalsringe seien östlicher oder weiterer mittelmeerischer Herkunft und ihre Aufgabe bestünde im Übertragen der ideellen Anregungen und technologischen Verfahren nach Mitteleuropa, stehen die aufgeführten Funde in krassem Gegensatz. Alle Hals-

---

[8] Schaeffer, Ugaritica II.
[9] Müller-Karpe, Handbuch III 120.
[10] N. Kalicz, Die Péceler (Badener) Kultur und Anatolien (1963) 62.
[11] Müller-Karpe a. a. O 209.
[12] U. Esin, in IXe Congr. UISPP. Nice (1976), Colloque XXIII 228.
[13] E. Schubert, 54. Ber. RGK. 1973/1974, 78f.
[14] I. Kovács, Anuarul Inst. Stud. Clas. 1, 1928/32, 92 Abb. 4; ders., Dolgozatok (Szeged) 7, 1931, 23 Taf. 10, 44. Vgl. dazu S. 15 u. Anm. 5. – Eine Ösenringform haben auch die kleinen Drahtringe aus dem Depot von Gorodnica (Dm. 5,6; 5,2 und 5,4 cm), die aufgrund der Hackenaxt vom Typ Jászladány und eines Tongefäßes der Tripolje-Kultur, Phase AB bzw. frühe B, mit dem Fund von Decea Muresului gleichzeitig sind (T. Sulimirski, MAGW. 91, 1961, 91 ff. – ohne Abbildung der Ringe). Für den freundlichen Hinweis danke ich Herrn Dr. E. Schubert.
[15] P. Patay, 55. Ber. RGK. 1974–1975 18. Außer dem tordierten Draht aus dem Gräberfeld von Fenyeslitke werden weitere, nur in Bruchstücken erhaltene, tordierte, gerade Stücke (L. 76 cm) aus dem Grab 1 von Emöd und andere zusammen mit einer Doppelaxt aus Nagyhalász-Szölöhegy (L. 83 cm) erwähnt. Daß den Trägern der Bodrogkeresztúr-Kultur das Torsion-Verfahren nicht unbekannt war, zeigen auch die Nadeln mit tordiertem Schaft. Aus tordiertem Golddraht ist auch eine Harpune von Moigrad.

ringe, vom ältesten Fund aus Decea Muresului an bis zu den Spätbadener Exemplaren aus Veľká Lomnica, sind älter als die mit den „porteurs de torques" im Nahen Osten zusammenhängenden Typen. Heute räumt C. F. A. Schaeffer den mitteleuropäischen Funden ebenfalls die Priorität ein und berichtigt die Schlüsse aus dem Jahre 1949,[16] indem er für die „porteurs de torques" im Vorderen Orient den Zeitraum frühestens von 1900 bzw. 1850 v. Chr. an abgrenzt.[17] Seine Ausführungen über die ersten Europäer in Ugarit halten wir für wenig glaubhaft. In den Halsringen spiegeln sich zwei selbständige und unabhängige Kulturkreise wider, denen sich einige gemeinsame Merkmale und Typen der Metallindustrie nicht abstreiten lassen.

Die Spektralanalyse der Halsringe aus Österreich zeigte meistens fast reines Kupfer mit minimalen Zusatzspuren anderer Grundstoffe: bei vier Stücken nur Ag und bei einem Fe. Zwei Halsringe aus Lichtenwörth weisen ausser Ag (bei einem zusammen mit Sb) noch Ni (Spuren und 0,43%) auf.[18] Kupfer mit leichtem Nickel- und sonstigem Mineraliengehalt ist auch für die Altheimer Gruppe charakteristisch. Alle im Depot von Veľká Lomnica (Nr. 1–9) enthaltenen Gegenstände wurden analysiert (vgl. Analysentab. S. 72): sie bestehen aus arsenlosem oder leicht arsenhaltigem Kupfer, das nach den Begleitgrundstoffen in zwei Gruppen aufgeteilt wurde: In die *erste Gruppe* gehören Erzeugnisse aus antimon-, wismut- silber-, eisen-, blei- und arsenhaltigem Metall, das auf eine gemeinsame Rohstoffquelle und Werkstatt hindeutet. Daraus sind vier Rechteckbleche und das Stirnband hergestellt. Die Werte der vertretenen Elemente erscheinen beim Sb, Ag und Pb in Hundertsteln von Prozenten, beim Bi in Tausendsteln von Prozenten (bei einem Blech in Hundertsteln von Prozenten), nur das As ist in Zehnteln von Prozenten vorhanden (Werte von 0,13 bis 0,41%) und ermöglicht, das Kupfer als leicht arsenhaltig zu bezeichnen. Eine künstliche Legierung ist in Anbetracht dieses niedrigen Gehalts nicht vorauszusetzen. Die gleiche Zusammensetzung mit den fast gleichen Werten einzelner Elemente wurde bei einem der massiveren Halsringe desselben Fundes festgestellt (Nr. 5). Alle übrigen Halsringe sind aus dem Metall der *zweiten Gruppe* gefertigt, das überhaupt kein Arsen enthält. Vorhanden sind die Elemente Sb, Bi, Ag, Fe und in einem einzigen Fall (beim tordierten Blechstück) auch Pb; ihre Werte bewegen sich in in Hundertsteln und Tausendsteln von Prozenten. Die im Grunde identische Beschaffenheit des Kupfers beider Metallgruppen (bis auf den Arsengehalt) läßt die Frage aufkommen, ob der Arsenverlust nicht im Verlaufe des Herstellungsverfahrens eingetreten ist und wir es also mit einem gemeinsamen Rohstoff aus oxydierendem Erz zu tun haben.[19] Die übrigen analysierten Fundstücke aus der Slowakei unterscheiden sich in ihrer Beschaffenheit von beiden Metallgruppen; dabei handelte es sich zum Großteil um Kupfergeräte aus dem älteren Zeitabschnitten des Polgár- und Lengyelkreises; die jüngsten Funde stammen aus der angehenden Badener Kultur, die mit der Zeit des Boleráz-Typs gleichzeitig ist. Das Flachbeil aus einer Badener Kulturschicht in Barca hat eine ähnliche chemische Zusammensetzung, ist also mit Nickel angereichert (0,043%), das bei den Funden aus Veľká Lomnica überhaupt nicht auftritt.[20] Nach den Erfahrungen mit dem Verlauf der Erzader im thraki-

---

[16] Schaeffer, Ugaritica II Taf. 17–22.

[17] Ders., Ugaritica VII 478 ff. 485 ff. Verfasser stützt sich bei der Bestimmung der absoluten Chronologie auf die Funde aus Ugarit des Mittleren Ägyptischen Reiches. Die Silberstatuetten mit goldenen Halsringen (Fund aus dem Jahre 1932) und die jüngst entdeckte Bronzestatuette mit tordiertem Halsring sollen Gottheiten darstellen.

[18] Erstmals analysiert von H. Pesta (WPZ. 24, 1937, 80f.) Neue Analysen in SAM. (Nr. 6080, 3730, 3731, 4636, 4639).

[19] Es ist nicht ausgeschlossen, daß das bei einigen Funden aus Veľká Lomnica festgestellte Arsen durch Einwirkung löslicher Kupfersalze auf der Patina hervorgebracht wurde und so eine Spurenverunreinigung entstanden ist. Für den freundlichen Hinweis auf diese Möglichkeit bin ich Herrn E. Schubert zu Dank verpflichtet.

[20] Vgl. die Analysen bei SAM. und auch M. Novotná, Musaica 13, 1973, 5 ff.; dies., Arch. Rozhl. 28, 1977, 622 ff. Das jüngst in einer Kulturgrube der Badener Kultur in Komjatice gefundene kupferne Flachbeil wurde noch nicht analysiert (A. Točík, in: AVANS. 1977 (1978) 251 Abb. 13, 3 auf S. 374).

schen Aibunar, die einen Rückgang der vertretenen Elemente in der Randzone zeigte,[21] ist das Vorhandensein einer nahen oder sogar gemeinsamen, bislang weder räumlich noch fundmäßig belegten Rohstoffquelle für den ostslowakischen und Zipser Bereich der Badener Kultur nicht ausgeschlossen, obgleich was das Nickel anbelangt (Barca), dieses zu den stabilen Elementen gehört, die auch während des Herstellungsverfahrens aus dem verarbeiteten Rohstoff nicht schwinden. In Anbetracht der weiten Entfernung, die die Badener Halsringfunde in Niederösterreich von den nordslowakischen trennte, läßt sich an eine direkte Verbindung kaum denken; sie entsprangen vielmehr einer gleichen kulturellen, von der metallurgischen Tradition des mittleren Donaugebietes beeinflußten Umwelt. Eine heimische Eigenproduktion der Halsringe ist durchaus anzunehmen, zumal die frühesten Funde dieser Form aus dem Karpatenbecken bekannt sind.

Funktion: Träger der Halsringe waren bestimmt nicht die regulären Mitglieder der damaligen Gesellschaft, sondern Personen in besonderer Stellung, wie die Bestattung von Leobersdorf mit den ihr zu Füßen niedergelegten, zweifellos mit einer Opferung zusammenhängenden Kinderschädeln beweist.[22] Daß eine derartige Ehrung in gleicher Weise Männern wie Frauen zuteil war, zeigt auch das reiche spätkupferzeitliche Frauengrab von Koruncutepe im östlichen Anatolien.[23]

ÄLTERBRONZEZEITLICHE HALS- UND BARRENRINGE

Schon J. Schránil[1] unterschied bei den Barrenringen oder Ringbarren als charakteristische, zur Zeit der Aunjetitzer Kultur geläufige Rohform zwei Grundtypen: den böhmischen aus massivem Stab, von rundovalem oder ellipsenförmigem Körper mit jäh verjüngten Enden und den selteneren italischen Typ aus dünnem, rundem Draht; beide Typen sind auch in der Patina verschieden. L. Hájek brachte eine neue typologische Charakteristik der südböhmischen Barrenringe und gliederte sie in drei Typen.[2] Während sich sein erster Typ A mit dem italischen Schránils deckt, zerlegte er dessen böhmischen nach Querschnitt und Oberfläche in die Typen B und C. Der Typ B hat einen kreisförmigen Querschnitt und eine relativ glatte Oberfläche, der Typ C weist einen hufeisen- bis dreiecksförmigen oder viereckigen Querschnitt sowie ein grobes, unbearbeitetes Äußeres auf. In einem ausführlichen Aufsatz hat E. Schubert die typologisch-chronologische Entwicklung der Funde aus dem Donauraum im Hinblick auf ihre Funktion und somit auch auf die Hauptunterschiede zwischen den Barren- und Halsringen behandelt.[3] Fassen wir einzelne Standpunkte zusammen, so dürften die ersten zwei von Hájek bestimmten Typen vor allem als Halsringe gedient, der Typ C wiederum die Funktion des Metallrohbarrens erfüllt haben. Im großen und ganzen können wir die typologischen und funktionellen Gliederungen Hájeks und Schuberts auch für die Funde aus der Slowakei gelten lassen.

---

[21] E. Černych, Sov. Arch. 1974, 4, 132ff.; ders., Gornoje delo i metalurgija v drevnějšej Bolgarii (Bergwerk und Metallurgie im alten Bulgarien) (1978).

[22] Willvonseder, WPZ. 24, 1937, 24. Außergewöhnlich ist auch das Massengrab von Lichtenwörth, in dessen ovaler, mit Steinen verkleideten Grube acht Jugendliche und Erwachsene unordentlich und übereinander lagen. Verfasser schließt nicht aus, daß es sich hier um die Opfer einer Seuche oder um Leute, die gemeinsam eines grausamen Todes starben, handelt.

[23] Esin a. a. O. 222. Die Frau schmückten ein Halsring, silberne Schläfenringe und ein Diadem.

[1] J. Schránil, Studie o vzniku kultury bronzové v Čechách (1921) 15.

[2] L. Hájek, Pam. Arch. 45, 1954, 140ff.

[3] E. Schubert, 54. Ber. RGK. 1973 (1974) 70. 79.

DRAHTHALSRINGE

Sie sind aus glattem, rundem Draht mit ungleichartig gestalteten Enden. Eine dem italischen Typ Schránils oder dem Typ A Hájeks entsprechende Ausprägung hat breitgeschlagene, zu einer Öse eingerollte Enden (Nr. 9–10). Eine weitere Halsringausführung besitzt abgerundete oder spitzte, gegebenenfalls übereinandergelegte Enden (Nr. 11–17).

9. Čierny Brod, Kr. Galanta, Flur Šiškadomb. – Körpergräberfeld, Grab 99; Frau in linksseitiger Lage. – Halsring, ein Ösenende, das andere abgebrochen *(Taf. 2, 9).* – Beifunde: sieben Schläfenringe in Weidenblattform; vier Drahtfingerringe; Ansteckring; zwei Perlen; Scherben; Tierknochen. – *Datierung:* ältere Stufe der Nitra-Gruppe. – AÚSAV. Nitra (99/66-8). – L. Veliačik, Arch. Rozhl. 21, 1969, 302ff. Abb. 3, 1.

9 A. Bajč, Kr. Komárno, Flur Ragoňa II. – Körpergrab 26; rechtsseitiger Hocker. – Ösenhalsring aus starkem Draht (?); Dm. 15,8 cm *(Taf. 2, 9A;* nach Točík). – Beifunde: fünf Goldringe; fünf Noppenringe; zwei Röhrchen; Randleistenbeil; Dolchklinge (PBF. VI, 3 [Vladár] Nr. 76); offener Armring; Ahle; zwei Fragmente eines halbkugeligen Gewandbesatzes aus Blech (Taf. 75, B). – *Datierung:* Hurbanovo-Gruppe – AÚSAV. Nitra. – Točík, Výčapy-Opatovce 246 Taf. 95, 23.

9 B. Fundort unbekannt. – Drahthalsring *(Taf. 2, 9B).* – Mus. Bratislava.

9 C. Budmerice, Kr. Bratislava-Land. – Fundumstände unbekannt. – Drei Halsringfragmente *(Taf. 2, 9 C).* – Mus. Budapest (9/1930/9 und 14).

10. Čierny Brod, Kr. Galanta, Flur Šiškadomb. – Körpergräberfeld, Grab 81; Frau in linksseitiger Lage, gestört. – Halsring; Enden grob abgehauen *(Taf. 2, 10).* – Beifunde: Schläfenring in Weidenblattform; zwei Haarringe; Perle aus Geweih. – *Datierung:* ältere Stufe der Nitra-Gruppe. – AÚSAV. Nitra (81/66-8). – L. Veliačik, Arch. Rozhl. 15, 1963, 716ff.

11. Čierny Brod, Kr. Galanta. – Aus zerstörten Gräbern. – Halsring. – Privatslg. – Točík, Výčapy-Opatovce 31.

12. Hurbanovo, Kr. Komárno. – Körpergräberfeld, Grab 56; Kind in linksseitiger Hockerlage. – Halsring, zerbrochen und teilweise deformiert *(Taf. 2, 12).* – Beifund: aunjetitzischer Schläfenring. – *Datierung:* ältere Stufe der Hurbanovo-Gruppe. – AÚSAV. Nitra (56). – E. Schubert, 54. Ber. RGK. 1973 (1974) Taf. 6, 3; Točík, Výčapy-Opatovce 229.

Folgende Exemplare sind nur in Bruchstücken erhalten, die über die ursprüngliche Gestaltung der Enden keinen Aufschluß geben.

13. Hurbanovo, Kr. Komárno. – Körpergräberfeld, Grab 25; Kind in Hockerlage, völlig vergangen. – Halsringfragment *(Taf. 2, 13).* – Beifunde: Armspirale; Bronzering; Tongefäß (Taf. 72, B). – *Datierung:* Hurbanovo-Gruppe. – AÚSAV. Nitra (25). – Točík, Výčapy-Opatovce 223 Taf. 84, 19.

14. Hurbanovo, Kr. Komárno. – Körpergräberfeld, Grab 79; ausgeraubt, Knochen durcheinandergeworfen und gebrochen, Grabsohle mit Mörtel ausgestrichen, grün überzogener Schädel und Langknochen in der Grabfüllung. – Halsringfragment *(Taf. 2, 14).* – Beifunde: Spiralfingerring; kleiner, pyramidenförmiger Bronzegegenstand (Abguß?); kleiner Pfriem mit rhombischer Mittelschwellung; zwei Spiralenbruchstücke; Feuersteinpfeilspitze; Armreif aus Bronzedraht. – *Datierung:* ältere Stufe der Hurbanovo-Gruppe. – AÚSAV. Nitra (79). – Grabung P. Čaplovič. – Točík, Výčapy-Opatovce 234f. Taf. 89, 6–12.

15. Veľký Grob, Kr. Galanta. – Grab 15; völlig vergangenes Kinderskelett (der Lage nach weiblichen Geschlechts), geplündert. – Halsring in fünf Bruchstücken *(Taf. 2, 15);* Analyse s. S. 72. – Beifunde: vier Ringe (Taf. 72, C). – *Datierung:* ältere Stufe der Aunjetitz-Wieselburger Kultur. – AÚSAV. Nitra (61). – B. Chropovský, in: Chropovský/Dušek/Polla, Gräberfelder 22f. Taf. 9, 11a–e; Abb. 23, 4.

Eine Variante der zweiten Ausführung ist der kupferne Halsring aus Veľký Grob (Nr. 16) mit spitzovalem Querschnitt und spitzten oder geraden, übereinandergelegten Enden.

16. Veľký Grob, Kr. Galanta. – Körpergräberfeld, Grab 61; Frau in leicht angehockter, linksseitiger Lage. – Halsring aus ungleich starkem, stellenweise abgeflachtem Draht *(Taf. 3, 16;* nach Chropovský);

Analyse s. S. 72. – Beifunde: Halskette aus Dentalien- und Fayenceperlen; sechs Ringe; vier Spiralringe; Knochenperlen; Spiralröllchen; verzierte Scheibenkopfnadel (PBF. XIII, 6 [Novotná] Nr. 65), Tierrippen (Taf. 73, C). – *Datierung:* jüngere Stufe der Nitra-Gruppe. – AÚSAV. Nitra. – B. Chropovský, in: Chropovský/Dušek/Polla, Gräberfelder 36f. Taf. 17, 2.

Eine andere Variante ist der Halsring aus Branč (Nr. 17) mit verjüngten, leicht spitzen Enden aus Doppeldraht.

17. Branč, Kr. Nitra. – Körpergräberfeld, Grab 160; mit Holzverkleidung (?), fast vergangenes, leicht angehocktes Skelett in linksseitiger Lage. – Halsring (*Taf. 3, 17;* nach Vladár), unter dem Schädel – Beifunde: Schläfenringe in Weidenblattform; Schläfenring; Spiralen; Zwischenglieder aus Knochen; Kupferröllchen; Knochenperlen; eine Menge Fayence-Perlen (zum Teil zerfallen; geborgen 150 St.); durchbohrte Muscheln; Knochennadel; Armringe; Knochengegenstand; Okkerfarbkrümel (in der Grubenfüllung) (Taf. 75, D). – *Datierung:* ältere Stufe der Nitra-Gruppe. – AÚSAV. Nitra. – Vladár, Branč 48ff. Taf. 15, 2.

Zeitstellung: Die Beifunde, namentlich die weidenblattförmigen Schläfenringe aus Grab 99 und 81 von Čierny Brod (Nr. 9, 10), ermöglichen eine zuverlässige Datierung beider Drahthalsringe vom Typ A in die ältere Stufe der Nitra-Gruppe. Ein weiterer Halsring (Nr. 12) fand sich im Grab 56 von Hurbanovo, das E. Schubert – offenbar nach den Formmerkmalen des Schmuckstückes – der älteren Stufe der gleichnamigen Gruppe zuwies.[1] In die jüngere Stufe der Hurbanovo-Gruppe gehört der Halsring Nr. 9 A. Aus dem für die ältere Belegungsphase des Gräberfeldes charakteristischen Grab 79 von Hurbanovo (Nr. 14) ist ein Pfriem mit rhombischer Mittelschwellung bekannt. Die gleichen Pfrieme kommen auch in den Gräberfeldern der Nitra-Gruppe vor und fehlen selbst in der ersten Stufe der Unterwölbling-Phase nicht.[2] Die Halsringvariante aus Branč (Nr. 17) stammt aus einem reichen Grab der älteren Stufe der Nitra-Gruppe, wo sie mit einer sechsreihigen Halskette aus Spiralen, Röllchen, Knochen-, Fayenceperlen und feineren Zwischengliedern vergesellschaftet war. Auch der kupferne Halsring Nr. 16 war in Grab 61 von Veľký Grob von einer kombinierten Halskette und einem für die jüngere Stufe der Nitra-Gruppe typischen Inventar begleitet. Ausschlaggebend für seine Datierung ist die verzierte Scheibenkopfnadel.[3] Hinsichtlich der Metallbeschaffenheit besteht der Halsring Nr. 16 aus zinnlosem leicht arsenhaltigem Kupfer mit hochprozentigem Antimonzusatz (Gruppe E 01 nach Sangmeister). Das Antimon in Werten zwischen 0,51 bis 2,2% ist zusammen mit dem Arsen das charakteristische Element auch einiger Halsringe vom Typ B aus dem Gräberfeld von Veľký Grob und läßt deshalb an eine gemeinsame Rohstoffquelle denken. Im Grab 15 derselben Nekropole, das Schubert in die ältere Phase der Aunjetitz-Wieselburg Gruppe datiert,[4] wurden die Bruchstücke des gleichaltrigen Halsringes Nr. 15 gefunden.

Verbreitung (Taf. 68, A): Die Frage der Herkunft und Genesis aller Halsringtypen ist noch immer nicht zufriedenstellend geklärt. Ihre kontinuierliche und direkte Entwicklungslinie läßt sich vorläufig auch im Kapatenbecken nicht verfolgen. Auf die ersten Halsringe vom Typ A der Bodrogkeresztúr-Kultur folgen weitere im Zeitalter der Badener Kultur und die nächsten erscheinen erst wieder in der Frühbronzezeit sowohl in der Slowakei als auch in Ungarn.[5] Außerhalb des Kapatenbeckens und

---

[1] E. Schubert, 54. Ber. RGK. 1973 (1974) 1ff. vgl. Unterschrift zu Taf. 6, 3.

[2] Ebd. 47 – ist der Meinung, daß es sich um Frühformen handelt, die später durch stabförmige Pfrieme ersetzt wurden.

[3] O. Rochna, Germania 43, 1965, 295ff.; Kubach, PBF. XIII, 3 (1977) 58ff.; PBF. XIII, 6 (Novotná) Nr. 65.

[4] Schubert a. a. O. Taf. 3, 8 und Unterschrift.

[5] Bóna, Mittlere Bronzezeit 282. – Als frühbronzezeitliche Funde in Ungarn führt er diejenigen aus Decea Muresului (Grab 4), Beba Veche (Grab 4) und Kneževac (Grab 3. 4) auf. Nach der Keramik zu urteilen, müßte das Gräberfeld von Decia Muresului zum Polgárer Kulturkreis, am ehesten zur Bodrogkeresztúr-Gruppe gehören. Im Grab 4 dieser Nekropole fanden sich neben dem Halsring Kupferperlen und eine Feuer-

Südosteuropas tritt der Halsring aus Draht vom Typ A erstmals in der Proto-Aunjetitz-Kultur in Mähren (Jiřikovice) auf.[6] Über die Entwicklung des ersten Hájek-Typs stellte J. Ondráček[7] in Mähren Beobachtungen an und konnte die frühesten Funde als unmittelbare Vorläufer der Halsringe der Nitra-Gruppe in Zusammenhängen mit der Schnurkeramik (Dětkovice) und der Veselé (Sudoměřice)-Facies ermitteln. Das Vorkommen beider Halsringtypen in der Nitra-Gruppe der Slowakei läßt ihre zweiseitige Orientierung erkennen: zum schnurkeramischen (und nachfolgenden) und südöstlichen Bereich. Schon beim Fund aus dem Gräberfeld von Čierny Brod (Nr. 9, 10) konnte L. Veliačik Beziehungen sowohl zur Veselé-Facies als auch zur Proto-Aunjetitzer Kultur feststellen,[8] die – wie angenommen wird – den drahtförmigen Halsringtyp aus dem Südosten übernahm, um ihn alsbald in den spezifischen, gegossenen Typ der Aunjetitzer Kultur umzugestalten. Immerhin blieben während der Umlaufzeit der massiven, gegossenen Hals- und Barrenringe – wenn auch in beschränktem Maße – noch die drahtförmigen in Gebrauch, wie aus dem Quellenbestand der eigentlichen Aunjetitzer Kultur in Mähren (dritte und vierte Phase) zu ersehen ist.[9] Die in der Nitra-Gruppe, in der Unterwölbling I-Facies und in der Aunjetitzer Kultur in Niederösterreich erstmals belegten drahtförmigen und dünnstabigen Halsringe betrachten wir als eine der typischen Äußerungen des Zeitgeschmackes und der Produktion im erwähnten Raum.

Funktion: Auf die Frage, ob die Halsringe von Männern oder Frauen getragen wurden, geben uns am ehesten die Lage und Ausrichtung der Bestatteten und zum Teil auch die Art der Beigaben Antwort. Nach dem im vorliegenden Kulturraum an zahlreichen Beispielen belegten Totenbrauch erfolgte die Grablegung der Männer auf die rechte, der Frauen auf die linke Seite mit Abweichungen in der Körperausrichtung bzw. Blickrichtung. Aufgrund dieser Merkmale bezeichnen wir als Frauengräber die Beisetzungen aus Čierny Brod (Nr. 9. 10), Hurbanovo (Nr. 12), Branč (Nr. 17) und Veľký Grob (Nr. 15. 16) auch im Hinblick auf die Beigabenausstattung. Mitunter deutet der vorhandene Frauenschmuck, wie im Falle der Kindergräber von Hurbanovo (Nr. 13) und Veľký Grob (Nr. 15) auf das weibliche Geschlecht des Trägers. Im allgemeinen gehören die Gräber mit Halsringen zu den am reichsten ausgestatteten im Gräberfeld. Als reichhaltig gelten die Gräber 99 von Čierny Brod (Nr. 9), 26 vom Bajč (Nr. 9 A), 61 von Veľký Grob (Nr. 16) und besonders 160 von Branč (Nr. 17) wegen der großen Zahl an Beifunden, der sorgfältigen Ausstattung mit Holzsarg oder Holzverkleidung. Einst reich ausgestattet dürften auch die ausgeraubten Gräber gewesen sein, wie zum Beispiel das Grab 79 von Hurbanovo (Nr. 14). Hingegen ist das Kindergrab 56 in demselben Gräberfeld (Nr. 12) mit Hals- und Schläfenring unberührt geblieben. Die überraschend kleinen Maße dieses der Lage im Grab nach am Hals getragenen Ringes deuten auf ein sehr geringes Alter des Kindes hin. Daß es nicht zu den ärmsten gehörte, ist an der Zahl der Beigaben zu sehen, denn sehr kleinen Kindern pflegte man nur

---

steinklinge (I. Kovács, Közlemények IV 1–2, 1944, 7 Abb. 5, 2). Das ursprünglich als frühbronzezeitlich erkannte Grab von Beba Veche mit Halsring (B I) hält A. Mozsolics für jünger, zeitgleich mit dem Vorkommen der zyprischen Schleifennadel im Karpatenbecken; vorauf geht aber noch der Depotfundhorizont Hajdúsámson-Apa (Mozsolics, Karpatenbecken 70). Näheres zu den Funden aus Beba Veche und Kneževac s. bei T. Soroceanu, PZ. 50, 1975, 161ff. Die Überlegungen I. Bónas (Alba Regia 4–5, 1965, 32), das Eindringen der südöstlichen Drahthalsringe längs der Marosch nach Mitteleuropa sei von der Somogyvár-Gruppe vermittelt worden und diese Gruppe hätte einen direkten Anteil an der Verbreitung der Halsringe innerhalb der Badener Kultur in Österreich gehabt, halten allerdings nicht stand, denn der gegenwärtige Forschungsstand läßt erkennen (R. Schreiber-Kalicz, Istraživanja 5, 1976, 73. 75; ders., Janus Pannon. Múz. Évkönyve 23, 1978 (1979) 97. 117), daß die Somogyvár-Gruppe, gleichzeitig mit den späten Glockenbechergruppen, auf die Makó-Čaka-Gruppe folgte und zum Badener Komplex in keinem unmittelbaren zeitlichen Zusammenhang gestanden hat.

[6] J. Ondráček, Slov. Arch. 15, 1967, 422 Abb. 15, 3.

[7] Ebd. 422f.

[8] L. Veliačik, Arch. Rozhl. 21, 1969, 306. Vgl. auch die neue Bewertung der Protoaunjetitzer Kultur in: R. Pleiner/A. Rybová (Hrsg.), Pravěké dějiny Čech (Die Vorgeschichte Böhmens) (1978) 320ff., in der mit Anregungen aus dem Südosten gerechnet wird.

[9] Ondráček a. a. O. 422.

Älterbronzezeitliche Hals- und Barrenringe

wenige oder nur eine einzige Beigabe mitzugeben. Übrigens waren die Halsringe ein wertvoller und durchaus nicht geläufiger Schmuck; dafür spricht die im allgemeinen geringe Anzahl der Gräber mit dieser Schmuckbeigabe, von denen hier mindestens drei auf Kinder entfallen. Damit kommt eine sicher nicht unbedeutende Zuneigung zum Kind schon in der damaligen Gesellschaft zum Ausdruck.

ÖSENHALSRINGE

Diese rundstabigen Halsringe mit glatter Oberfläche und in Ösen eingerollten Enden, manchmal nur mit einem Ösen- und einem Hakenende, entsprechen Hájeks Typ B. Zum Unterschied von den Ringbarren sind diese Ringe in zweiteiligen Formen gegossen.[1] Einige formale Merkmale, wie die Gestaltung der Enden und Stärke des Stabes, ermöglichen eine gewisse Gliederung. In Fällen, in denen der Fund nicht im Original vorliegt oder der Querschnitt und die Oberflächenbehandlung nicht bekannt sind, haben wir uns bei der Klassifizierung des jeweiligen Halsringes auf die Fundumstände oder seine Funktion in der Grabausstattung gestützt.

Drei Halsringe sind sehr dünnstabig und ihre Enden zu den bandförmigen Ösen hin leicht verjüngt.

18. Veľký Grob, Kr. Galanta. – Körpergräberfeld, Grab 16; Mädchen in Hockerlage. – Ösenhalsring *(Taf. 3, 18)*, um den Hals; Analyse s. S. 72. – Beifunde: Rollenkopfnadel (PBF. XIII, 6 [Novotná] Nr. 136); ganze und beschädigte Ringe; Fingerringe; Krug. – AÚSAV. Nitra (16/II). – B. Chropovský, in: Chropovský/Dušek/Polla, Gräberfelder 23 Taf. 10, 22.

19. Veľký Grob, Kr. Galanta. – Körpergräberfeld, Grab 35; Kind in Hockerlage, Skelett teilweise vermodert. – Ösenhalsring von leicht ovalem Querschnitt *(Taf. 3, 19)*, um den Hals; Analyse s. S. 72. – Beifunde: Rollenkopfnadel (PBF. XIII, 6 [Novotná] Nr. 148) (auf der Brust); vier beschädigte Ringe (unter dem Schädel); Armspirale (am linken Arm); zwei Spiralröllchen (am Becken). – AÚSAV. Nitra (35/II). – B. Chropovský, in: Chropovský/Dušek/Polla, Gräberfelder 29 Taf. 14, 2.

20. Veľký Grob, Kr. Galanta. – Körpergräberfeld, Grab 30; Frau, Skelett auseinandergeworfen. – Ösenhalsring mit übereinandergelegten Enden *(Taf. 3, 20)*, unterhalb des Unterkiefers; Analyse s. S. 72. – Beifunde: ein größerer und zwei kleinere Bronzeringe; Bruchstück eines weiteren; kannenartiges Gefäß; kleines Gefäß (Taf. 74, A). – AÚSAV. Nitra (30/II). – B. Chropovský, in: Chropovský/Dušek/Polla, Gräberfelder 27f. Taf. 13, 5.

Der Querschnitt der nachfolgenden Stücke liegt zwischen den dünnstabigen und denen mit massivem Körper. Die besonders massiven Exemplare sind meist auch größer und verjüngen sich deutlich zu den flach bandförmigen Ösenenden hin. Außer den einfachen Ösen kommen auch doppelt eingerollte vor.

21. Gemer, Kr. Rimavská Sobota. – Depot (?). – Ösenhalsring *(Taf. 3, 21; nach Eisner)*, bei J. Hampel unter den in Rimavská Sobota 1882 ausgestellten Funden. J. Paulík überprüfte die Fundumstände (Štud. Zvesti AÚSAV. 15, 1965, 56f.) und gelangte zu dem Schluß, daß die bei Hampel auf Taf. 115 und 116 abgebildeten und laut ihm aus dem Depot IV (BZ D/Ha A) stammenden Bronzen nicht alle diesem Verband angehören, sondern einige älter sind wie z. B. der vorliegende Halsring Nr. 21, ein Dolch u. a. – Verbleib unbekannt. – Hampel, Bronzkor I Taf. 116, 21; Eisner, Slovensko 125 Abb. 13, 9.

22. Šurany, Kr. Nové Zámky, Flur Jánovsek. – Körpergräberfeld, Hockergrab 1, teilweise erhalten. – Ösenhalsring; Analyse s. S. 72; Dm. 16,2 cm *(Taf. 3, 22; nach Točík)*, an den Halswirbeln. – Beifunde: etwa vier Haarringe (beim Schädel); Nadelschaft (an der rechten Schulter) (PBF. XIII, 6 [Novotná] Nr. 1202); Bronzespirale (am Schienbein) (Taf. 74, B). – AÚSAV. Nitra. – A. Točík, Štud. Zvesti AÚSAV. 13, 1964, 127.ff. Taf. 4, 2; ders., Výčapy-Opatovce 205f.

23. Vinodol, Kr. Nitra, Flur Závodie. – Gestörte Hockerbestattung. – Ösenhalsring *(Taf. 3, 23; nach Točík)*, an den Halswirbeln. – Beifunde: kleines Gefäß, darin

---

[1] J. Schránil, Studie o vzniku kultury bronzové v Čechách (Zur Entstehung der Bronzekultur in Böhmen) (1921) 15.

eine Ahle und ein Dolch (PBF. VI, 3 [Vladár] Nr. 59); Bronzebeil (PBF. IX, 3 [Novotná] Nr. 211); zwei Haarringe; Bronzeanhänger (PBF. XI, 3 [Furmánek] Nr. 211); Spiralen; Röllchen; Bronzeperle; Hülsenkopfnadel (PBF. XIII, 6 [Novotná] Nr. 55). – *Datierung:* klassische Phase der Aunjetitzer Kultur bzw. Hurbanovo-Gruppe. – AÚSAV. Nitra. – A. Točík, Štud. Zvesti AÚSAV. 13, 1964, 127ff. Taf. 6, 1.

24. 25. **Rastislavice**, Kr. Nové Zámky. – Gemeinsamer Fund zweier Ösenhalsringe von gleicher Form und gleichem Gewicht *(Taf. 4, 24. 25;* nach Paulík); Analysen s. S. 72. – AÚSAV. Nitra. – J. Paulík, Štud. Zvesti AÚSAV. 10, 1962, 121ff. Abb. 1, 1. 2.

26. **Hloža**, Kr. Považská Bystrica. – Hockerbestattung. – Ösenhalsring, zu den flachgeschlagenen Ösen hin gleichmäßig verjüngt *(Taf. 4, 26).* – Beifunde: einfache Drahtnadel mit hakenförmig gebogenem Kopf (PBF. XIII, 6 [Novotná] Nr. 188); Doppeldrahtring; vier kleine Haarringe. – Mus. Trenčín (576). – Š. Križanová, Pamätnica Mestského múzea Dr. Karola Brančíka v Trenčíne 1877–1937, 47f. Abb. 2, 1.

27. **Bánov**, Kr. Nové Zámky, Flur Boncové. – Körpergräberfeld, Grab 29; Frau, linksseitiger Hocker. – Ösenhalsring, zu den flachgeschlagenen Enden hin verjüngt *(Taf. 4, 27),* um den Hals; Analysen s. S. 72. – Beifunde: Bronzediadem (Nr. 367); sechs Haarringe; Schläfenring; 15 Muschelperlen (unter dem Schädel); vier ganze und zwei Bruchstücke bronzener Spiralröllchen; 28 scheibenförmige Fayenceperlen; Rollenkopfnadel (PBF. XIII, 6 [Novotná] Nr. 134) (am linken Unterarm); je ein Spiralring an beiden Armen; Bronzedrahtstück; Tasse (Taf. 74, D). – AÚSAV. Nitra (1960/89). – A. Točík, Štud. Zvesti AÚSAV. 13, 1964, 127. 132ff. Abb. 4 Taf. 4, 1; ders. Výčapy-Opatovce 198f. Taf. 76, 12 („Grab 9").

28. **Gemer**, Kr. Rimavská Sobota. – Depot. – Massiver Ösenhalsring, zu den flach bandförmigen, doppelten Ösen hin verjüngt *(Taf. 4, 28);* Analysen s. S. 72. – Beifunde: weiterer Halsring (Nr. 57); sechs ganze (Nr. 74–77. 84. 85) und sechs fragmentierte (Nr. 78–83) Ringbarren. – Schloß Betliar (303/7). – M. Novotná, Musaica 8, 1968, 41 Abb. 3.

29. **Hurbanovo**, Kr. Komárno, Flur Bacherov majer. – Körpergräberfeld, Hockergrab 39; Grabsohle mit Kalkmörtel ausgeschmiert. – Ösenhalsring, um den Hals. – Beifunde: zyprische Schleifennadel (PBF. XIII, 6 [Novotná] Nr. 6); vier bronzene Schläfenringe; Ring; Steinsplitter; Schale; Tasse. – AÚSAV. Nitra. – Grabung P. Čaplovič. – Točík, Výčapy-Opatovce 127 („Halsspirale in Bruchstücken").

30. **Abrahám**, Kr. Galanta. – Körpergräberfeld, Hockergrab 16/54. – Ösenhalsring; Analyse s. S. 72. – Beifunde: zwei Doppeldrahtringe; Bruchstück eines dritten; 20 Bronzeröhrchen; Schale. – Mus. Bratislava. – Grabung B. Chropovský. – SAM. II/4, 38 Anal. Nr. 10898 („Grab 15/54").

31. **Abrahám**, Kr. Galanta. – Gestörtes Gräberfeld in Steinbruch, Frauengrab 5 (?). – Halsring; ein Ende abgebrochen, das zweite mit Öse; Dm. 12,5 cm. Das Grab soll noch einen Bronzeknopf (Deckel?), zwei Schläfenringe aus Draht und ein Tongefäß enthalten haben. – AÚSAV. Nitra (ehem. Slg. Godovič).

32. **Fundort unbekannt.** – Ösenhalsring, sekundär deformiert *(Taf. 4, 32).* – Mus. Komárno (575).

33. **Veľký Slavkov**, Kr. Poprad. – Fundumstände unbekannt. – Massiver Ösenhalsring, zu den flachgeschlagenen Doppelösen hin verjüngt *(Taf. 5, 33);* Analyse s. S. 72. – Mus. Poprad (3587). – M. Novotná, Musaica 1, 1961, 35.

33 A. **Dvory nad Žitavou**, Kr. Nové Zámky, Flur Kalvária. – Fundumstände unbekannt. – Massiver Ösenhalsring mit doppelt eingerollten Endösen *(Taf. 5, 33 A).* – Mus. Budapest (142/1879).

34. **Fundort unbekannt.** – Ösenhalsring, zu den flach bandförmigen Ösen hin leicht verjüngt *(Taf. 5, 34);* Analyse s. S. 72. – Mus. Košice (108).

35. **Fundort unbekannt.** – Großer Ösenhalsring, in zwei Stücke gebrochen *(Taf. 5, 35).* – Mus. Bratislava (866).

36. **Fundort unbekannt.** – Ösenhalsring mit flach bandförmigen, doppelt eingerollten Endösen *(Taf. 5, 36).* – Mus. Bratislava (93).

37. **Stupava**, Kr. Bratislava-vidiek. – Depot, unvollständig (?), seit alters mit jüngeren Stücken vermischt. – Dünnstabiger Ösenhalsring *(Taf. 6, 37);* Analyse s. S. 72. – Beifunde: sechs weitere Halsringe (Nr. 38–42. 231); ein Ringbarren (Nr. 209); vier massive und drei dünnere offene Armringe; Armring mit übereinandergelegten Enden; sechs Armspiralen aus Draht; sechs weitere mit Endspiralen; zehn Armspiralen aus Blech; vier Armspiralen; zwei Ringe vom Salgotarjaner Typ (älteste Variante). – Mus. Budapest (1/874/85). – Mozsolics, Karpatenbecken 162f. Taf. 41.

38. **Stupava**, Kr. Bratislava-vidiek. – Vgl. Nr. 37. – Ösenhalsring *(Taf. 6, 38).* – Mus. Budapest (1/874/78).

39. **Stupava**, Kr. Bratislava-vidiek. – Vgl. Nr. 37. – Sehr massiver Ösenhalsring mit zweifach eingerollten Ösen *(Taf. 6, 39).* – Mus. Budapest (1/874/81).

40. **Stupava**, Kr. Bratislave-vidiek. – Vgl. Nr. 37. – Massiver Ösenhalsring; an einem Ende einfache, am anderen zweifach eingerollte, bandförmige Öse *(Taf. 6, 40).* – Mus. Budapest (1/874/79).

41. **Stupava**, Kr. Bratislava-vidiek. – Vgl. Nr. 37. – Massiver Ösenhalsring mit flachen, zweifach eingerollten Ösen *(Taf. 6, 41).* – Mus. Budapest (1/874/80).

42. **Stupava**, Kr. Bratislava-vidiek. – Vgl. Nr. 37. –

Massiver Ösenhalsring mit verjüngten, gekanteten Enden und flach bandförmigen, doppelt eingerollten Ösen; eine Seite fein gekerbt *(Taf. 6, 42)*. – Mus. Budapest (1/874/83).

43. Hodejov, Kr. Rimavská Sobota. – Depot, aufgedeckt 1960 im Steinbruch auf der Burghöhe. In unmittelbarer Nähe wurden 1961 weitere Bronzen gefunden; offensichtlich handelt es sich um ein und dasselbe Depot. Scherbenmaterial nicht erhalten, Bronzen teilweise vernichtet oder verlorengegangen; von beiden Depotteilen sind noch insgesamt 361 Gegenstände vorhanden. – Ösenhalsring *(Taf. 7, 43)*; Analyse s. S. 72. – Beifunde: Nadeln (PBF. XIII, 6 [Novotná] Nr. 161. 269. 270. 377–340. 348. 351–353. 359. 363); sieben mondförmige Anhänger mit Mittelzier (PBF. XI, 3 [Furmánek] Nr. 119. 126. 130–134); 45 Herzanhänger (ebd. Nr. 268–275. 295–321. 342–351); 34 Stachelscheibenanhänger (ebd. Nr. 518–551); 23 trichterförmige Anhänger (ebd. Nr. 518–551); zwei halbmondförmige Anhänger (Nr. 710. 711); gerundete oder kegelförmige Buckel; Spiralröllchen; massive offene Armringe; Spiralfingerringe mit Endspiralen; Armspiralen; getriebenes Blechstück; Lanzenspitze; Ahle; zwei Dolche (PBF. VI, 3 [Vladár] Nr. 126. 128); Sichelfragment; Bruchstück einer Beilschneide; zehn Bernsteinperlen; Tongewichte. – *Datierung:* Koszider-Horizont. – Mus. Rimavská Sobota, ein Teil der Funde im Mus. Fiľakovo (175/60). – G. Balaša, Praveké osídlenie Gemera (Die vorgeschichtliche Besiedlung Gemers) (1965) 12. 14 Taf. 3, 3; V. Furmánek, Slov. Arch. 25, 1977, 361 Taf. 21, 10; ders., PBF. XI, 3 (1980) Taf. 34; 35, A; 36, A.

44. Fundort unbekannt. – Ösenhalsring mit leicht gekantetem, zu den bandförmigen Ösen hin scharf eingezogenem Körper *(Taf. 7, 44)*. – Mus. Bratislava (4486).

Folgende Stücke weisen entweder nicht vollständig eingerollte oder nur hakenförmige Enden auf; die meisten sind an den Ösen oder Haken kräftig verjüngt.

45. Fundort unbekannt. – Halsring *(Taf. 7, 45)*; Analyse s. S. 72. – Mus. Košice (1472).

46. Bratislava, Umgebung. – Depot. – Halsring mit halbeingerollten Enden *(Taf. 7, 46)*. – Beifunde: zehn weitere Halsringe (Nr. 47–56); 110 Ringbarren (Nr. 87–196). – Mus. Budapest (16/1885/47). – Mozsolics, Karpatenbecken 155.

47.–50. Bratislava, Umgebung. – Vgl. Nr. 46. – Vier Halsringe mit nicht geschlossenen Ösen *(Taf. 7, 47. 48; 8, 49. 50)*. – Mus. Budapest (16/1885/6; 16/1885/52; 16/1885/69; 16/1885/59).

51. 52. Bratislava, Umgebung. – Vgl. Nr. 46. – Zwei Halsringe mit je einem halbeingerollten und einem hakenförmigen Ende *(Taf. 8, 51. 52)*. – Mus. Budapest (16/1885/82; 16/1885/24).

53. 54. Bratislava, Umgebung. – Vgl. Nr. 46. – Zwei Halsringe mit je einem halbeingerollten und einem teilweise abgebrochenen Ende *(Taf. 8, 53. 54)*. – Mus. Budapest (16/1885/32; 16/1885/28).

55. Bratislava, Umgebung. – Vgl. Nr. 46. – Halsring mit hakenförmigen, teilweise beschädigten Enden *(Taf. 9, 55)*. – Mus. Budapest (16/1885/21).

56. Bratislava, Umgebung. – Vgl. Nr. 46. – Halsring mit flach hakenförmigen Enden *(Taf. 9, 56)*. – Mus. Budapest (16/1885/34).

57. Gemer, Kr. Rimavská Sobota. – Vgl. Nr. 28. – Halsring; ein Ende hakenförmig, das andere abgebrochen *(Taf. 9, 57)*; Analyse s. S. 72. – Schloß Betliar (503/4). – M. Novotná, Musaica 8, 1968, 41 Taf. 17, 1.

58. Veľký Grob, Kr. Galanta. – Körpergräberfeld, Grab 19; männlicher, rechtsseitiger Hocker. – Halsring mit verjüngten, flach hakenförmigen Enden; Abdrücke von Stroh oder Gras an den Enden *(Taf. 9, 58;* nach Chropovský), am Hals; Analyse s. S. 72. – Beifunde: sieben Spiralfingerringe (an der rechten Hand vier, an der linken drei); zyprische Schleifennadel (an der rechten Schulter) (PBF. XIII, 6 [Novotná] Nr. 15); Rollenkopfnadel (ebd. Nr. 138); steinerne Hammeraxt (bei der linken Hand); Spiralen; drei ähnliche massive Spiralröllchen, in einem ein Draht durchgezogen; weitere Spiralenreste (bei den Beckenknochen) (Taf. 73, B). – AÚSAV. Nitra. – B. Chropovský, in: Chropovský/Dušek/Polla, Gräberfelder 24f. Taf. 11.

59. Fundort unbekannt. – Halsring *(Taf. 9, 59)*. – Mus. Bratislava.

60. Fundort unbekannt. – Halsringfragment *(Taf. 9, 60)*. – Mus. Bratislava (4481–1181).

61. Fundort unbekannt. – Halsring; Enden abgebrochen *(Taf. 9, 61)*. – Mus. Bojnice (3111).

62. Fundort unbekannt. – Halsringfragment mit nur einem hakenförmigen Ende. – Mus. Bratislava.

Einige Halsringe haben ein oder zwei spitze Enden.

63. Dvory nad Žitavou, Kr. Nové Zámky. – Körpergräberfeld, Grab 5/54. – Halsring; ein Ende spitz, das zweite in eine flach bandförmige Öse eingerollt *(Taf. 10, 63)*. – *Datierung:* Hurbanovo-Gruppe. – AÚSAV. Nitra (5/54). – Grabung D. Bialeková und A. Točík.

64. Rusovce (jetzt Bratislava). – Körpergräberfeld, Grab 12; Kinderbestattung in Hockerlage. – Halsring; ein Ende spitz, das zweite in eine flach bandförmige Öse eingerollt *(Taf. 10, 64;* nach Köszegi). – Beifunde: zwei offene Armringe; zwei Krüge (Taf. 76, B). – *Datierung:* Wieselburger Kultur. – Mus. Budapest (verschollen). – F. Köszegi, Folia Arch. 10, 1958, 45 Taf. 7, 6; Bóna, Mittlere Bronzezeit Taf. 280, 11.

65. Fundort unbekannt. – Halsring mit kreisförmigem Querschnitt und spitzen Enden *(Taf. 10, 65);* Analyse s. S. 72. – Slg. Arch. Seminar FFUK. Bratislava (o. Nr.).

66. Fundort unbekannt. – Halsring mit flach linsenförmigem Querschnitt und verjüngten spitzen Enden *(Taf. 10, 66).* – Mus. Bratislava (12676; ehem. Lyzeumsslg.).

Folgende aus der Literatur, jedoch ohne nähere Beschreibung oder Abbildung bekannte Stücke (Nr. 67–70) lassen sich weder als Ösenhalsringe noch als Ringbarren deuten.

67. Vlčany, Kr. Galanta. – Halsring *(Taf. 10, 67;* nach Hampel). – Verbleib unbekannt. – Hampel, Bronzkor II Taf. 131.
68. Sebeslavce, Kr. Martin. – Glatter Halsring mit Ösenenden. – Verbleib unbekannt. – Hampel, Bronzkor II 125; Eisner, Slovensko 125.
69. Žitný ostrov (Insel Schütt). – Halsring; keine näheren Angaben. – Verbleib unbekannt. – Hampel, Bronzkor II 125.
70. Matúškovo, Kr. Galanta. – Aus gestörtem Grab. – Halsring (?), keine näheren Angaben; Analyse s. S. 72. – AÚSAV. Nitra. – A. Točík, Štud. Zvesti AÚSAV. 13, 1964, 147.
71. Jelka, Kr. Galanta, Flur Fövenyek. – Depot. – Einige ,,buckelförmige Barren" – nach E. Schubert vielleicht Ösenhalsringe – und ein Beil sind sofort nach dem Auffinden verlorengegangen. – Weitere Beifunde (von Fotos bekannt): zwei Dolchklingen (PBF. VI, 3 [Vladár] Nr. 61. 62); Randleistenbeil (PBF. IX, 3 [Novotná] Nr. 185). – Verbleib unbekannt. – E. Beninger, Sudeta 5, 1929, 61 f.; E. Schubert, 54. Ber. RGK. 1973 (1974) 20.
72. Abrahám, Kr. Galanta. – Gräberfeld in einer Schotterflur; Kinderbestattung in Hockerlage. – Halsring mit einem Haken- und einem Ösenende. – Beifund (laut Bericht V. Šemmers vom 27. 7. 1943): Kreuzrippenanhänger (auf der Brust des Toten) (PBF. XI, 3 [Furmánek] Nr. 79). – Archiv AÚSAV. Nitra.
73. Kláštor pod Znievom, Kr. Martin. – Halsring mit einem Haken- und einem Ösenende. – Mus. Budapest; verschollen.

Zeitstellung: s. S. 24 f.
Verbreitung: s. S. 26.
Funktion: s. S. 27.

RINGBARREN

Im Gegensatz zu den rundstabig ausgeschmiedeten, glatten Halsringen sind die Ringbarren oder Barrenringe eine Rohform aus mehr oder weniger massivem Stab von nicht konstantem, häufig unregelmäßigem Querschnitt. Die meist rohe, unbearbeitete Oberfläche zeugt von einem einfachen Gußvorgang ohne nachträglich erfolgtes Schmieden. Der Bearbeitungsgrad läßt sich am ehesten nach dem jeweiligen Querschnitt beurteilen, der auf die allgemein geläufige Benutzung einer einteiligen Gußform hinweist. Bei einigen slowakischen Funden lassen sich – von den Fundumständen abgesehen – nach den äußeren Zeichen und der Güte des Metalls die Ringbarren von den Halsringen meist zuverlässig unterscheiden. Freilich ist die Frage nach ihrer Funktion noch immer nicht eindeutig beantwortet worden. Es ist z. B. schwer zu bestimmen, zu welchem Zweck wohl einige einzeln gefundene Barren von L. Hájeks Typ B (s. S. 17) mit rundem Querschnitt und geglätteter Oberfläche gedient haben mochten, die einerseits den in Gräbern vorkommenden Halsringen nahestehen, andererseits aber auch aus Depots bekannt sind, in denen sie zusammen mit der rohen Barrenform vom Typ C auftreten. Typologisch gesehen entsprechen die Ringbarren dem von Hájek herausgestellten Typ C mit entweder hufeisenförmigem (Nr. 86. 80), dreieckigem (Nr. 74. 78. 81–84) oder viereckigem (Nr. 85) Querschnitt und meist grobem Äußeren (vgl. S. 13). Das sorgfältig geglättete Stück Nr. 86 zeigt einen hohen Grad der nachträglichen Bearbeitung, während die Funde aus dem Depot von Gemer (Nr. 74–85), aus Bratislava-Umgebung (Nr. 87–197 I) und die Streufunde Nr. 198. 199 eine rauhe, unebene Oberfläche aufweisen. Die Enden sind uneinheitlich. Außer den verjüngten, zu Ösen eingerollten und ausgehämmerten Enden begegnen auch solche zu einfachen Haken gebogene oder ein Haken und eine Öse (Nr. 200. 202). Zu den markantesten Vertretern der Ringbarren vom Typ C gehören die Exemplare aus dem Depot von Gemer (Nr. 74–85), begleitet von zwei Halsringen vom Typ B, sowie diejenigen aus dem Depot von Bratislava-Umgebung (Nr. 87–196), das ebenfalls einige Halsringe enthielt. An allen Stücken beider Depots lassen sich der Grad und die Art der Bearbeitung gut verfolgen. Von den insgesamt 122 Barren- und Halsringen aus dem Depot von Bratislava-Umgebung besitzen die meisten einen dreieckigen (auch gerundeten), in geringerem Maße einen unregelmäßigen, mehreckigen Querschnitt und eine rauhe Oberfläche. Andere sind im Profil hufeisenförmig, und ein weiterer Teil weist als Zeichen noch sorgfältigerer Bearbeitung einen fast geschlossenen kreisförmigen Querschnitt mit einer Furch auf, wodurch die Form eines Herzens entstand. Den Abschluß dieser Herstellungsreihe bilden einige Barrenformen mit glatter, polierter Oberfläche und rundem Querschnitt, die wir den Halsringen zuordnen. In Ausnahmefällen ist statt des üblichen Aushämmerns der Innenseite ein umgekehrter Bearbeitungsvorgang gewählt worden: Es handelt sich um drei Ringbarren (im Depot von Bratislava), bei denen nach Zurückbiegung der ausgehämmerten Enden die Außenseite flach blieb. In zwei Fällen wurde zwar durch Schmieden nachträglich ein fast geschlossener rundstabiger Querschnitt erzielt, doch das Nachschmieden hinterließ auf der ganzen Oberfläche eine Furche. Auch sonst gibt es Unterschiede in der Stärke und Größe einzelner Stücke und in der Gestaltung der Enden. Neben Ringen mit sorgfältig zu einer nicht geschlossenen Öse ausgehämmerten Enden finden sich solche mit minder gut gestalteten bzw. auch ungleichmäßigen Enden. Das Depot aus der Umgebung von Bratislava, an dessen Inhalt einzelne Herstellungs- und Bearbeitungsvorgänge (Nachschmieden, Polieren) nachweisbar sind, dürfte nicht als das Warendepot eines Händlers, sondern vielmehr als das mit einer Werkstatt verbundene Depot eines Herstellers gedeutet werden. Da keine chemischen Analysen dieses Fundverbandes durchgeführt wurden, wissen wir nicht, ob bei allen die gleiche Metallgüte besteht. Die oben erwähnten Unterschiede, namentlich in der Gestaltung der Enden weisen darauf hin, daß sich an der Fertigung der Ware mehrere Personen beteiligt haben mochten.

74. Gemer, Kr. Rimavská Sobota. – Vgl. Nr. 28. – Ringbarren aus gekantetem, linsenförmig abgeflachtem Stäbchen mit zu Haken gebogenen Enden *(Taf. 10, 74)*. – Schloß Betliar (503/1). – M. Novotná, Musaica 8, 1968, 41 Taf. 21, 1.

75. Gemer, Kr. Rimavská Sobota. – Vgl. Nr. 28. – Ringbarren, leicht gekantet, mit halbkreisförmigem Querschnitt und zurückgebogenen Enden *(Taf. 11, 75)*. – Schloß Betliar. – M. Novotná, Musaica 8, 1968, 41 Taf. 21, 2.

76. Gemer, Kr. Rimavská Sobota. – Vgl. Nr. 28. – Ringbarren von unregelmäßigem Querschnitt; ein Ende hakenförmig, das andere fast zu einer Öse eingerollt *(Taf. 11, 76)*. – Schloß Betliar (503/2). – M. Novotná, Musaica 8, 1968, 41 Taf. 21, 3.

77. Gemer, Kr. Rimavská Sobota. – Vgl. Nr. 28. – Ringbarren mit unregelmäßigem, abgeflachtem Querschnitt und zurückgebogenen Enden *(Taf. 11, 77)*. – Schloß Betliar (503/6). – M. Novotná, Musaica 8, 1968, 41 Taf. 21, 4.

78. Gemer, Kr. Rimavská Sobota. – Vgl. Nr. 28. – Ringbarrenfragment mit dreieckigem Querschnitt und zurückgebogenen Enden *(Taf. 11, 78)*. – Schloß Betliar. – M. Novotná, Musaica 8, 1968, 41 Taf. 21, 12.

79. Gemer, Kr. Rimavská Sobota. – Vgl. Nr. 28. – Ringbarrenfragment mit unregelmäßigem Querschnitt und Ösenende *(Taf. 11, 79)*. – Schloß Betliar. – M. Novotná, Musaica 8, 1968, 41 Taf. 21, 6.

80. Gemer, Kr. Rimavská Sobota. – Vgl. Nr. 28. – Unvollständiger Ringbarren von hufeisenförmigem Querschnitt *(Taf. 11, 80)*. – Schloß Betliar. – M. Novotná, Musaica 8, 1968, 41 Taf. 21, 7.

81. Gemer, Kr. Rimavská Sobota. – Vgl. Nr. 28. – Ringbarrenfragment mit hakenförmigem Ende *(Taf. 11, 81)*. – Schloß Betliar. – M. Novotná, Musaica 8, 1968, 41 Taf. 21, 8.

82. Gemer, Kr. Rimavská Sobota. – Vgl. Nr. 28. – Unvollständiger Ringbarren; Enden abgebrochen *(Taf. 11, 82).* – Schloß Betliar. – M. Novotná, Musaica 8, 1968, 41 Taf. 21, 9.
83. Gemer, Kr. Rimavská Sobota. – Vgl. Nr. 28. – Ringbarrenfragment mit kantigem Körper *(Taf. 11, 83).* – Schloß Betliar. – M. Novotná, Musaica 8, 1968, 41 Taf. 21, 10.
84. Gemer, Kr. Rimavská Sobota. – Vgl. Nr. 28. – Ringbarren von dreieckigem Querschnitt; ein verjüngtes Ende abgebrochen, das andere kaum zurückgebogen *(Taf. 12, 84).* – Schloß Betliar (503/5). – M. Novotná, Musaica 8, 1968, 41 Taf. 8, 2.
85. Gemer, Kr. Rimavská Sobota. – Vgl. Nr. 28. – Ringbarren mit vierkantigem Körper und Ösenenden *(Taf. 12, 85).* – Schloß Betliar (503/3). – M. Novotná, Musaica 8, 1968, 41 Taf. 18, 3.
86. Skalica, Kr. Senica. – Depot (Bericht von D. Jurkovič) mit 14 kg Ringbarren, heute verschollen. – Ringbarren von fast hufeisenförmigem Querschnitt mit zurückgebogenen, ausgehämmerten Enden; zerbrochen *(Taf. 12, 86);* seine Zugehörigkeit zum vermeintlichen Depot ist ungewiß. – Mus. Skalica (A 37/2). – Eisner, Slovensko 55.
87.–196. Bratislava, Umgebung. – Vgl. Nr. 46. – 110 Ringbarren vom Typ C mit verschiedenen Querschnitten *(Taf. 12, 87–32, 196).* – Mus. Budapest (16/1885/1–5. 7–20. 22. 23. 25–27. 29–31. 33. 35–46. 48–51. 53–58. 60–68. 70–81. 83–119; III–80), – Mozsolics, Karpatenbecken 155.
197. entfällt.
198. Bušovce, Kr. Poprad. – Fundumstände unbekannt. – Ringbarren von etwa dreieckigem Querschnitt; ein Ende abgebrochen, das andere verjüngt und zu einer Öse eingerollt *(Taf. 32, 198);* Analyse s. S. 72. – Mus. Poprad. – M. Novotná, Musaica 1, 1961, 36.
199. Spišská Teplica, Kr. Poprad. – Fundumstände unbekannt. – Ringbarren von dreieckigem Querschnitt mit breitgeschlagenen, zurückgebogenen Enden *(Taf. 32, 199);* Analyse s. S. 72. – Mus. Poprad (3589). – M. Novotná, Musaica 1, 1961, 36.
200.–202. Orava, Kr. Dolný Kubín. – Depot(?). Erworben im Jahre 1927. – Drei Ringbarren, laut Bericht mit vielen anderen gefunden („with many others"); die Stücke Nr. 200 und 202 haben je ein Haken- und ein Ösenende sowie einen fast hufeisenförmigen Querschnitt, bei Nr. 201 sind beide Enden zu Haken gebogen *(Taf. 32, 200; 33, 201–202;* nach Fotos). – Ashmolean Mus. Oxford.
203.–207. Považie (Waag-Tal). – Fundort und Fundumstände unbekannt. – Fünf Ringbarren *(Taf. 33, 203–206; 34, 207);* Analysen s. S. 72 – Naturhist. Mus. Wien (15014; ehem. Slg. Spöttl). – SAM. II/3 Nr. 4777–4781.
208. Kľačany, Kr. Topoľčany. – Fundumstände unbekannt. – Ringbarrenfragment; ausgehämmertes Ende abgebrochen *(Taf. 34, 208).* – Mus. Budapest (58. 26. 2).
209. Stupava, Kr. Bratislava-vidiek. – Vgl. Nr. 37. – Ringbarren mit kantigen Seiten und roher, unbearbeiteter Innenfläche *(Taf. 34, 209).* – Mus. Budapest (19/874/4).
210. Fundort unbekannt. – Ringbarren mit gerundetem, fast rhombischem Querschnitt *(Taf. 34, 210).* – Mus. Bratislava (12675; ehem. Lyzeumsslg.).
211. Fundort unbekannt. – Ringbarrenfragment mit vielfach gekantetem, zum flachen, abgebrochenen Ende hin verjüngtem Körper *(Taf. 34, 211).* – Mus. Bratislava (4483).
212. Fundort unbekannt. – Ringbarren mit vielfach unausgeprägt gekantetem Körper; ein Ende zu einer flach bandförmigen Öse halb eingerollt, das andere teilweise abgebrochen *(Taf. 34, 212).* – Mus. Bratislava (4481).
213. Fundort unbekannt. – Ringbarren von dreieckigem Querschnitt; auf der Innenseite eine seichte Furche (Gußnaht?). – Mus. Bratislava.
214. Fundort unbekannt. – Ringbarren von hufeisenförmigem Querschnitt. – Mus. Bratislava.
215. Fundort unbekannt. – Ringbarrenfragment mit vielfach gekantetem Körper. – Mus. Bratislava.
216.–219. Gajary, Kr. Malacky. – Fundumstände unbekannt. Depot? – Vier Ringbarren, davon drei mit zurückgebogenen Enden, der vierte mit Ösenenden. – *(Taf. 35, 216–219;* nach Eisner) – Ehem. Slg. Realgymnasium Bratislava (verschollen). – J. Skutil, Sborník MSS. 23, 1929, 116; Eisner, Slovensko 55 Taf. 25, 8.
220.–227. Bratislava, Umgebung. – Depot(?). – Acht Aunjetitzer Bronzebarren mit zurückgebogenen, flach bandförmigen Enden *(Taf. 35, 220. 221; 36, 222–227).* – Nationalmus. Prag (34. 239–34. 246; aufbewahrt in Schloß Peruc).
228. Ehem. Komitat Bratislava. – Eine unbestimmte Zahl an „Ringbarren" war im Mus. Mukačevo aufbewahrt. – Eisner, Slovensko 55.
229. Bratislava. – „Ringbarren" angeblich aus Bratislava, urspr. im Mus. Veľká untergebracht, heute verschollen. Nach Auflösung des Mus. in Veľká wurden alle Exponate in das Podtatranské múzeum nach Poprad überwiesen. Wahrscheinlich ging der Ringbarren beim Umzug verloren oder ist der Fundort verwechselt worden und das Stück wird heute unter anderen Funden aus der Zips geführt. – Eisner, Slovensko 55; M. Novotná, Musaica 1, 1961, 36.

229 A. Žitný ostrov (Insel Schütt). – Depot von elf Halsringen oder Ringbarren, davon waren zehn im Besitz von S. Egger in Budapest, einer befand sich im Städtischen Museum in Bratislava, konnte dort aber nicht identifiziert werden (unter anderem Fundortnamen registriert?).

Der einzige Spangenbarren aus der Slowakei (Nr. 230) ist ein in einteiliger Form gegossenes, etwa zum Halbmond gebogenes, zu den abgerundeten Enden hin gleichmäßig verjüngtes Stück von ungefähr halbkreisförmigem Querschnitt und mit unbearbeiteter Innenfläche.

230. Fundort unbekannt. – Spangenbarren *(Taf. 37, 230)*; Analyse s. S. 72. – Mus. Piešťany (333).

Zeitstellung: Die ziemlich geringe Fundzahl der rohen Ringbarren und Ösenhalsringe aus der Slowakei ermöglicht eine gründlichere Untersuchung unter Heranziehung einiger aus anderen Fundgebieten gewonnener Erkenntnisse und Erfahrungen. Dabei soll nicht nur ihre typologisch-chronologische Entwicklung verfolgt, sondern auch die Möglichkeit erwogen werden, einige typologische Merkmale für die zeitliche und funktionelle Einordnung auszuwerten sowie Fragen des Herstellungsprozesses, Rohstoffhandels, der Güte und Herkunft des Barrenmetalls zu erörtern.

Die Ringbarren treten als Rohform nur selten in Depots auf, und sind dann dort bis auf zwei Ausnahmen – Nr. 86 (Skalica) und Nr. 87–196 (Bratislava-Umgebung) – zahlenmäßig gering. Während die Angabe vom Inhaltsgewicht des Depots von Skalica (Nr. 86) unbestätigt ist, kamen beim Fund aus Bratislava (Nr. 87–196) sogar Zweifel an der Richtigkeit der Ortsbestimmung auf. Nach der Ansicht E. Schuberts handelt es sich vielleicht um den Teil eines großen, über 600 Barrenringe beinhaltenden Depots von Hodonín.[1] A. Mozsolics publizierte diese Ringbarren unter dem Fundort Bratislava-Umgebung, und zwar aufgrund des Inventarvermerkes im Budapester Magyar Nemzeti Muzeum.[2] Infolgedessen sind sie im Katalog der slowakischen Funde belassen worden. Der Bericht J. Eisners über einen Fund von über 1000 Ringbarren,[3] den B. Bath-Bílková nach Bratislava-Umgebung verlegte,[4] betrifft den Fundort Mosonmagyaróvár in Ungarn.

Typologisch gesehen entsprechen die Ringbarren völlig dem von L. Hájek für den Typ C aufgestellten Maßstab, vor allem was den Stabquerschnitt, doch weniger die Formgebung anbelangt. Die zurückgebogenen Enden deuten meist die Ösen nur an, oder es läuft ein Ende in einer Öse, das andere in einem Haken aus. Beide sorgfältig zu Ösen eingerollten Enden sind – nach den Funden aus der Slowakei zu urteilen – eher eine Eigenheit der Halsringe.

Für eine genaue zeitliche Begrenzung des Vorkommens roher Metallbarren bzw. Ringbarren bieten allerdings die Funde aus der Slowakei keinen besonderen Anhalt. Ihre Datierung ist mehr auf die typologische Ähnlichkeit mit den Funden aus den benachbarten Gebieten als auf die Güte des Metalls gestützt. Im Bereich der Aunjetitzer Kultur wird für die Produktion der rohen Barrenform und deren Depots ein einziger Zeithorizont, und zwar die klassische Phase dieser Kultur anberaumt. Hinsichtlich der Metallgüte stehen bisher nur neun Analysen aus vier Fundorten zur Verfügung (Považie – Nr. 203–207, Spišská Teplica – Nr. 199, Bušovce – Nr. 198, Gemer – Nr. 28. 57), die zehnte bezieht sich auf den Spangenbarren Nr. 230 (s. S. 72). Bei den meisten handelt es sich um Kupfer mit Arsen- und Antimongehalt sowie Ag-, Bi- und in vier Fällen auch Ni-Zusatz in Hundertsteln Werten. Drei Barrenringe aus Gemer besitzen weder As noch Bi und nur niedrige Werte von Ag, Ni und Fe; es handelt sich um reines Kupfer, das schon im Karpatenbecken zur Zeit der Polgár- und Lengyel-Kreise

---

[1] E. Schubert, 54. Ber. RGK. 1973 (1974) 70. 79.
[2] Mozsolics, Karpatenbecken 162f.
[3] Eisner, Slovensko 55.
[4] B. Bath-Bílková, Pam. Arch. 64, 1973, 33.

benutzt wurde. Eine andere Beschaffenheit weist das um As, Sb und Bi bereicherte Metall auf, aus dem sowohl einige Barrenringe als auch der Spangenbarren Nr. 230 hergestellt sind. Die beschränkte Analysenzahl läßt zwar keine weitergehenden Schlüsse zu, doch sie widerspricht nicht den von Schubert angestellten Beobachtungen und unterstützt die Annahme, daß die Qualität des Metalls einiger Barrenringe aus Niederösterreich, Mähren und der Slowakei derjenigen der Äxte vom Typ Handlová entspricht.[5] Somit ist wiederum die Frage nach der Herkunft des Barrenmetalls gestellt, die schon R. Pittioni[6] und jüngstens Schubert[7] im slowakischen Raum suchten. Mochte auch die als spezifisch heimisches slowakisches Produkt gewertete Metallzusammensetzung bei den Äxten vom Typ Handlová und den ihnen gleichgestellten Ringformen die erwähnte Annahme rechtfertigen, so sprechen konkrete Barrenfunde vielfach dagegen. Wir haben bereits weiter oben auf das begrenzte Fundvorkommen der Ringbarren in der Slowakei und auch auf ihre geringe Stückzahl in Depots hingewiesen. Vergleichen wir die häufigen Funde in Niederösterreich und Mähren, ist kaum zu glauben, daß bei einer heimischen Produktion nur so wenig Stücke im Mutterland geblieben wären. Eine im Grunde gleiche Meinung vertritt auch Bath-Bílková.[8] Ein Teil der in unmittelbarer Nähe des slowakisch-mährischen und österreichischen Grenzgebietes konzentrierten Funde (Skalica – Nr. 86, Bratislava-Umgebung – Nr. 87–196. 220–227, Gajary – Nr. 216–219) deutet zweifellos auf das Bestehen wechselseitiger Beziehungen hin, die jedoch auf die Frage der Herkunft des Rohstoffes keine zufriedenstellende Antwort geben können. In der Gruppierung der Barrendepots nahe des slowakischen Grenzlandes in Mähren sah K. Tihelka den Beweis für das Eindringen südöstlicher Einflüsse, die u. a. technologische Kenntnisse des Gießens und der Metallbearbeitung übermittelten.[9] Der Herstellungsort der Barren soll seiner Meinung nach irgendwo in der Umgebung von Hodonín gelegen haben. Nicht minder gewichtig sind seine Erwägungen über das mutmaßliche Vorhandensein von Rohstoffquellen im Umkreis von Boskovštejn, wenn auch solche im Sinne des Metallgefüges und des Abbaus bisher nicht nachgewiesen worden sind.

Zahlreicher als die Fundorte der Ringbarren sind diejenigen der Halsringe, was – bis auf einige Ausnahmen in der Südwestslowakei – auf die Reichweite und Einwirkung der Aunjetitzer und Wieselburger Kulturen zurückzuführen ist. Die Halsringe aus Gräbern bilden die größte Gruppe. Die meisten lieferte das Gräberfeld von Veľký Grob (Nr. 18–20. 58) und zugleich einen klaren Überblick über ihre typologisch-chronologische Entwicklung von den dünnen Drahthalsringen bis zu den massiven Exemplaren mit einem Haken- und einem Ösenende oder mit beiden zu Ösen eingerollten Enden. Auf die Halsringe der älteren Stufe der Aunjetitz-Wieselburger Formengruppe, die durch Exemplare aus Draht bzw. flach ausgehämmertem Rundstab mit abgeschnittenen Enden (Nr. 15) gekennzeichnet ist, folgt als Vertreter des Hájek-Typs B (vgl. S. 17 f.) der Fund aus Grab 30 (Nr. 20). Er besteht aus einem dünnen, gleichmäßig starken Körper und seine Enden überkreuzen sich, wahrscheinlich ein Nachklang der Halsringe der Nitra-Gruppe. Vielleicht sollte durch das Überkreuzen die Größe geregelt werden. Der Halsring aus Grab 16 (Nr. 18), vergesellschaftet mit einem typischen Wieselburger Krug, gehört schon in die jüngere Stufe der Aunjetitz-Wieselburger Kulturgruppe. Aus der gleichen Zeit stammen auch das Grab 19 (Nr. 58), u. a. mit einer zyprischen Schleifennadel, und das Grab 35 (Nr. 19), dessen Halsring aus einer Legierung mit Zinn gefertigt ist. Die dünnstabigen Halsringe Nr. 18 und 19 auf der einen und der massive Nr. 58 auf der anderen Seite zeugen also vom gleichzeitigen Auftreten beider

---

[5] Schubert a. a. O. 67.

[6] R. Pittioni, Arch. Austr., Beiheft 1, 1957.

[7] Schubert a. a. O. 67.

[8] Bath-Bílková a. a. O. 30. Zur Herkunft der Ringbarren vgl. neuerdings H.-J. Hundt, Preist. Alpina 10, 1974, 145 ff.

Die Konzentration einiger Stücke führt er auf den Bergbau bei Mitterberg zurück, zur Herkunft der übrigen nimmt er eine zurückhaltende Stellung ein. Vgl. auch M. Primas, in: IXe Congr. UISPP. Nice 1976 (1976), Colloques XIII 99.

[9] K. Tihelka, Štud. Zvesti AÚSAV. 13, 1964, 160.

Formen, wenn auch die Verbindung der dünnstabigen Halsringe mit der Nitra-Gruppe wahrscheinlich erscheint. Strittig ist, ob das angeblich zum Grab 40/II gehörende und in SAM. II/4 unter Nr. 10734 analysierte Fundstück aus der älteren oder jüngeren Belegungsphase des Gräberfeldes stammt; im übrigen wird es von B. Chropovský als Armring gedeutet, wofür auch seine Maße sprechen.[10]

Aufgrund der vorläufigen Auswertung und rahmenmäßigen Zeitstellung des bislang unveröffentlichten Gräberfeldes von Matúškovo, weisen wir den Halsring Nr. 70 aus einem gestörten Grab in die klassische Stufe der Aunjetitzer Kultur.[11] Mit ihm zeitlich und kulturell gleichgestellt sind die weiteren Exemplare aus Abrahám (Nr. 30), Vinodol (Nr. 23), Hloža (Nr. 26) und Šurany (Nr. 22). Noch älter als die Funde aus dem Vinodoler Grab ist das Grabinventar von Bánov (Nr. 27); anhand des Bronzediadems (Nr. 367) setzen wir es in die Anfangszeit der klassischen Aunjetitzer Stufe, während die Beifunde des Halsringes aus Vinodol (Hülsenkopfnadel, Beil, Dolch) schon auf die fortgeschrittene ältere Bronzezeit hinweisen. Das erstmalige Vorkommen der Hülsenkopfnadeln und Löffelbeile deckt sich auch in der Slowakei mit dem Horizont der klassischen Stufe der Aunjetitzer Kultur bzw. der Hurbanovo-Gruppe, der nach A. Točík für die Keramik aus Vinodol repräsentativ ist.[12] Der Halsring Nr. 26 sowie die Gräber von Trenčianske Biskupice[12a] vertreten das am nordöstlichsten vorgeschobene, der Aunjetitzer Kultur in der Slowakei eigene Fundgut. Dem Formenkreis der Hurbanovo-Gruppe nahestehend ist der Halsring aus dem eponymen Gräberfeld (Nr. 29), ein anderer, gleichartiger (Nr. 64) stammt aus einem Grab der Wieselburger Kultur. Hingegen ist das Exemplar Nr. 31 aus Abrahám der unsicheren Fundumstände wegen ohne Aussagewert. Ist die Rekonstruktion des Tongefäßes nach der Zeichnungsskizze wahrheitsgetreu, würde hier ausnahmsweise ein Halsring im Grab der Hügelgräberkultur erscheinen. Bei der Datierung des Halsringes Nr. 72 aus Abrahám stützten wir uns auf den Kreuzrippenanhänger, der für das Ende der älteren Bronzezeit charakteristisch ist. F. Köszegi[13] bringt ihn in Transdanubien und in der Südwestslowakei mit der vorkoszidezeitlichen Entwicklung der Stufe Kelébia in Verbindung. Die gleichen Kreuzrippenanhänger sind sowohl aus mehreren geschlossenen Fundverbänden in Ungarn als auch aus einer nicht näher bezeichneten Fundstelle im Eipeltal bekannt, wo sie zusammen mit einer Scheibenkopfnadel vom Typ Esztergom und einem herzförmigen Anhänger auftraten.[14] Der Hurbanovo-Gruppe ordnen wir den Halsring Nr. 63 aus dem bisher nicht veröffentlichten Gräberfeld von Dvory nad Žitavou zu,[15] dessen eines Ende sorgfältig zu einer Öse eingerollt, das andere einfach zugespitzt ist. Er gehört zu den weniger massiven Exemplaren.

Weitere Halsringe sind in Depots enthalten, die dank der Fundzusammenhänge sichere chronologische Anhaltspunkte bieten. Eine Ausnahme bildet der kleinste, aus zwei Exemplaren bestehende Verband aus Rastislavice (Nr. 24. 25). Zwei Halsringe aus Gemer (Nr. 28. 57) lassen anhand der begleitenden Ringbarren vom Typ C (Nr. 74–85) auf die klassische Stufe der Aunjetitzer Kultur schließen, andere von unbestimmter Form und Stückzahl aus Jelka (Nr. 71) wies Schubert der späten Aunjetitz-Wieselburger Gruppe zu.[16]

Jünger, aus der mittleren Bronzezeit, sind die Depots von Stupava (Nr. 37–42. 209. 231) und Hodejov (Nr. 43). Mit ihnen schließt das Vorkommen der bisherigen Halsringform ab. Der Fundverband aus Hodejov ist ein markanter Vertreter des Horizontes der Bronzen des Koszider-Typs, in den A. Mozsolics auch den Fundkomplex von Stupava setzt.[17]

---

[10] SAM. II/4, 32. Da es sich um einen Armring handelt, ist der Fund aus Grab 40/II von Veľký Grob hier nicht aufgenommen worden.

[11] A. Točík, Štud. Zvesti AÚSAV. 13, 1964, 141.

[12] Ebd.

[12a] Š. Križanová, Historica Slovaca 5, 1977 (Eisnerov Sborník), 42.

[13] Köszegi, in: Intern. Sympos. über die Frühbronzezeit, Budapest-Velem 1977 (im Druck).

[14] M. Novotná, PBF. XIII, 6 (1980) 26 ff.

[15] Zu den Dolchen aus demselben Gräberfeld vgl. Vladár, PBF. VI, 3 (1974) 32 f.

[16] Schubert, 54. Ber. RGK. 1973 (1974) 20.

[17] Mozsolics, Karpatenbecken 162 f.

Die an einem Teil der Funde durchgeführte Spektralanalyse (s. S. 72) ermöglicht, zumindest in beschränktem Maße, einen Vergleich mit der Metallbeschaffenheit der Barrenringe und die Beurteilung, inwiefern die bei den Halsringen festgestellten qualitativen Unterschiede auch den Zeitwandel widerspiegeln. Die analysierten Halsringe weisen zwei Qualitätsgruppen auf: in die erste, durch eine geringere Fundzahl vertretene Gruppe gehören die Halsringe aus Arsenkupfer mit hohem Antimongehalt. Der Metallgüte nach steht diese Gruppe einigen niederösterreichischen, mährischen und auch aus der Slowakei stammenden Barrenringen am nächsten. Alle übrigen der zweiten Gruppe angehörenden Funde sind schon mit Zinn legiert. Die schwankenden Werte des letzteren (von 4, 6 bis 12%) und dessen Verhältnis zu den As- und Sb-Werten deuten auf zwei unterschiedliche Bronzebeschaffenheiten hin: die eine zeichnet sich durch einen niedrigeren Zinngehalt (bis 5%) und über 1% Arsen- und Antimonzusätze aus. Einen überraschend hohen As-Gehalt zeigten die Halsringe Nr. 28 aus Gemer (15,4%) und Nr. 19 aus Vel'ký Grob (9,96%); während beim letzteren über eine künstliche Zinn- und Arsen-Legierung kein Zweifel besteht, enthält der erstere so gut wie kein Zinn. Diese Gruppe mit Arsenkupfer als Grundlage – noch vor der Zinn-Legierung – umfaßt die ersten Rohbarren- und Halsringformen. Hiermit findet die Meinung Schuberts, die Metallbarren seien erst durch erneutes Einschmelzen und Zinnzusatz zum Fertigfabrikat, dem Halsring, weiterverarbeitet worden, volle Bestätigung.

Die zweite Gruppe in bezug auf Bronzequalität bilden Funde aus Metall mit höherem Zinngehalt (von 7,1 bis 12%) und Zusätzen von Ag, As, Sb, Ni, Bi und auch Pb, die – zum Unterschied von der ersten Gruppe – hier in Zehntel- bzw. Hundertstelwerten auftreten. Ob der prozentuale Verlust dieser Elemente, namentlich von As und Sb, Folge der Herstellungstechnik ist oder es sich von Anfang an um mehr oder weniger starke natürliche Verunreinigungen der jeweiligen Rohstoffquelle handelt, läßt sich nicht mit Sicherheit feststellen.

Von der zeitlichen Abfolge aus gesehen ergibt sich anhand der Analysen für die Rohstoffwahl folgendes Bild: auf die klassische Stufe der Aunjetitzer Kultur, die Hurbanovo-Gruppe bzw. die jüngere Stufe der Aunjetitz-Wieselburger Gruppe entfallen Halsringe aus Arsenkupfer bzw. solche mit schwacher Bronzequalität, also mit niedrigem Zinngehalt. Diejenigen mit höherem Zinnprozentsatz (Nr. 37–43) stammen alle aus der mittleren Bronzezeit. Die Isoliertheit der Funde aus Rastislavice (Nr. 24. 25) und Vel'ký Slavkov (Nr. 33) läßt trotz des hohen Sn-Gehalts (von 7,5 bis 12%) eine Einordnung in die jüngere Denkmälergruppe nicht zu. Inwieweit diese vorläufig auf einer beschränkten Fundzahl beruhenden Beobachtungen sich eine allgemeine Gültigkeit anmaßen können, wird von der Überprüfung und Vergleichung mit der Metallbeschaffenheit weiterer Funde aus Niederösterreich und Mähren abhängen.

Verbreitung (Taf. 68, B): Für die Erkenntnis der Verbreitung der Ösenhals-und Barrenringe (Nr. 18–230) sowie die Beurteilung der Funddichte ist die kartographische Darstellung H.-J. Hundts weiterhin grundlegend.[18] Mit der Frage der räumlichen Ausdehnung befaßte sich auch B. Bath-Bílková.[19] Einige Funde trug I. Bóna zusammen.[20] Die mitteleuropäischen Hals- und Barrenringe (nach Hundt) und diejenigen aus dem nördlichen und südlichen Mittelmeergebiet kartierte schließlich C. F. A. Schaeffer.[21] Die jüngsten Funde aus der Slowakei haben das bisher gültige Fundbild kaum verändern können. Die größte Funddichte bleibt weiterhin im Südwesten des Arbeitsgebietes, in der Randzone der Aunjetitzer Kultur. Etwas abseits liegen einige Ringbarrenfunde aus Orava (Nr. 200–202), Gemer (Nr. 21. 28. 57. 74–85) und der Ostslowakei.

---

[18] H.-J. Hundt, in: Kommission Nitra 1958, 153 ff.; ders., Preist. Alpina 10, 1974, 148 Fig. 6.

[19] Bath-Bílková, Pam. Arch. 64, 1973, 30.

[20] Bóna, Mittlere Bronzezeit 282 f.

[21] Schaeffer, Ugaritica VII 549 ff. Fig. 29. 30.

Funktion: Dünnstabige und massive Halsringe sind aus 15 Körpergräbern bekannt. Die Ausrichtung und Lage der Bestatteten ermöglichen bei strengem Einhalten der gegensätzlichen Orientierung von Mann und Frau in älterbronzezeitlichen Gräberfeldern der Slowakei sogar das Geschlecht des Toten zu bestimmen. Aus Veľký Grob sind weiblich die Gräber 16 (Nr. 18) und 30 (Nr. 20), wobei es sich beim ersteren um die Bestattung eines Mädchens handelt. Nach der rechtsseitigen Lage des Skelettes in Grab 19 (Nr. 58) schließen wir auf einen Mann und bei Grab 35 (Nr. 19) auf einen Knaben. Zu den Frauengräbern zählen wir auch das gestörte Grab von Abrahám (Nr. 31), ein weiterer Ösenhalsring (Nr. 30) stammt aus einem geschlechtsmäßig unbestimmten Kindergrab vom selben Fundort. In einigen Fällen zeigt das Grabinventar selbst das Geschlecht des Toten an: in Bánov (Nr. 27) ist es ein Diadem, in Šurany (Nr. 22) und Hloža (Nr. 26) sind es Haarringe und weitere kleine Schmuckstücke. Die gleichen Überlegungen betreffen das Grab von Hurbanovo (Nr. 29) mit einer zyprischen Schleifennadel und Schläfenringen. Als weiblichen Schmuck betrachten wir die Haarringe im Grab von Vinodol (Nr. 23), während der Dolch und das Flachbeil eher Männerbeigaben sind. Ein Kindergrab aus Rusovce (Nr. 64) enthielt ebenfalls einen Halsring. Die aufgeführten Beispiele bezeugen, daß die Halsringe die Aufgabe eines allgemein prozentual gering vertretenen Schmuckes erfüllten. Ihre äußeren Merkmale sind für die Bestimmung des Geschlechts ihres Trägers nicht ausschlaggebend; wir kennen sehr massive Exemplare einmal aus einem Männergrab (Nr. 58 aus Veľký Grob), zum anderen aus einem Frauengrab (Nr. 27 von Bánov). Vielleicht wurden sie bevorzugt den Frauen und Kindern ins Grab mitgegeben.

Einige weitere Halsringe wurden in sechs Depots gefunden: in Gemer (Nr. 21. 28. 57. 74–85), Bratislava-Umgebung (Nr. 45–56), Rastislavice (Nr. 24. 25), Hodejov (Nr. 43) und Stupava (Nr. 37–42). Bei den Depots von Bratislava und Gemer mit einer Überzahl an Ringbarren von unterschiedlichem Bearbeitungsgrad (Nr. 87–196: Bratislava-Umgebung; 74–85: Gemer), handelt es sich am ehesten um gelagerten Rohstoff. Vorsätzlich zusammengelegt wurden zweifellos die beiden Ösenhalsringe aus Rastislavice. Der verschiedenartige Inhalt der beiden Depots vom Koszider-Horizont aus Hodejov und Stupava läßt auf einen Händler schließen, ebenso das Depot von Jelka (Nr. 71), bei dem wir uns allerdings nicht im klaren sind, ob es sich um Halsringe oder Ringbarren handelt. Doch ist auch eine andere Zweckbestimmung dieser Depots durchaus möglich.

SONDERFORMEN GLATTSTABFÖRMIGER HALSRINGE

Einige Halsringe aus glattem, nicht gedrehtem Stab unterscheiden sich von den älterbronzezeitlichen Typen durch ihr Äußeres. Es handelt sich meist um jüngere, schon urnenfelderzeitliche Exemplare. Neben rundstabigen wurden auch vierkantige oder im Querschnitt linsenförmig abgeflachte hergestellt. Die Enden sind spitz, nur ausnahmsweise flachgehämmert und zu Ösen eingerollt (Nr. 231) oder in Haken gebogen (Nr. 240), einmal sogar keulenförmig verdickt (Nr. 236). Sie sind nicht selten verziert, und zwar mit Ritz- oder Strichbündeln, Tannenzweig- und Zickzackmuster, vereinzelt mit einem gepunztem Motiv (Nr. 236. 238).

231. Stupava, Kr. Bratislava-vidiek. – Vgl. Nr. 37. – Halsring mit gleichmäßig starkem, vierkantigem Körper mit flachgeschlagenen Ösenenden, verziert auf der ganzen Oberfläche mit strichumsäumten Ritzbündeln und Tannenzweigmuster dazwischen *(Taf. 37, 231)*; Analyse s. S. 72. – Mus. Budapest (1/874/78a).

232. Viničky, Kr. Trebišov, Flur Hegykapu. – Depot I. – Halsring, sekundär deformiert, mit spitzen Enden, Reste dichter Ritzverzierung *(Taf. 37, 232)*. – Beifunde: zwei weitere Halsringe (Nr. 233. 234); vier Tüllenbeile (PBF. IX, 3 [Novotná] Nr. 483. 580. 583); drei Knopfsicheln; sechs ganze, drei fragmentierte Armringe; halbmondförmiger, gerippter Anhänger (PBF. XI, 3 [Furmánek] Nr. 490); kleine Goldringe; größerer, fragmentierter Goldring (Armring?). – Mus. Košice. – J. Eisner, Sborník MSS. 30, 1936, 81; Novotná, Bronzehortfunde 115f. Taf. 37; dies., PBF. IX, 3 (1970) Nr. 483. 580. 583 Taf. 52.

233. Viničky, Kr. Trebišov, Flur Hegykapu. – Vgl. Nr. 232. – Halsring, sekundär deformiert, aus dünnem, zu den beschädigten Enden hin verjüngtem Draht von rundem Querschnitt; unverziert *(Taf. 37, 233).* – Mus. Košice.

234. Viničky, Kr. Trebišov, Flur Hegykapu. – Vgl. Nr. 232. – Halsring, sekundär deformiert, aus rundem Draht mit stark verjüngten Enden und angedeuteten Kanten im Mittelteil; auf der stark korrodierten Oberfläche Reste einer Ritzverzierung *(Taf. 37, 234).* – Mus. Košice.

235. Fundort unbekannt. – Halsring aus massivem Rundstab, zu den abgebrochenen Enden hin verjüngt, verziert im Mittelteil mit Querstrichgruppen im Wechsel mit Fischgrätmuster, an den Enden mit Zickzacklinien *(Taf. 37, 235).* – Slg. Arch. Seminar FFUK. Bratislava (116 465).

236. Zemianske Podhradie, Kr. Trenčín. – Fundumstände unbekannt. – Halsringfragment aus gleichmäßig starkem, auf der Innenseite abgeflachtem Stab mit keulenförmig verdicktem Ende und Resten feiner Punzschläge *(Taf. 38, 236).* – Mus. Martin (2861). – Eisner, Slovensko 124.

237. Zemianske Podhradie, Kr. Trenčín. – Fundumstände unbekannt. – Halsring mit leicht aufgebogenen Enden. – Verbleib unbekannt. – Eisner, Slovensko 124.

238. Púchov, Kr. Považská Bystrica, Flur Skalka. – Depot. – Halsring aus ungleichmäßig starkem, rundem Draht; eine Hälfte dünner als die andere, beide mit feiner Punzverzierung *(Taf. 38, 238).* – Beifunde: Halsring (Nr. 239); Armspirale. – Mus. Martin (2263). – V. B., Sborník MSS. 24, 1930, 220f. Abb. 1.

239. Púchov, Kr. Považská Bystrica, Flur Skalka. – Vgl. Nr. 238. – Unverzierter Halsring mit spitzen, zurückgebogenen Enden. – Mus. Martin (2263).

240. Fundort unbekannt. – Hochovaler Halsring von rundem Querschnitt, zum Hakenverschluß hin deutlich verjüngt; ganze Oberfläche mit Querstrichgruppen im Wechsel mit liegenden Kreuzen verziert. *(Taf. 38, 240).* – Mus. Martin.

240 A. Kopčany, Kr. Trebišov. – Depot. – Halsring mit spitzen Enden *(Taf. 38, 240 A).* – Beifunde: 23 offene Armringe; Ringe; acht Tüllenbeile; Bronzetasse; Knopfsichel; unvollständiges Dreiwulstschwert; drei Schwertklingen; Buckel mit Rückenöse (Taf. 77, D; 78). – *Datierung:* Horizont Trenčianske Bohuslavice. – Mus. Košice (A 2561). – S. Demeterová-Polláková, Hist. Carp. 4, 1973, 109ff. Taf. 2, 11.

Folgende zwei Halsringe (Nr. 241. 242) sind nur aus der Literatur bekannt.

241. Púchov, Kr. Považská Bystrica. – Dünnstabiger Halsring mit einfachen Enden – Verbleib unbekannt. – Eisner, Slovensko 124f.

242. Zemianske Podhradie, Kr. Trenčín. – Dünnstabiger Halsring mit flacher Innenseite, gerundeter Schauseite und leicht aufgebogenen Enden. – Verbleib unbekannt. – Eisner, Slovensko 124f.

Das dünne, unverzierte Bruchstück Nr. 243 gehört möglicherweise zu einem Halsring.

243. Púchov, Kr. Považská Bystrica. – Halsringfragment *(Taf. 38, 243).* – Mus. Martin (3238).

Zeitstellung und Verbreitung (Taf. 69, A): Die verzierten Halsringe sind im Karpatenbecken zwar keine häufigen, aber auch nicht unbekannten Funde. Der Halsring aus Stupava (Nr. 231) mit seltenem Querschnitt kommt aus einem in den Koszider-Horizont datierten Depot, das noch andere, formenmäßig mit ihren älterbronzezeitlichen Vorgängern gleichartige Halsringe enthielt. Seine aus gleichmäßig getrennten Gruppen rhythmisch abwechselnder Motive bestehende Verzierung neigt allerdings eher zur Manier der Hügelgräberzeit. Diese Verzierungstendenz setzte sich erst seit der Zeit der ersten Petschaftkopfnadeln durch, die im Karpatenbecken auf den Koszider-Horizont folgten; sie ist auch in den späteren Entwicklungsstufen nicht unbekannt.[1]

---

[1] Die ungewöhnliche Form und Verzierung des in hügelgräberzeitlichen Fundzusammenhängen angetroffenen Halsringes (Nr. 231) schließt seine Zugehörigkeit zu den viel jüngeren Bronzen an diesem Fundort nicht aus; als jünger wertet

Sonderformen glattstabförmiger Halsringe

Die reich verzierten Halsringe von der Art der Nr. 240 haben zahlreiche Entsprechungen in südosteuropäischen Depots, wie z. B. in den siebenbürgischen der Serie Cincu-Suseni (Aiud, Bocsa, Uioara de Sus u. a.)[2] oder serbischen (Brza Palanka),[3] wenn auch diese Ziermotive von unseren verschieden sind. Auf den Armringen der Stufe Uriu-Domănești tritt viel häufiger die Kombination Querstrichgruppen – Fischgrätmuster (ohne Zickzackmuster) auf. Auf die gleiche Weise ist ein Bruchstück, möglicherweise von einem Halsring, aus Osterburken in Nordbaden verziert, das U. Wels-Weyrauch in die frühurnenfelderzeitliche Depotfundstufe Stockheim datiert, unter Hinweis auf die mit gleichen Mustern verzierten Stücke aus Mittelfranken.[4] Ungeachtet dessen, ob sich der Halsring Nr. 235 auf die westlichen oder innerkarpatischen und südeuropäischen Formen überhaupt bezieht, dürfte seine Einordnung unter die früh- bzw. alturnenfelderzeitlichen Funde richtig sein.

Die sekundär deformierten und im Grunde ganz einfachen Halsringe aus Viničky (Nr. 232–234) in der Ostslowakei gehören einem Depot an, das außer Gegenständen vom Bodrog-Horizont (Tüllenbeile, Sicheln) und geläufigen offenen, verzierten Armringen noch einen gegossenen, ankerförmigen Anhänger enthielt. Vorläufer oder sogar zeitgleiche Exemplare dieser gegossenen Anhänger sind verwandte, aus Transkarpatien, Polen, Ungarn und Siebenbürgen bekannte Formen aus Blech. In Velikije Lučki, Uioara de Sus, Dipsa und Kék (Sághegy) waren sie von solchen aus Blech, in den Horizont Kurd/Cincu-Suseni datierten Exemplaren begleitet.[5] Das beste Vergleichsstück zu dem gegossenen Anhänger aus Viničky ist ein Stück in einem Depot aus Debrecén-Látókep,[6] in dem Ziergegenstände des Kurd-Horizontes wie zwei Drahtfibeln vom Typ Čaka[7] gemeinsam mit jüngeren Formen vorkommen. Eine solche ist beispielsweise die Schälchenkopfnadel, die viele Autoren dazu veranlaßte, den ganzen Verband in den Rohod-Szentes-Horizont zu datieren. Die neuen Funde von Schälchenkopfnadeln in der Slowakei ermöglichen eine Revision ihrer typologisch-chronologischen Entwicklung und ihrer Zeitstellung,[8] die zeigt, daß die ersten Formen schon in der lausitzischen Stufe Diviaky II bzw. in der mittleren Urnenfelderzeit nachweisbar sind. Die verzierte Form mit zwei Halsknoten entwickelte sich in der Folgezeit weiter, während die jüngeren, meist unverzierten Nadeln in die mit dem Rohod-Szentes-Horizont gleichzeitige schlesische Stufe der Lausitzer Kultur gehören. Eine höhere altersmäßige Einstufung des Depots von Viničky unterstützt auch der weitere Fund eines gegossenen ankerförmigen Anhängers aus Niedzielisko, der hier ebenfalls mit einem Blechanhänger vergesellschaftet war.[9]

A. Mozsolics (Karpatenbecken 162 f.) auch die Posamenteriefibeln, die mit Funden vom Koszider-Typ vermischt waren.

[2] Petrescu-Dîmbovița, Depozitele Taf. 112, 6 (Aiud); 120, 3 (Bocsa); 258, 9 (Uioara de Sus).

[3] D. Srejović, Praistorijske ostave u Srbiji i Vojvodini I (1967) 100 ff. Taf. 84, 1. Den vom Autor in die Späturnenfelderzeit (Ha B₂) datierten Halsring halten wir für älter; dafür spricht u. a. auch die gleiche auf den alturnenfelderzeitlichen Armringen vorkommende Verzierungsart. Zu vergleichen ist z. B. die Verzierung dieses Halsringes mit derjenigen der Armringe aus dem siebenbürgischen Depot von Hunedoara I der Serie Cincu-Suseni (vgl. Petrescu-Dîmbovița, Depozitele Taf. 161, 13 a. 14 a).

[4] Wels-Weyrauch, PBF. XI, 1 (1978) 164 f. Nr. 899. Diese Verzierungsart ist weder räumlich noch zeitlich enger begrenzt, wie es bei den mitteleuropäischen Funden und auch bei den gleichartig verzierten Bogenfibeln (fibula ad arco ribassato) der Villanova-Kultur, Stufen I und II (9. und 8. Jahrh. v. Chr.) der Fall ist.

[5] Velikije Lučki: K. Bernjakovič, Štud. Zvesti AÚSAV. 4, 1961, 40 Taf. 15, 9; Uioara de Sus: Petrescu-Dîmbovița, Depozitele Taf. 269, 1–25; Dipsa: ebd. Taf. 140, 13; Kék: PBF. XII, 2 (Kilian-Dirlmeier) Taf. 65, 10. 11. Die Blechanhänger aus Kolodnoje (Hampel, Bronzkor III Taf. 199, 3) und Podgorjany (Bernjakovič a. a. O. 36 Taf. 15, 2. 4. 10) sind mit Funden verschiedenen Alters vermengt, so daß es sich um keinen geschlossenen Verband handeln kann. Auf den Umstand, daß zu den Bronzen vom Koszider-Typ aus Kolodnoje u. a. auch kein Blechanhänger gehört, hat A. Mozsolics bereits hingewiesen (Karpatenbecken 170). Zu diesen ankerförmigen Anhängern jetzt neuerlich T. Kovács, in: v. Brunn-Festschrift 163 ff.

[6] Kilian-Dirlmeier, PBF. XII, 2 (1975) 2 Taf. 66, B 14.

[7] Betzler, PBF. XIV, 3 (1974) 25.

[8] Novotná, PBF. XIII, 6 (1980) 153 ff.

[9] Der gegossene Anhänger aus Niedzielisko unterscheidet sich von den beiden anderen dadurch, daß er auf einer Seite rippenverziert ist (K. Żurowski, Przegl. Arch. 8, 1948, 196 Taf. 57, 3 auf S. 247).

Demnach scheint die späte Zeitstellung des Depots von Debrecén und infolgedessen auch des Depots von Vinička äußerst fragwürdig und unseres Erachtens völlig unannehmbar zu sein.

Für die zeitliche Einordnung der Halsringe aus dem Depot von Púchov (Nr. 238. 239) ist die mitgefundene Armspirale ohne Bedeutung. Ausschlaggebend ist hier die Form und Verzierung des Halsringes Nr. 238, die eine auffällige Ähnlichkeit mit den spätbronzezeitlichen Arm- und Beinringen aufweist. Gemeinsam ist ihnen die Technik der Punzverzierung, die laut O. Kytlicová schon mit einer Eisenpunze ausgeführt wurde.[10] Da eine Gleichartigkeit der Herstellungs- und Verzierungsverfahren wie sie sich bei den Hals-, Arm- und Beinringen ergeben, auch eine chronologische Verknüpfung voraussetzt, müßte das Depot von Púchov in den Horizont Sitno gehören. Von der Verzierung her sind mit den Halsringen aus Púchov schließlich noch diejenigen aus Zemianske Podhradie (Nr. 236. 237) zeitgleich.

Funktion: Die einzeln gefundenen Halsringe sowie diejenigen aus Depots lassen keinen Rückschluß auf ihre Funktion zu. Bei dem sekundär deformierten Stück (Nr. 233) stellt sich die Frage, ob es sich um eine zufällige Formänderung handelt oder ob die Absicht bestand, den Halsring in eine einfache und primitive Fibel umzugestalten.

TORDIERTE HALSRINGE

Die in dieser Gruppe zahlreich vertretenen Halsringe gliedern wir in mehrere Typen und Varianten. Zu den wichtigen Merkmalen gehören u. a. auch die Art und Ausführung der Torsion: ihre Dichte, kantige oder abgerundete Windungen, bei den Wendelringen die Art und Zahl der Wechsel. Bei der echten Torsion sind diese Merkmale sowohl vom technischen Vorgang als auch von der Stärke und Form des Stabes direkt abhängig. Neben der echten Torsion kommt auch eine unechte, imitierte vor, die gegossen oder, wie die Proben von A. Pietzsch besagen, mit Hilfe eines Meißels durch das Einritzen verschiedentlich tiefer Spiralrillen erzielt wurde.[1] Die Herstellung von gegossentordierten Halsringen erfolgte meist in der sog. verlorenen Tonform, die man mit Vorliebe in der Hallstattzeit benutzte.[2] Die echte Torsion von der unechten zu unterscheiden ist sehr schwierig und oft ganz unmöglich.

TORDIERTE ÖSENHALSRINGE

Dünnstabige tordierte Ösenhalsringe

Diese Halsringe zählen zu einem in der Slowakei relativ häufigen Halsringtyp, der sich aufgrund unterschiedlicher Endbildungen in verschiedene Varianten gliedern läßt. Die Torsion ist bei allen Stücken recht eng und die Windungen sind kantig oder abgerundet.

Variante mit unverzierten Endzonen:

Die glatten Enden von vorwiegend rundlichem Querschnitt laufen in flachgeschlagene, eingerollte Ösen aus. Ausnahmsweise ist der Querschnitt des glatten, nicht tordierten Teiles sechseckig (Nr. 249) oder rhombisch (Nr. 254). Bestimmte Abweichungen werden auch in der Torsionsart beobachtet:

---

[10] O. Kytlicová, České hromadné nálezy (Böhmische Depotfunde) (ungedruckte Diss. Prag 1964); zitiert nach V. Šaldová, Pam. Arch. 56, 1965, 64.

[1] A. Pietzsch, Zur Technik der Wendelringe (1964) 119 ff.

[2] Rückstände aus Werkstätten, die auf diese Gußtechnik eingestellt waren, wurden in der Ostslowakei in Rad, in Schlesien in Legnice erschlossen.

einige Exemplare haben schärfere und deshalb weniger dichte Kanten (z. B. Nr. 250), so daß sie durch ihre Stabdicke den massiven Halsringen näherstehen.

244. 245. Chotín, Kr. Komárno. – Brandgräberfeld, Grab 326. – Ein ganzer und ein in vier Fragmenten erhaltener Halsring *(Taf. 38, 244. 245;* nach Paulík). – Beifunde: fragmentierter Halsring mit ritzverzierten Enden (Nr. 259); vier tordierte Halsringe in Bruchstücken (Nr. 304–307); Nadel mit fast kugeligem, plastisch verziertem Kopf, dem Typ Banka verwandt (PBF. XIII, 6 [Novotná] Nr. 861). – AÚSAV. Nitra. – Paulík, Juhozápadné Slovensko.

246. Chotín, Kr. Komárno. – Brandgräberfeld, Grab 203. – Halsring, vom Feuer verzogen, in zwei Bruchstücken *(Taf. 39, 246;* nach Paulík). – Beifund: tordiertes Halsringbruchstück (Nr. 303). – AÚSAV. Nitra. – Paulík, Juhozápadné Slovensko.

247. Chotín, Kr. Komárno. – Brandgräberfeld, Grab 181. – Halsring *(Taf. 39, 247).* – AÚSAV. Nitra (4392). – Paulík, Juhozápadné Slovensko.

248. Chotín, Kr. Komárno. – Brandgräberfeld, Urnengrab 59. – Halsringbruchstück *(Taf. 39, 248;* nach Paulík), in der mit Schüssel abgedeckten Urne Amphore. – Beifunde: Krug, Scherben (Taf. 77, A). – *Datierung:* Podoler Stufe der mitteldanubischen Urnenfelderkultur. – AÚSAV. Nitra. – M. Dušek, Slov. Arch. 5, 1957, 107 Abb. 12. 13.

249. Kamenný Most, Kr. Nové Zámky. – Depot. – Halsringfragment *(Taf. 39, 249).* – Beifunde: drei Tüllenbeile (PBF. IX, 3 [Novotná] Nr. 596. 617. 631); drei Lanzenspitzen; unvollständige Posamenteriefibel; größere und kleinere Spiralscheibe; Vierkantstäbchen; vier Armringe; tordiertes Halsring(?)fragment; amorphe Bronzestücke. – Mus. Bojnice. – M. Novotná, Štud. Zvesti AÚSAV. 2, 1957, 71 ff. Taf. 1.

250. Ehem. Komitat Gemer. – Halsring, ein Ende abgebrochen *(Taf. 39, 250).* – Mus. Martin (3909; ehem. Slg. Kubínyi).

251. Chotín, Kr. Komárno. – Brandgräberfeld, Urnengrab 40. – Halsringfragment *(Taf. 39, 251),* in Urne. – Beifunde: zwei Schüsseln; feuerbeschädigtes Bronzemesser; Scherben (Taf. 77, B). – AÚSAV. Nitra. – M. Dušek, Slov. Arch. 5, 1957, 103 f. Abb. 12, 1.

252. Chotín, Kr. Komárno. – Brandgräberfeld, Grab 293. – Sechs, z. T. tordierte Bruchstücke, wahrscheinlich von einem Halsring *(Taf. 39, 252).* – Beifunde: Teil einer Posamenteriefibel; kleiner Ring von trapezförmigem Querschnitt; Teil einer Messerklinge(?); größere und kleinere bucklige Krampen; Spiralröllchen; Kettenteil mit vier Gliedern; drei einzelne Kettenglieder; hellblaue Glasperle; verstreute Gefäßscherben (Taf. 77, C). – Mus. Komárno. – J. Paulík, Slov. Arch. 7, 1959, 332. 334 Abb. 7, B 24. 25.

253. 254. Počúvadlo, Kr. Žiar nad Hronom. – Depot am Südhang des Berges Sitno, unter einem großen, flachen Stein. – Zwei Halsringe *(Taf. 39, 253. 254).* – Beifunde: elf weitere tordierte Halsringe, davon neun erhalten (Nr. 254 A. B, 266 A. 271–273. 275. 281. 281 A); rillenverzierter dreifacher Halskragen (Nr. 336); drei oberständige Lappenbeile (PBF. IX, 3 [Novotná] Nr. 335. 336); drei Tüllenbeile; zwei Armringe; vier Spiralarmbänder; massiver unverzierter Ring; Sattelfibel; Fragmente von drei Brillenfibeln; Fibelnadel; Bruchstück eines brillenförmigen Gegenstandes; Fragmente eines kleinen Blecheimers und dazugehörenden Henkels; Bruchstücke von drei Blechtassen; Fragment eines tordierten Griffes; zwei Zinnbrocken. – *Datierung:* Sitno-Horizont. – Mus. Bratislava (22135–22142). – V. Budinský-Krička, Historica Slovaca 6–7, 1948–49, 272.

254 A. B. Počúvadlo, Kr. Žiar nad Hronom. – Vgl. Nr. 253–254. – Zwei Halsringe, einer davon massiver *(Taf. 40, 254 A. B).* – Mus. Banská Štiavnica.

255. Fundort unbekannt. – Halsringfragment *(Taf. 40, 255).* – Mus. Piešťany (A 340).

256. Chotín II, Kr. Komárno. – Brandgräberfeld; aus Suchschnitt XXXII/1, in 30 cm Tiefe ohne Grabzusammenhang. – Halsringfragment *(Taf. 40, 256).* – Mus. Komárno. – Grabung J. Paulík.

257. Fundort unbekannt. – Halsringfragment *(Taf. 40, 257).* – Mus. Komárno.

Variante mit verzierten Endzonen:

Eine weitere Variante der tordierten Ösenhalsringe ist durch die Ritz- bzw. Strichbündelverzierung an den glatten Enden gekennzeichnet. Zugehörig sind möglicherweise das verzierte Bruchstück (ohne den tordierten Teil) aus Chotín (Nr. 259) und das Exemplar aus Včelínce (Nr. 260), dessen teilweise abgebrochenen Enden einst Ösen gewesen sein dürften. Bei dem nur von der Abbildung und nicht vom Original her bekannten Halsring aus Žírany (Nr. 261) ist ungewiß, ob es sich um die ursprüngliche Endbildung handelt oder eines der Enden abgebrochen ist.

258. Ehem. Komitat Gemer. – Depot (?). – Halsring *(Taf. 40, 258).* – Beifunde: sechs teilweise tordierte Armringe (Taf. 76, D). – Mus. Martin (3910).
259. Chotín II, Kr. Komárno. – Vgl. Nr. 244. 245. – Halsringfragment *(Taf. 40, 259).* – AÚSAV. Nitra.
260. Včelínce, Kr. Rimavská Sobota. – Fundumstände unbekannt. – Halsring, an einem Ende mit vier Strichgruppen verziert *(Taf. 40, 260).* – Mus. Rimavská Sobota (2318). – J. Paulík, Štud. Zvesti AÚSAV. 15, 1965, 47 Taf. 13, 32.
261. Žírany, Kr. Nitra. – Einzelfund. – Halsring, ein Ende zur Öse eingerollt, das zweite zugespitzt (abgebrochen?) *(Taf. 40, 261).* – AÚSAV. Nitra.

Variante mit tordierten Endzonen:

Folgende Variante hat abgerundete, mitunter auch kantige Windungen, die bis zum flachgehämmerten, zu einer breiten Öse eingerollten Ende reichen. Beide Exemplare dieser Variante (Nr. 262. 263) aus dem Arbeitsgebiet sind nur bruchstückhaft erhalten, so daß sich nicht beurteilen läßt, ob auch das andere Ende in einer Öse ausläuft.

262. Cabaj-Čápor, Kr. Nitra. – Auf der Grabhügelsohle. – Fragment eines Halsringes *(Taf. 40, 262).* – AÚSNM. Bratislava. – Grabung J. Paulík.
263. Trenčianske Bohuslavice, Kr. Trenčín. – Depot. – Bruchstück eines Halsringes *(Taf. 40, 263).* – Beifunde: Keulenkopfnadel (PBF. XIII, 6 [Novotná] Nr. 911); sechs Tüllenbeile (PBF. IX, 3 [Novotná] Nr. 585. 598. 603. 694. 822. 824); Tüllenhammer (ebd. Nr. 803); Absatz- und Tüllenmeißel (ebd. 430. 436); zwei fragmentierte Brillenanhänger (PBF. XI, 3 [Furmánek] Nr. 56. 57); Fragment eines „herzförmigen" Anhängers (ebd. Nr. 489); kuppelförmige Spirale vom Typ Pucov (ebd. Nr. 805); Griffzungenteil eines Schwertes (PBF. IV, 4 [Novák] Nr. 104); sieben Schwertklingenfragmente; sechs Lanzenspitzen; fünf Griffsicheln; Pinzette mit tordiertem Bügel; verzierte Blechscheibe; weitere fragmentierte Kleinbronzen. – Mus. Martin (2772). – *Datierung:* Stufe Trenčianske Bohuslavice. – Novotná, Bronzehortfunde 120f. Taf. 12–15; dies., PBF. IX, 3 (1970) Taf. 53.

In der Literatur sind weitere Halsringe ohne Formangabe erwähnt:

263 A. Jalovec, Kr. Liptovský Mikuláš. – Depot (?) mit 25 Gegenständen, darunter auch Halsringen. – Verbleib unbekannt. – B. Majláth, Arch. Ért. 4, 1870–71, 112 f.
263 B. Dvorníky, Kr. Zvolen. – Gestörtes Lausitzer Brandgräberfeld. – Ösenhalsring. – Verbleib unbekannt. – A. Kmeť, Tovarišstvo II (1895) 198.

Zeitstellung: s. S. 33 ff.
Funktion: s. S. 35 f.

Massive tordierte Ösenhalsringe

Diese Ringe unterscheiden sich von den vorigen durch ihre Massigkeit und ausgeprägte, kantige Windungen. Der glatte Teil zu den flach bandförmigen Ösenenden hin hat einen runden (Nr. 264), eckigen (Nr. 266) oder fast quadratischen (Nr. 265) Querschnitt.

264. Domaníky, Kr. Zvolen. – Gräberfeld der Lausitzer Kultur, aus unbestimmtem Grab. – Halsring *(Taf. 41, 264).* – Mus. Martin (3040). – Eisner, Slovensko 124.
265. Križovany nad Dudváhom, Kr. Trnava. – Einzelfund. – Halsring *(Taf. 41, 265).* – Mus. Trnava (3578). – Novotný/Fuhrherr, Katalóg Nr. 3578.
266. Prašník, Kr. Trnava, Flur Hrádok. – Einzelfund. – Halsring *(Taf. 41, 266).* – Privatslg. J. Halama, Vrbové.
266 A. Počúvadlo, Kr. Žiar nad Hronom. – Vgl. Nr. 253–254. – Halsring *(Taf. 41, 266 A).* – Mus. Banská Štiavnica.

Besonders groß und massiv sind die aus einem scharfkantigen Stab von viereckigem Querschnitt, technisch perfekt hergestellten Ösenhalsringe Nr. 267–269: Bei zwei von ihnen sind beide Enden flachgeschlagen und sorgfältig zu Ösen eingerollt, beim dritten ist nur ein Ende ösenförmig, das zweite ganz ungewöhnlich gestaltet; wegen des beschädigten vierkantigen und hohlen Verschlusses ist dieser Halsring (Nr. 269) als singulär beizuordnen.

267.–269. Hlohovec, Umgebung. – Fundumstände unbekannt. Depot(?). – Drei große Halsringe *(Taf. 42, 267–269);* Nr. 269 mit speziellem Verschluß. – Mus. Nitra.

Das folgende, bisher größte Exemplar dieser Art im Arbeitsgebiet paßt formal zu den Halsringen, mag es auch zu anderen Zwecken gedient haben. Sein scharfkantiger Stab ist breit gewunden und die glatten Enden sind zu flachen Ösen gebogen.

270. Bratislava. – Fundumstände unbekannt. – Halsring *(Taf. 41, 270).* – Ashmolean Mus. Oxford.

Zeitstellung: Ein Teil der tordierten Ösenhalsringe ist durch die Begleitfunde sicher datierbar. Von den dünnstabigen, meist nur bruchstückhaft erhaltenen, bei der Totenverbrennung stark in Mitleidenschaft gezogenen Ösenhalsringen sind diejenigen aus dem urnenfelderzeitlichen Gräberfeld von Chotín (Nr. 244–248. 251. 252. 256. 259), dem an dieser Schmuckgattung reichsten Fundort nicht nur in der Slowakei, sondern im ganzen Karpatenbecken, hervorzuheben. Einige dieser Ösenhalsringe fanden sich im größeren, bislang nicht veröffentlichten, von J. Paulík erforschten Gräberfeldteil und sollen hier nur zur Ergänzung des Verbreitungsbildes und zur Betonung ihrer Beliebtheit innerhalb des breiteren kulturellen Entwicklungsrahmens der mitteldonauländischen Urnenfelder dienen. Die ältesten Gräber weisen wir der Stufe Velatice-Očkov (karpatische Velaticer Kultur, Stufe A) zu, die jüngsten reichen bis in die Hallstattzeit. Die Keramik aus dem an Ösenhalsringen reichsten Grab 326 gehört in die Stufe B der karpatischen Velaticer Kultur,[3] d. h. sie deckt sich mit der von J. Říhovský herausgestellten Stufe Oblekovice. Dieser Zeitstellung widerspricht auch nicht die mitgefundene Nadel mit getrepptem Kopf, die allerdings, wie einige jüngere Funde aus der Slowakei (z. B. Banka) oder Mähren (Domamyslice) zeigen, mehrfach über diese Zeitstufe hinaus benutzt wurde.[4] Im Grab befand sich außerdem das Fragment eines mit Ritzbündeln verzierten Halsringes, der wahrscheinlich vom gleichen Typ ist wie das vollständig erhaltene, doch einzeln geborgene Stück vom ehem. Komitat Gemer (Nr. 258) und andere Einzelfunde aus Včelínce (Nr. 260) und Žírany (Nr. 261). Nach einem Vergleich des vermutlich aus einem Depot stammenden Halsringes Nr. 258 mit dem Inhalt der übrigen Depotfunde aus dem ehem. Kom. Gemer geht hervor, daß die einzige Parallele im Depot von Gemer (Nr. 279 A) vorliegt. Es ist nicht ausgeschlossen, daß sechs Armringe und der Halsring zu diesem Depot gehören. Möglicherweise sind zwei Armringe in sekundärer Verwendung aus einem Halsring hergestellt worden (zu dem Depot von Gemer s. auch S. 37).

Die Keramik aus Grab 40 von Chotín (mit dem Halsringfragment Nr. 251) datierte Říhovský in den Velatice-Podoler Übergangshorizont.[5] Für einen älteren Zeitansatz, noch den Velaticer Abschnitt, sprechen außer einer Doppelhenkelamphore auch das als Typ Pustiměř gedeutete Bronzemesser.[6] In die jüngere Belegungsphase (Podoler Stufe) gehört das Grab 59 von Chotín mit einem Halsringfragment (Nr. 248). Aufgrund der Keramik, deren Fortsätze und Henkel am Schulteransatz nach Říhovský

---

[3] Freundlicher Hinweis von Herrn J. Paulík.
[4] PBF. XIII, 6 (Novotná) Nr. 861.
[5] J. Říhovský, Pam. Arch. 57, 1966, 479.
[6] Ders., PBF. VII, 1 (1972) 33.

auf eine fortgeschrittene Entwicklungsstufe hinweisen,[7] wäre als Bestattungszeit die Phase Klentnice I am ehesten zu verantworten. Beide amphorenartigen Gefäße besitzen gute Entsprechungen in Ungarn (Funde der Vál II-Stufe).[8]

Das Grab 293 (Nr. 252) mit Teilen einer Posamenteriefibel datierte J. Paulík in die Velaticer Stufe ohne einen älteren und jüngeren Abschnitt zu unterscheiden.[8a]

Im Depot von Kamenný Most (Nr. 249) sind entwickelte Beiltypen mit Tülle und abgesetzter Klinge, die sich in dieser Form erst vom Horizont Trenčianske Bohuslavice an durchzusetzen begann, enthalten. Zeitgemäß ausgeprägt sind auch die Lanzenspitzen. Posamenteriefibeln der Variante A 3, wie die eine hier vorhandene, erscheinen erstmals in der mittleren Urnenfelderzeit, sind aber auch noch später geläufig.

Die Halsringe aus dem Depot von Počúvadlo (Nr. 253. 254) werden dem Sitno-Horizont (nach dem gleichnamigen Berg) zugewiesen. Von den übrigen späturnenfelderzeitlichen Beifunden sind die oberständigen Lappenbeile,[9] Brillen- und Sattelfibeln und in gewissem Sinne auch die tordierten Halsringe mit Hammerkopfenden (Nr. 281. 281 A) nennenswert. Der heute im Karpatenbecken aus vielen Fundzusammenhängen bekannte Sitno-Zeithorizont macht sich vielfach eben durch die tordierten Halsringe kenntlich. Die tordierten Ösenhalsringe selbst blieben in der Späturnenfelderzeit auch im außerkarpatischen Raum im Umlauf.[10] In den Depots von Bükkszentlászló-Nagysánc I und Bükkaranyos II sind die Ösenhalsringe im Vergleich zu unseren viel massiger, waren aber von den gleichen Brillen- bzw. Sattelfibeltypen begleitet.[11] In denselben Zeitabschnitt, d. h. in den Übergang von der Späturnenfelder- zur Hallstattzeit, setzte M. Rusu das reiche Depot mit tordierten Ösenhalsringen aus Coldau II in Siebenbürgen,[12] das M. Petrescu-Dîmbovița seinerseits der Serie Vințu de Jos-Vaidei der frühen Hallstattzeit anschloß.[13]

Die anhand der Fundverbände aus der mittleren bzw. älteren Urnenfelderzeit bis frühe Hallstattzeit ermittelte Laufzeit der dünnstabigen Ösenhalsringe (mit Fragmenten ohne erhaltene Enden – vgl. S. 32) zeugt von ihrer Langlebigkeit, die keine wesentlichen typologischen Veränderungen mit sich brachte. Bestimmte Zweifel, doch ohne Nachweis an einer größeren Fundzahl in anderen Gebieten, erweckt der Querschnitt der glatten, nicht tordierten Enden: Während der runde gängig ist, kommen die kantigen Körper von quadratischem bzw. sechseckigem Querschnitt bislang nur bei den Funden aus Kamenný Most (Nr. 249) und Sitno (Nr. 253) vor.

Das Halsringfragment Nr. 263 der Variante mit tordierten Endzonen stammt aus einem Depot.

Für die Gruppe der massiven Ösenhalsringe (Nr. 264–270) mit echter oder gegossener Torsion fehlen sichere Datierungsanhalte. Ziehen wir einen Vergleich mit den Funden aus dem mitteleuropäischen Bereich, so liegen, im Unterschied zu der dünnstabigen Form, keine Parallelen aus der älteren und mittleren Urnenfelderzeit vor. Es handelt sich hier um eine erst in der Späturnenfelderzeit auftretende, typologisch nicht ganz einheitliche, doch einige gemeinsame Merkmale aufweisende Erschei-

---

[7] Die Keramik aus Grab 59 von Chotín ist abgebildet bei M. Dušek, Slov. Arch. 5/1, 1957, 151 Taf. 14, 2. 5. 6; Říhovský, Pam. Arch. 57, 1966, 478.

[8] Vgl. z. B. die Keramik aus Szentendre-Szigetmonostor; dazu E. Patek, Die Urnenfelderkultur in Transdanubien (1968) Taf. 128, 3. 12 u. a.

[8a] Paulík, Slov. Arch. 7, 1959, 338.

[9] Dieser Beiltyp ist in PBF. IX, 3 (Novotná) Nr. 335. 336 als Variante III bezeichnet worden und wurde später von E. F. Mayer Typ Hallstatt benannt. Zu den Funden und der Datierung dieses Typ s. näheres bei Novotná, PBF. IX, 3 (1970) 52; Mayer, PBF. IX, 9 (1977) 167ff.

[10] z. B. in Sion (Betzler, PBF. XIV, 3 [1974] 74 Taf. 89 – mit Hinweis auf weitere gleichzeitige Funde), in Depots von Bad Homburg, „Umgebung von Wiesbaden" und im Grab von Arndorf (Wels-Weyrauch, PBF. XI, 1 [1978] 162).

[11] T. Kemenczei, Herm. Ottó Muz. Évk. 6, 1966 Taf. 10. 11.

[12] M. Rusu, Apulum 6, 1967, 85ff.

[13] Petrescu-Dîmbovița, Depozitele 162 Taf. 386, 7; 387; 388, 1–5.

nung, zu denen außer der Massigkeit und scharfkantigen Torsion eine gute Metallbeschaffenheit und vollendete Herstellungstechnik zählen. Im Gegensatz zu den dünnstabigen tordierten Halsringen sind die massiven in der Regel größer. Derjenige aus Domaníky (Nr. 264) wurde in der Nähe eines schon 1887 von A. Kmeť untersuchten Gräberfeldes der Lausitzer Kultur gefunden. Die Urnen waren dort von allen Seiten mit Steinen umstellt.[14] Die durch die Kyjatice-Kultur stark beeinflußte Keramik weist J. Bátora dem jüngeren, mit der Späturnenfelderzeit gleichzeitigen Abschnitt der Zvolener Gruppe der Lausitzer Kultur zu. Unter den atypischen Bronzen fand sich das Fragment einer Sattelfibel.[15]

Dem Halsring Nr. 264 nahestehend ist ein weiterer aus Križovany nad Dudváhom (Nr. 265), ebenfalls mit glatten, nicht tordierten Enden von rundem Querschnitt. Der Halsring Nr. 266 von Prašník dagegen hat einen deutlich quadratischen Querschnitt. Er wurde zufällig geborgen und dürfte mit der späturnenfelderzeitlichen Siedlung von Prašník im Zusammenhang gestanden haben, aus deren Schichten nur Keramik der späten schlesischen Stufe der Lausitzer Kultur zutage gekommen ist, darunter eine in diesem Gebiet nicht übliche Amphore vom Štítary-Typ, die ihrerseits auch den jungen Charakter der Siedlung bezeugt.[16]

Inwiefern die massiven Ösenhalsringe ohne markante Veränderungen in der Hallstattzeit bestanden bzw. welchen Wandel sie in der Folgezeit durchgemacht haben, darüber geben uns die Funde aus der Slowakei keinen zuverlässigen Aufschluß.

Funktion: Insgesamt neun tordierte Ösenhalsringe fanden sich allein in dem Gräberfeld von Chotín (Nr. 244–248. 251. 252. 256. 259). Aufgrund ihrer sekundären Beschädigung durch Brand ist anzunehmen, daß sie als persönlicher Schmuck dem Toten am Scheiterhaufen belassen wurden. Die Bruchstücke in einzelnen Gräbern lassen auf die Mitgabe jeweils eines einzigen Halsringes schließen. Eine Ausnahme bildet das Grab 326 (Nr. 244. 245), das Fragmente enthielt, aus denen sich gleich vier, davon zwei ungleich große Halsringe (Nr. 304–307) rekonstruieren ließen. Wir wissen nicht, ob die zwei einzelnen Ringe nicht zu einem Halskragen gehörten, ob man damit eine hochgestellte Persönlichkeit reich ausstatten wollte oder es sich schließlich nicht um eine Mehrbestattung handelt. Bei der Bestimmung des Geschlechts des Trägers (oder der Träger) sind uns weder die Größe der sonst sehr elastischen dünnstabigen Ösenhalsringe noch die begleitende Nadel behilflich. Nur auf Grund der bronzenen Pfeilspitze sind wir geneigt, die Bestattung für männlich zu erklären. Ebenso deutet das Messer im Grab 40 desselben Gräberfeldes (Nr. 251) auf das männliche Geschlecht des Bestatteten hin, doch der kleine, gut erhaltene Ösenhalsring aus Grab 181 (Nr. 247) dürfte einer unmündigen Person gehört haben. In den anderen aufgeführten Fällen läßt sich anhand des Inventars über das Geschlecht des Toten selbst mit Vorbehalt keine Aussage machen. Die beschädigten Ösenhalsringe aus den Depots von Kamenný Most (Nr. 249) und Trenčianske Bohuslavice (Nr. 263) haben nur einen Rohstoffwert; dies bezeugt namentlich letzteres, ausschließlich aus zerbrochenen oder beschädigten Gegenständen bestehendes Depot. Gut erhaltene Exemplare stammen aus dem Depot von Počúvadlo (Nr. 253).

Bei den außergewöhnlich großen und massiven Ösenhalsringen aus der Umgebung von Hlohovec (Nr. 267–269) oder dem größten tordierten Ring aus Bratislava (Nr. 270) können wir uns mit der eindeutigen Bestimmung ihrer Funktion als Halsringe nicht zufrieden geben. Sollten sie trotzdem diese Aufgabe erfüllt haben, so wollen wir sie vielmehr als eine symbolische bzw. dekorative, persönliche

---

[14] P. Socháň, Časopis Vlast. Sp. Mus. Olomouc 5, 1888, 80ff.; A. Kmeť, Tovarišstvo II (1895) 195 ff. Der Halsring ist ein Zufallsfund aus der Flur Suchý potok, die das Lausitzer Gräberfeld von anderen Fluren trennte; s. dazu Kmeť, Sitno a jeho široké okolie II (oh. J.) 206 f., 214.

[15] J. Bátora, Žiarové pohrebiská zvolenskej skupiny lužickej kultury (Die Brandgräberfelder der Zvolener Gruppe der Lausitzer Kultur) (ungedruckte Diss; Bratislava 1973) 110. Die Keramik ist im Mus. Martin aufbewahrt.

[16] Freundlicher Hinweis vom Grabungsleiter, Herrn P. Novák.

Schmuckgattung betrachten, die nur bei bestimmten Gelegenheiten am Obergewand getragen wurde. Die Form und geringe Spannkraft der Stücke (besonders bei denjenigen aus der Umgebung von Hlohovec) lassen die Möglichkeit einer Verwendung als Gürtel kaum zu. Auch ihre Verbindung mit dem Kopfschmuck ist unvorstellbar. Lassen wir sie in Anbetracht des Zeitgeschmackes und ihrer eindrucksvollen Größe als Standeskennzeichen gelten, so können sie am ehesten ein Männerschmuck gewesen sein.

Beim Tragen – besonders der weniger elastischen Exemplare mit weit geöffneten Enden – war das Zusammenbinden der Ösen erforderlich. Der teilweise abgebrochene Verschluß an einem Ende des großen Halsringes Nr. 269 muß nachträglich ersetzt worden sein. Die Reparatur ist jedoch zweifellos noch vor der Vergrabung des Depots erfolgt.

Verwandte Formen

Mit den tordierten Ösenhalsringen verwandt sind Exemplare, deren Enden anders gestaltet sind. Bei den vier Stücken Nr. 271–274 läuft ein Ende in einer flachgeschlagenen Öse, das andere in einen Haken aus. Der Querschnitt an den glatten Enden ist eckig oder linsenförmig. Bei anderen dicht gedrehten Stücken (Nr. 276–280) sind die glatten, unverzierten Enden verschiedenartig verbogen oder beschädigt. Bei dem Halsring Nr. 275 sind die Enden abgebrochen und ihre Form ist deshalb unbestimmbar.

271.–273. Počúvadlo, Kr. Žiar nad Hronom. – Vgl. Nr. 253. 254. – Drei Halsringe *(Taf. 43, 271–273).* – Mus. Bratislava (22135–22142).
274. Žitný ostrov (Insel Schütt), Fundstelle unbekannt. – Depot (?) – Halsring *(Taf. 43, 274).* – Beifunde: drei Fußringe; zwei offene Armringe. – Mus. Levice. – M. Novotná, Arch. Rozhl. 32, 1980, 134, Abb. 2, 3.
275. Počúvadlo, Kr. Žiar nad Hronom. – Vgl. Nr. 253. 254. – Halsring *(Taf. 43, 275).* – Mus. Bratislava (22135–22142).
276. Fundort unbekannt. – Halsring mit Hakenverschluß *(Taf. 44, 276).* – Mus. Rožňava. (185/KV) – G. M. Medvecký, Pam. Arch. 39, 1933, 28 Taf. 2, 32.
277. Včelínce, Kr. Rimavská Sobota. – Fundumstände unbekannt. – Halsring, teilweise beschädigt, beide Enden hakenförmig gebogen *(Taf. 44, 277).* – Mus. Rimavská Sobota (2320–3).
278. Diviaky nad Nitricou, Kr. Prievidza. – Brandgräberfeld der Lausitzer Kultur; aus gestörten Gräbern. – Halsring mit einem zugespitztem und einem hakenförmigen Ende *(Taf. 44, 278).* – Mus. Bojnice.
279. Opatovce nad Nitrou, Kr. Prievidza. – Urnengrab 52/72 in der Mitte des Grabhügels Z. – Bruchstück eines tordierten, am Ende verbogenen Stäbchens (von Halsring?) *(Taf. 44, 279;* nach Remiášová). – Beifunde: amphorenförmige Urne; kleines Gefäß; Ösennadel (vgl. PBF. XIII, 6 [Novotná] Nr. 1115 A). – Mus. Bojnice. – M. Remiášová, Vlastivedný zborník (Horná Nitra) 7, 1976, 182f. Taf. 11, 4.
279 A. Gemer, Kr. Rimavská Sobota. – Fundumstände unbekannt (aus Depot IV?). – Halsring mit verjüngten, zugespitzten Enden *(Taf. 44, 279 A;* nach Hampel). – Verbleib unbekannt. – Hampel, Bronzkor I Taf. 116, 22; J. Paulík, Štud. Zvesti AÚSAV. 15, 1965, 56f.

Der folgende Halsring aus Bošáca (Nr. 280) ist viel massiver und weiter gedreht als die vorigen.

280. Bošáca, Kr. Trenčín, Flur Marťáková skala. – Einzelfund. – Halsring, ein Ende abgebrochen, das andere hakenförmig *(Taf. 44, 280).* – Mus. Martin (3009). – Eisner, Slovensko 124.

Zeitstellung: Die vier Halsringe aus dem Depot des spätbronzezeitlichen Sitno-Horizontes von Počúvadlo (Nr. 271–273. 275) bilden zusammen mit den Ösenhalsringen Nr. 253 und 254 den Halsringen mit Hammerkopfenden (Nr. 281. 281 A) und dem Halskragen (Nr. 336) den bisher größten Komplex dieser Halsschmuckart in der Slowakei. Sie sind zugleich ein Beispiel und Zeugnis für das gleichzeitige Vorkommen, Tragen und vielleicht auch die Herstellung mehrerer typologisch unterschiedlicher Halsringgattungen. Ob sie nun die Individualität eines einzigen Meisters widerspiegeln oder Produkte aus mehreren Werkstätten sind, mag dahingestellt sein. Die nur optisch beurteilte Metallgüte und das für viele Stücke gemeinsam angewandte technische Verfahren schließen die Möglichkeit ein und derselben Herkunft nicht aus. Aus dem Rahmen des Depots fallen lediglich zwei dünnstabige Ösenhalsringe älteren Gepräges (Nr. 253. 254) und der sicher außergewöhnliche Halskragen (Nr. 336).

Der große Halsring mit weitgeöffneten Enden Nr. 274 von Žitný ostrov (Insel Schütt) stammt wahrscheinlich aus einem Depot, das außerdem drei Arm- oder eher Fußringe mit Stempelornament, einen offenen Armring und einen weiteren mit übergeschlagenen Enden enthielt. Die drei erstgenannten Ringe weisen eine im Karpatenbecken außergewöhnliche Herstellungstechnik und Verzierung auf. Als eine charakteristische spätbronzezeitliche Erscheinung könnte man sie mit dem Horizont der Bronzen von Lžovice-Slezské Předměstí in Ostböhmen und im Knovízer Bereich mit dem Horizont Hostomice verknüpfen. Hiermit ist auch ihre Gleichzeitigkeit mit dem Sitno-Horizont in der Slowakei gegeben, dem wir ebenfalls die Halsringe Nr. 271–273 und 275 mit gleicher Verschlußart und Torsion zuschreiben.

Mit Ausnahme des fragwürdigen Halsringfragmentes aus Opatovce nad Nitrou (Nr. 279) sind die übrigen Stücke einzeln geborgen worden und die Fundverhältnisse unbekannt oder unsicher. Während wir uns bei der Datierung des Fundes aus Opatovce in die Stufe Diviaky I der Lausitzer Kultur auf die Begleitkeramik und teilweise auf den Bestattungsbrauch stützen können, ist die Zeitstellung des Halsringes von Diviaky nad Nitricou (Nr. 278) dadurch erschwert, daß er im zerstörten Teil des langfristig benutzten Gräberfeldes gefunden wurde. Zu dem bislang einzigen tordierten Halsring mit Hakenverschluß (Nr. 276) von unbekanntem Fundort liegen Vergleichsstücke im Depot von Štramberk-Kotouč (1956) vor, das durch die Tassen vom Jenišovicetyp und große Plattenfibeln gekennzeichnet ist.[1] Schon das mehrmalige Erscheinen der tordierten Halsringe mit Hakenverschluß in den Depots des Jenišovice-Horizontes in Böhmen sowie in Funden der Montelius-Perioden V und VI in Schlesien und Niedersachsen läßt laut L. Jisl auf Zusammenhänge mit diesen Zeitstufen schließen.[2] Den einzigen mit Hakenverschluß versehenen Halsring aus dem Brandgrab von Irlich in Rheinland-Pfalz setzte U. Wels-Weyrauch in die ältere/mittlere Urnenfelderzeit.[3] Inwiefern die zwischen diesen und den naheliegenden Funden in Mähren bestehenden typologischen Übereinstimmungen auch auf die Chronologie bezogen werden können, läßt sich nicht sagen.

Der Halsring aus Gemer (Nr. 279 A) zählt zu einer Kollektion ungleichartiger, durcheinandergeratener Bronzefunde, die im Jahre 1882 in Rimavská Sobota ausgestellt waren. J. Paulík revidierte die Funde und verglich sie mit Literaturangaben, nach denen dieser Halsring Bestandteil des Depots IV von Gemer sein soll.[4] Unter den früh- und alturnenfelderzeitlichen, in diesem Depot enthaltenen Stücken befanden sich mehrere Nadeln wie das im Karpatenbecken einmalige Exemplar mit Rosettenkopf,[5] zwei Nenzingen-Schwerter[6] und ein nachträglich zurechtgebogener, aus Draht geflochtener Halsring (Nr. 390).

---

[1] L. Jisl, Časopis Slezského muzea, Serie B, 16, 1967 Abb. 14, 1. 3. 4; 15, 3. 4. Diesem Typ ordnet er auch den Halsring mit beschädigtem Ende aus einem weiteren gleichzeitigen, im Jahre 1927 ausgegrabenen Depot zu.

[2] Ebd. 31. In den gleichzeitigen Horizont Křenůvky datiert V. Podborský das Depot von Rájec-Jestřabí, das einen gleichen Halsring enthielt (Podborský, Mähren 133 Taf. 33, 23). Die dort abgebildeten Halsringe aus dem Depot IV von Štramberk (ebd. Taf. 11, 14–19) sind zum Unterschied von unserem Halsring Nr. 279 A viel größer und massiver, so daß sie in die Gruppe der massiven Halsringe gehören müßten, die wir dem jüngeren Abschnitt der Urnenfelderzeit zuweisen.

[3] Wels-Weyrauch, PBF. XI, 1 (1978) 161 f. Nr. 884.

[4] J. Paulík, Štud. Zvesti AÚSAV. 15, 1965, 56 f.

[5] PBF. XIII, 6 (Novotná) Nr. 1040.

[6] PBF. IV, 4 (Novák) Nr. 80. 81. 131.

Die in der Slowakei seltene Torsionsart des Halsringes aus Bošáca (Nr. 280) steht derjenigen des Fundes aus Bratislava (Nr. 270) nahe, wenn auch die zeitliche und kulturelle Zugehörigkeit beider Halsringe nicht näher erläutert werden kann.

Funktion: Die Ringe aus dem Depot von Počúvadlo (Nr. 271–273. 275) deuten auf eine Tragweise als Halsschmuck hin, wobei wir nicht beurteilen können, ob von Männern oder von Frauen. Der größte Ring aus Žitný ostrov (Insel Schütt: Nr. 274) dürfte am ehesten ein Zierstück bzw. Standeskennzeichen eines Mannes gewesen sein.

EINZELFORMEN TORDIERTER HALSRINGE

Im Arbeitsgebiet wurden zwei Halsringe mit Hammerkopfenden gefunden. Diese zeigen deutliche Spuren eines Meißels oder anderen Werkzeuges, mit dem die unechte Torsion gefertigt und nach dem Gießen noch nachgearbeitet wurde.

281. 281 A. Počúvadlo, Kr. Žiar nad Hronom. – Vgl. Nr. 253. 254. – Zwei Halsringe *(Taf. 45, 281. 281 A).* – Mus. Bratislava (22140); Mus. Banská Štiavnica (77/46).

Zwei weitere Halsringe des Arbeitsgebietes haben gerade abgeschnittene Enden und unterschiedlich gestaltete Windungen.

282. Očová, Kr. Zvolen. – Depot(?). – Halsring mit glatten, unverzierten, gerade abgeschnittenen Enden von rundlichen Windungen *(Taf. 45, 282).* – Beifunde: Brillenfibel mit Achterschleife in der Mitte; zwei Brillenanhänger und Fragment eines weiteren; zwei Bruchstücke einer Bronzespirale; massiver Armring mit verjüngten übergeschlagenen Enden; drei Ringe mit trapezförmigem Querschnitt. – Mus. Bratislava (126; ehem. Lyzealslg.). – M. Györik, A pozsonyi ágost. hitv. evang. lyceum Dr. Schimko Dánielféle érem és régiséggyüjteményének katalogusa II, Régiségek Nr. 582 (Münz- und Altertümersammlung des evang. Lyzeums Bratislava, Katalog II Nr. 582).– J. Paulík, Zborník SNM. 76, História 22, 1982, 19 ff.

283. Fundort unbekannt. – Massiver, beinahe bis zu den gerade abgeschnittenen Enden kräftig profilierter Halsring mit scharfkantigen Windungen *(Taf. 45, 283).* – Mus. Bratislava (12669; ehem. Lyzealslg.).

Zeitstellung und Verbreitung (Taf. 69, B): Beide Vertreter der tordierten Halsringe mit Hammerkopfenden des Arbeitsgebietes aus dem Depot von Počúvadlo (Sitno-Horizont) gehört zu einem allgemein zeitlich eng begrenzten Typ. Seine Datierung in die Späturnenfelderzeit ist sowohl durch die Beifunde als auch andere geschlossene Verbände gesichert, von denen die siebenbürgischen Depots von Alba Iulia-Partos, Vaidei, Bilvaneşti, in Oltenien[1] und Šarengrad in Kroatien[2] unseren Verhältnissen am nächsten stehen. In allen diesen Depots sind die Halsringe zwar mit weiteren ähnlichen Typen, doch jeweils meistens nur mit einem einzigen Exemplar mit Hammerkopfenden vergesellschaftet. Gemeinsam ist diesen Exemplaren, nach M. Rusu, die unechte Torsion,[3] der quadratische Querschnitt bei den glatten Enden und bei den Funden aus Bilvaneşti, Vaidei, Šarengrad und Počúvadlo auch die gleiche Gestaltung der Hammerkopfenden mit einer Einschnürung auf jeder Seite des Hammerkopfes. Laut M. Petrescu-Dîmboviţa gehören die ersten zwei rumänischen Depots der siebenbürgischen Grup-

---

[1] Petrescu-Dîmboviţa, Depozitele 161 Taf. 381, 2; 163 Taf. 390, 1; 396, 3. Weitere Halsringe von gleichem Typ in Turdas, Oradea, Vint I und II und im Grab von Balta Verde (vgl. M. Rusu, Apulum 1967, 97).

[2] Aufbewahrt im Mus. Zagreb.

[3] Rusu a. a. O. 97.

pe Vințu de Jos-Vaidei und das Depot von Bîlvanești der gleichzeitigen oltenischen Gruppe Bîlvanești-Ghidici an.⁴ In Kroatien tritt dieser Halsringtyp in spätbronzezeitlichen Depots auf; in dieser Zeit enden dort die Deponierungen von Bronzen. Der späte Zeitansatz ist durch das häufige gemeinsame Vorkommen von Bronze- und Eisengegenständen in ein und demselben Komplex gegeben (Šarengrad).⁵ Unserem Halsringtyp mit Hammerkopfenden entspricht schließlich der Fund aus Sinošević in Serbien, außergewöhnlich durch den eingehängten Schmuck.⁶ Seine Zeitstellung stimmt mit anderen, weniger massiven Halsringfunden dieses Typs ohne Anhänger völlig überein. Nach K. Kromer bilden die tordierten Halsringe, „mit quergestellten Stollenenden" eine engere Formengruppe. Im Einzelfund aus Siofók am Plattensee in Ungarn will er ein Vergleichsstück zum Halsring aus dem Depot von Vaidei sehen.⁷

Der laut J. Eisner wahrscheinlich mit drei kleinen „Geldringen" vergesellschaftete Halsring Nr. 282 gehört formenmäßig zur späturnenfelderzeitlichen Gruppe, am ehesten in den Sitno-Horizont. Aufgrund der gleichen Patina auf den übrigen Funden aus Očová (Brillenfibel, Brillenanhänger, Armring) schließt J. Paulík auf einen zusammengehörenden Fund, ein Depot, das er in den Sitno-Horizont datiert.⁸ Hingegen läßt sich der Halsring Nr. 283 aufgrund zahlreicher Merkmale der älteren Urnenfelderzeit zuweisen, wobei zeitliche Parallelen mit ähnlichen Arm- und Halsringen der älteren süddeutschen Urnenfelder gezogen werden können.⁹ Während die Halsringe dieser Art mit verzierten und häufig auch petschaftförmig verbreiterten Enden noch frühurnenfelderzeitlich sind, ist die Halsringform Nr. 283 schon für die darauffolgende alturnenfelderzeitliche Stufe charakteristisch. E. Sprockhoff bezeichnete formgleiche Armringe als lausitzisch und setzte sie in die Perioden III und IV.¹⁰

Funktion: Der im Karpatenbecken nicht übliche Halsringtyp aus Počúvadlo (Nr. 281. 281 A) gehört auch in Mittel- und Südosteuropa zu den seltenen, in einem Fundverband bislang nur einzeln vertretenen Exemplaren. Völlig außergewöhnlich ist der gleiche Halsringtyp aus Sinošević (s. oben), der außerdem noch Anhänger in Gestalt von stilisierten Wasservögeln trägt. Anderweitige Depotfunde lassen nicht erkennen, ob hier nicht eine für bestimmte Gelegenheiten erforderliche Kombination mit anderen Halsringformen beabsichtigt war oder ob es sich um das Werk einer spezialisierten Werkstatt handelt. Auch gibt die Streuung einzelner Funde im weiten Raum von Siebenbürgen über die Mittelslowakei bis Kroatien nicht die Möglichkeit, sie mit bestimmten Kulturkreisen zu verbinden. Anhand des gleichen Halsringes aus Rače, mit einer Ha C1-zeitlichen eingehängten Fibel vom Typ Vače vertritt K. Vinski-Gasparini die Meinung, daß diese Halsringart im Inventar der kroatischen Urnenfelderkultur und somit auch im Depot von Šarengrad ein fremdes Element ist.¹¹

Um beide Flächen des Hammerkopfes laufen Rillen, die möglicherweise eine praktische Bedeutung hatten, indem sie zum Einlegen einer Schnur für das Zusammenbinden der Enden oder für das Beifügen eines weiteren Halsringes dienten.

---

⁴ Petrescu-Dîmbovița a. a. O. 161. 163f.

⁵ Zur Datierung des Depots von Šarengrad s. auch Müller-Karpe, Chronologie 130 und K. Vinski-Gasparini, Kultura polja sa žarama u sjevernoj Hrvatskoj (Die Urnenfelderkultur in Nordkroatien) (1973) 168ff.

⁶ Gallus/Horváth, Un peuple cavalier Taf. 56, 2.

⁷ K. Kromer, in: Festschrift R. Pittioni I (1976) 400ff. Den Halsring aus Sinošević bezeichnet er mit Recht als ein Prunkstück. Zum Fund aus Orăștie (Szászvárosszek), Siebenbürgen, gehört außer Kultwagen, 20 tordierten Ösenhalsringen u. a. Funden auch ein Halsring mit T-Enden (Die Hallstattkultur Katalog Steyr, Linz 1980, 183, 191). Für den Halsring aus dem Depot von Vaidei gibt Kromer der Fundort Broos-Umgebung („Szászvárofer Stuhl") an; s. dazu Petrescu-Dîmbovița, Depozitele 161.

⁸ J. Paulík, Zborník SNM. 76, História 22, 1978, 22. 28.

⁹ Zur Datierung der Halsringe mit verzierten und unverzierten Enden vgl. Müller-Karpe, Chronologie Taf. 155 (Windsbach).

¹⁰ Sprockhoff, Hortfunde Per. V 202. Er hält die Armringe mit Stempelenden für älter; die jüngeren zeichnen sich durch glatte, verjüngte Enden aus.

¹¹ Vinski-Gasparini a. a. O. 169.

UNBESTIMMBARE HALSRINGFRAGMENTE

Es handelt sich um Bruchstücke meist dünnstabiger, gleichmäßig und einseitig gedrehter Halsringe, deren Enden meist abgebrochen sind, und die Form deshalb unbestimmbar ist (Nr. 284–318) oder um glatte Fragmente mit Ösenenden (Nr. 319–328). Hierher gehören vielleicht auch eher Teile von Nr. 252.

284. Lužany, Kr. Topoľčany. – Grabhügel, zum Großteil ausgeraubt, mit einem Zentral- und drei Nebengräbern. – Sechs Fragmente eines vom Feuer vernichteten Halsringes (einzelne Stücke 1–3 cm lang) *(Taf. 45, 284)* im Brandgrab I eines Erwachsenen und eines Kindes (nach Knochenanalyse). – Beifunde: große Menge bronzener, meist vom Feuer beschädigter Gegenstände, darunter Pferdegeschirrteile: Fragmente von Trense, Phalere, Zügelring, Buckeln; Bruchstücke von Armring; Draht; Plättchen; Messerklinge; Nadelspitzen (PBF. XIII, 6 [Novotná] Nr. 1251–1253); atypische Schmelzstücke; Scherben eines Topfgefäßes; Pferdeknochen. – Mus. Bratislava. – J. Paulík, Zborník SNM. 63, História 9, 1969, 34 f. Abb. 17, 22.

285. Veľký Grob, Kr. Galanta. – Urnengräberfeld; Brandgrab. – Deformierte Halsringfragmente *(Taf. 45, 285;* nach Paulík/Chropovský). – Beifunde (vom Feuer beschädigt): zweiteilige Spindlersfelder Fibel vom Typ Gemeinlebarn; Messer; Blecharmring mit Rollenenden; Armring mit übergeschlagenen Enden; Bruchstück eines ähnlichen Armringes; Gefäßscherbe (Taf. 76, C). – AÚSAV. Nitra. – J. Paulík/B. Chropovský, Zborník SNM. 65, História 11. 1971, 29 Abb. 2, A 4–7.

286. 287. Viničky, Kr. Trebišov. – Depot II. – Zwei ungleich starke Halsringfragmente *(Taf. 46, 286. 287).* – Beifunde: fünf Tüllenbeile und Fragment (PBF. IX, 13 [Novotná] Nr. 486. 515. 517. 606. 691. 818); Sichel; zwei offene Armringe. – *Datierung:* Stufe Somotor. – Mus. Košice (4/1987). – M. Novotná, Musaica 5, 1965, 17 ff. Abb. 1. 3. 4.

288. Chotín II, Kr. Komárno. – Brandgräberfeld; Urnengrab 48. – Halsringfragment *(Taf. 46, 288;* nach Paulík), neben einem der vier Gefäße. – Beifunde: vier Gefäße. – AÚSAV. Nitra. – M. Dušek, Slov. Arch. 5, 1957 Abb. 12, 4.

289. Chotín II, Kr. Komárno. – Brandgräberfeld; Grab 91. – Drei Halsringfragmente *(Taf. 46, 289;* nach Paulík) auf der Grubensohle. – Beifunde: Gefäßscherben. – AÚSAV. Nitra. – M. Dušek, Slov. Arch. 5, 1957, 113 f. Abb. 12, 24.

290. 291. Opatovce nad Nitrou, Kr. Prievidza. – Hügelgräberfeld; Grabhügel X, Urnengrab 77/72 am Nordrand des Steinkranzes. – Zwei vom Feuer verzogene tordierte Stäbchen, offenbar eines Halsringes *(Taf. 46, 290. 291;* nach Remiášová). – Beifunde: Amphore; zwei Schüsseln; vier Spiralröllchen. – *Datierung:* Lausitzer Kultur, Stufe Diviaky II. – Mus. Bojnice. – M. Remiášová, Vlastivedný Zborník (Horná Nitra) 7, 1976, 191 f. Taf. 12, 2. 3.

292. Plavecké Podhradie, Kr. Senica, Flur Pohanská. – Ringwall; aus Schicht im Abschnitt 1/68, in 35–65 cm Tiefe. – Halsringfragment *(Taf. 46, 292).* – Mus. Bratislava. – J. Paulík, Keltské hradisko Pohanská v Plaveckom Podhradí (1976) 137 Taf. 69, 1.

293. Janíky (ehem. Dolné Janíky), Kr. Bratislava-Land. – Depot im Gefäß (Wasserkrug). – Fragment eines tordierten Stäbchens (Halsring?) *(Taf. 46, 293).* – Beifunde: außer Brucherz und Halbfabrikaten zwei scheibenförmige Gürtelhaken; röhrenförmiger Helmaufsatz; Nadeloberteil (PBF. XIII, 6 [Novotná] Nr. 669); Messerbruchstücke; Sichelfragmente; Radanhänger (PBF. XI, 3 [Furmánek] Nr. 90); unbestimmbare Gegenstände in T-Form. – Mus. Bratislava. – J. Paulík, Zborník SNM. História 12, 1972, 15 f. Abb. 8, 9.

294. Trenčianske Bohuslavice, Kr. Trenčín, Abhang Turecko. – Depotfund in einem Tongefäß. – Halsringfragment *(Taf. 46, 294).* – Beifunde: 95 Bronzen, davon viele in Bruchstücken: stabartiger Absatz- und Tüllenmeißel (PBF. IX, 3 [Novotná] Nr. 430. 436); sechs Tüllenbeile (ebd. Nr. 585. 598. 603. 694. 822. 824); Tüllenhammer (ebd. Nr. 803); Keulenkopfnadel (PBF. XIII, 6 [Novotná] Nr. 911). – *Datierung:* Stufe Trenčianske Bohuslavice. – Mus. Martin (2774). – Novotná, Bronzehortfunde Taf. 12–15.

295. Ilava, Kr. Považská Bystrica, Flur Porubská dolina. – Brandgräberfeld; Lesefund, ohne Grabzusammenhang. – Halsringfragment? *(Taf. 46, 295).* – Mus. Martin.

296. Chotín II, Kr. Komárno. – Brandgräberfeld; Grab 177. – Halsringfragment *(Taf. 46, 296;* nach Paulík). – AÚSAV. Nitra. – Paulík, Juhozápadné Slovensko.

297. Chotín II, Kr. Komárno. – Brandgräberfeld; Grab 214. – Halsringfragment *(Taf. 46, 297;* nach Paulík). – Beifund: Nadel mit kugeligem Kopf und geradem, unverziertem Schaft (PBF. XIII, 6 [Novotná] Nr.

789). – AÚSAV. Nitra. – Paulík, Juhozápadné Slovensko.

298. Chotín II, Kr. Komárno. – Brandgräberfeld; Grab 249. – Halsringfragment mit angeschmolzenen Bronzeresten *(Taf. 46, 298; nach Paulík).* – Beifunde: u. a. Bruchstück eines Nadeltyps mit doppelkonischem Kopf und ringartig profiliertem Hals (PBF. XIII, 6 [Novotná] Nr. 1039). – AÚSAV. Nitra. – Paulík, Juhozápadné Slovensko.

299. Chotín II, Kr. Komárno. – Brandgräberfeld; Grab 294. – Fünf vom Feuer verzogene Halsringfragmente *(Taf. 46, 299; nach Paulík).* – AÚSAV. Nitra. – Paulík, Juhozápadné Slovensko.

300. Chotín II, Kr. Komárno. – Brandgräberfeld; Grab 184. – Halsringfragment *(Taf. 46, 300); nach Paulík).* – AÚSAV. Nitra. – Paulík, Juhozápadné Slovensko.

301. Chotín II, Kr. Komárno. – Brandgräberfeld, Grab 161. – Halsringfragment *(Taf. 46, 301; nach Paulík).* – Beifund: weiteres Halsringfragment (Nr. 322). – AÚSAV. Nitra. – Paulík, Juhozápadné Slovensko.

303. Chotín II, Kr. Komárno; Grab 203. – Vgl. Nr. 246. – Halsringfragment, vom Feuer beschädigt *(Taf. 46, 303; nach Paulík).* – AÚSAV. Nitra.

304.–307. Chotín II, Kr. Komárno; Grab 326. – Vgl. Nr. 244. 245. – Vier Halsringfragmente, davon zwei mit glatten Enden *(Taf. 46, 304–307; nach Paulík).* – AÚSAV. Nitra.

308. Chotín II, Kr. Komárno. – Brandgräberfeld; Grab 264. – Halsringfragment, an einem Ende in ein glattes, vierkantiges Stäbchen übergehend *(Taf. 46, 308; nach Paulík).* – AÚSAV. Nitra. – Paulík, Juhozápadné Slovensko.

309. Kotešová, Kr. Žilina. – Gräberfeld der Lausitzer Kultur; Grab 5. – Zwei Halsringfragmente *(Taf. 46, 309).* – Mus. Žilina.

310. Jasenica, Kr. Považská Bystrica, Flur Chmelinec. – Gräberfeld der Lausitzer Kultur; Grab 32. – Halsringfragment, spitz auslaufend *(Taf. 46, 310).* – Mus. Žilina (509).

311. Ilava, Kr. Považská Bystrica, Flur Porubská dolina. – Brandgräberfeld; Urnengrab 195. – Fragment eines tordierten Stäbchens (Halsring?). – Mus. Martin.

312. Ilava, Kr. Považská Bystrica, Flur Porubská dolina. – Brandgräberfeld, Urnengrab 8. – Massive, weitständig tordierte Stäbchenstücke von Halsring. – Mus. Martin.

313. 314. Fundort unbekannt. – Zwei Halsringfragmente *(Taf. 47, 313. 314).* – Mus. Košice.

315. 316. Fundort unbekannt. – Zwei Halsringfragmente mit glatten Enden *(Taf. 47, 315. 316).* – Mus. Košice.

317. Fundort unbekannt. – Weittordiertes Halsring(?)-fragment *(Taf. 47, 317).* – Mus. Komárno (I 935).

318. Fundort unbekannt. – Zwei dichttordierte, dünne Halsringfragmente *(Taf. 47, 318).* – Mus. Komárno (103).

319. Fundort unbekannt. – Fragment eines glatten Stäbchens mit Ösenende *(Taf. 47, 319).* – Mus. Košice.

321. Chotín II, Kr. Komárno. – Brandgräberfeld; Grab 136. – Glattes Halsringfragment mit Ösenende *(Taf. 47, 321; nach Paulík).* – AÚSAV. Nitra. – Paulík, Juhozápadné Slovensko.

322. Chotín II, Kr. Komárno; Grab 161. – Vgl. Nr. 301. – Glattes Halsringfragment mit Ösenende *(Taf. 47, 322; nach Paulík).* – AÚSAV. Nitra.

323. Fundort unbekannt. – Bruchstück eines massiven, tordierten Stäbchens (von einem Ringbarren?); L. noch 7,5 cm. – Mus. Bratislava (verschollen).

323 A. Krásna Ves, Kr. Bánovce. – Lausitzer Brandgräberfeld; ohne Grabzusammenhang. – Halsringfragment mit hakenförmigem Ende. – Mus. Martin.

323 B. Turčianka, Kr. Topoľčany. – Fundumstände unbekannt. – Halsringfragment. – AÚSAV. Nitra.

In den alten Beständen des Museums in Košice befinden sich zahlreiche ganze und fragmentierte Halsringe, von denen einige der Größe nach vermuten lassen, daß sie als Gürtel getragen wurden (vgl. Nr. 331. 332). Dem Museum wurden sie ohne Fundortangabe geschenkt.

324. Fundort unbekannt. – Halsring; Dm. 18:23 cm. – Mus. Košice (111).

325. Fundort unbekannt. – Halsring aus dünnem Draht mit Ösenenden; Dm. 26:23 cm. – Mus. Košice (112).

326. Fundort unbekannt. – Halsring; Dm. 27:27 cm. – Mus. Košice (114).

327. Fundort unbekannt. – Zwei Halsringfragmente; Dm. 21:17,7 cm. – Mus. Košice (118).

328. Fundort unbekannt. – Halsringfragmente; L. noch 25 cm; 19,5 cm; Dm. 16:17,5 cm; L. 20 cm; 15 cm; 9,5 cm. – Mus. Košice (120).

Zeitstellung und Verbreitung (Taf. 69, B): Die Fragmente der tordierten Halsringe, soweit sie aus geschlossenen Fundverbänden stammen und ihre Fundumstände bekannt sind, tragen zur Ergänzung des Vorkommensbildes dieser Schmuckgattung, ihrer zeitlichen Relation und kulturellen Zugehörigkeit bei. Die Bruchstücke aus Lužany (Nr. 284) kommen aus einem Hügelgrab, das infolge seiner Lage an der Grenze zweier Kulturbereiche Keramik mit Elementen der mitteldonauländischen (Čaka- und Velatice-Kulturen) und in geringerem Maße auch der lausitzischen Urnenfelder enthält. Auch die hier vorhandene Bronzeindustrie weist auf Zusammenhänge mit der Čaka-Kultur und der Velaticer Phase (Velatice-Očkov) hin. Gleichen Alters dürfte das Grabinventar mit den Halsringfragmenten aus Vel'ký Grob sein (Nr. 285). Die darin vorkommenden Messer vom Typ Dašice und Fibel vom Typ Gemeinlebarn sind frühurnenfelderzeitliche Erscheinungen (Stufe Baierdorf/Lednice),[1] die aber noch in die nachfolgende Zeitstufe (Velatice-Očkov) hineinreichen. Zum Blecharmring mit Rollenenden liegt eine gute Parallele im Fund aus dem weiblichen Hügelgrab der Čaka-Kultur von Dedinka vor.[2] Die Halsringfragmente Nr. 288 und 289 aus den Gräbern der mitteldonauländischen Urnenfelder wurden nur anhand der Keramik datiert. So gehört das Grab 91 von Chotín in die Stufe Oblekovice,[3] und die Zeitstellung des Grabes 48 aus der jüngeren, im südöstlichen Teil des Gräberfeldes gelegenen Gräbergruppe ist außer durch den horizontalstratigraphischen Befund auch durch das Vorkommen der keramischen Grundform der Kyjaticer Kultur, einer breiten Amphore mit trichterförmiger Mündung und waagerecht kanneliertem, konischem Hals gegeben.[4] Der zeitgemäße, auch in der Kyaticer Kultur übliche Brauch, die Bronzebeigaben im Grab frei um die Gefäße herum oder auf deren Schultern abzustellen, machte sich auch in diesem Falle geltend. Die übrigen Halsringfragmente Nr. 296–308 fanden sich alle in dem bisher unpublizierten, von J. Paulík ausgegrabenen Teil des Gräberfeldes der mitteldonauländischen Urnenfelder von Chotín. Im Grab 214 (Nr. 297) wurde eine Nadel mit kugel-, fast zwiebelförmigem Kopf und geradem, unverziertem Schaft gefunden, die in diesem Gräberfeld in der Phase B der karpatischen Velaticer Kultur bzw. schon am Anfang der Chotíner (Podoler) Stufe auftritt. Ähnliche Nadeln aus Mähren (Domamyslice) datiert J. Říhovský in die Stufe Domamyslice II.[5] Den Inhalt des reicheren Grabes 326 mit den Halsringfragmenten Nr. 304–307 setzen wir in die Stufe Oblekovice.

Das Gräberfeld von Opatovce nad Nitrou, aus dem die Halsringfragmente Nr. 290 und 291 stammen, gehört laut M. Remiášová in den jüngeren Abschnitt der älteren und mittleren Urnenfelderzeit,[6] mit anderen Worten von unserer Stufe Diviaky I bis zur schlesischen Phase der Lausitzer Kultur. Der Fund aus Plavecké Podhradie (Nr. 292) ist mit den Siedlungsverhältnissen der mitteldonauländischen Urnenfelder im älteren und jüngeren Abschnitt der Velaticer Kultur zu verknüpfen.[7]

Das Bruchstück Nr. 294 ist Bestandteil eines Depots (Horizont Trenčianske Bohuslavice) aus dem Bereich der Lausitzer Kultur. Gleichzeitig, doch aus dem Kulturkreis der mitteldonauländischen Urnenfelder, ist das Depot von Dolné Janíky (Nr. 293). Das Halsringsfragment war dort mit anderen ganzen und zerbrochenen Gegenständen in einem Wasserkrug der Velaticer Kultur (Stufe Oblekovice) deponiert. J. Paulík bezeichnet diese Stufe als Dolné Janíky-Horizont.[8] Das Depot von Viničky II (Nr. 286. 287) mit entwickelten siebenbürgischen Schnabeltüllenbeilen und einem Tüllenbeil mit rudi-

---

[1] Zur Datierung der Messer vom Typ Dašice vgl. Říhovský, PBF. VII, 1 (1972) 36, der Fibeln vom Typ Gemeinlebarn vgl. Betzler, PBF. XIV, 3 (1974) 52.

[2] J. Paulík hält diesen Fund für ein Stirnband (Jber. Inst. Vorgesch. Frankfurt 1975, 58 Abb. 1, 14).

[3] Die Begleitkeramik hat M. Dušek nicht abgebildet. Für den freundlichen Hinweis danke ich Herrn J. Paulík.

[4] Dušek, Slov. Arch. 5/1, 1957, 73 ff.

[5] Říhovský, PBF. XIII, 5 (1979) 129.

[6] M. Remiášová, Vlastivedný zborník (Horná Nitra) 7, 1976, 203 (Begleitkeramik nicht abgebildet).

[7] Paulík, Keltské hradisko Pohanská v Plaveckom Podhradí (1976) 137 Taf. 69, 1.

[8] Ders., Zborník SNM. 66, História 12, 1972, 5 ff.; ders., Zprávy ČSSA. 14, 1972, Taf. 12. Das Messerfragment, zwar eigenartiger Form, ähnelt am meisten dem Typ Oblekovice bzw. Lešany (Říhovský, PBF. VII, 1 [1972] 47 Taf. 15, 161). Weitere Funde vom gleichen Gürtelhakentyp: Kilian-Dirlmeier, PBF. XII, 2 (1975) 64 f.

mentären Lappen und plastischer Verzierung gehört in den unmittelbar voraufgehenden Somotor-Horizont.

So erhält die Überzahl der Funde im Bereich der mitteldonauländischen Urnenfelder durch die hier aufgeführten Halsringfragmente einen weiteren Zuwachs, wenn auch die höhere prozentuale Vertretung allein auf das Gräberfeld von Chotín entfällt. Im Hinblick auf die zeitliche Relation ergibt sich das folgende Fundbild: Die ersten noch wenigen und mitunter nicht eindeutig belegten Halsringfragmente gehören in die Früh- bis Alturnenfelderzeit (Nr. 284. 285); in der mittleren Urnenfelderzeit sind die Funde in Gräbern und zum Teil auch in den Depots häufiger; in der Jung- und besonders Späturnenfelderzeit treten zu den dünnstabigen, meist mit Ösenenden versehenen Exemplaren einige neue Typen und Varianten hinzu, die in der Torsionsart, im Gewicht, im Querschnitt des Körpers, in der Größe und Verschlußform bestimmte Veränderungen aufweisen.

Funktion: 23 Fragmente tordierter Halsringe bzw. ihrer glatten Ösenenden stammen aus Brandgräbern, drei aus Depots und eines aus einer Siedlung. Die meisten, etwa 15 Stück, wurden in dem mitteldonauländischen Urnenfelder von Chotín (Nr. 289. 296–308) und weitere in kulturell gleichartigen Gräbern (Nr. 284. 285) gefunden. Aus Gräbern der Lausitzer Kultur kommen die Fragmente Nr. 290. 291. 309–312. Alle ziemlich beschädigten und auch vernichteten Stücke sind als persönlicher Schmuck getragen und dem Toten auf den Scheiterhaufen mitgegeben worden. Die anthropologische Analyse der Knochenreste aus dem Nebengrab I von Lužany (Nr. 284) zeigte, daß hier ein Erwachsener und ein Minderjähriger verbrannt worden waren; unter den menschlichen Überresten befanden sich auch Pferdeknochen.[9] Zu den Beigaben zählten neben Pferdegeschirrteilen Schmuckgegenstände (Armringe, Nadel), Kleiderbesatz (Plättchen) und ein Messerfragment. In der Ausstattung des Grabes von Veľký Grob (Nr. 285) war außer einer typischen weiblichen Schmuckgattung (Fibel vom Typ Gemeinlebarn, Blecharmring) auch ein Bronzemesser enthalten. Es ist nicht ausgeschlossen, daß es sich um ein Doppelgrab handelt. Ein Bronzemesser fand sich auch im Grab 294 von Chotín (Nr. 299), und in den Gräbern 214 und 249 waren die Halsringfragmente jeweils von einer Bronzenadel begleitet (Nr. 297. 298). Ob das Messer nur auf die Männerbestattung bezogen werden kann, wagen wir nicht zu entscheiden; umso weniger ist die Nadel ein eindeutiges Unterscheidungsmerkmal.

TORDIERTER DRAHTHALSRING

Der Halsring aus Dedinka ist aus dünnem, dicht gedrehtem Draht; die gerundeten Windungen reichen bis zu den doppelt eingerollten Ösenenden.

329. Dedinka, Kr. Nové Zámky. – Grabhügel, Brandgrab II neben der Brandfläche, Bestattung in kleiner, kreisrunder Grabgrube. – Halsring, außergewöhnlich klein *(Taf. 47, 329).* – Beifunde: etwa 100 ganze und beschädigte Bronzen, darunter Buckel, konische Aufnähplättchen, Fibel vom Typ Unterradl, Armringe, verschiedene Anhänger (PBF. XI, 3 [Furmánek] Nr. 89. 806. 812. 840), Amulette, einige umgestülpte Tongefäße. – *Datierung:* Čaka-Kultur. – Mus. Bratislava (16826). – J. Paulík, Jber. Inst. Vorgesch. Frankfurt 1975, 57ff. Abb. 1, A 15; ders., Arch. Rozhl. 28, 1976, 369ff. Taf. 2.3; Furmánek, PBF. XI, 3 (1980) Taf. 42, B.

Funktion: Der gute Erhaltungszustand des einmaligen Drahthalsringes beweist, daß er erst nach der Verbrennung des Toten im Grab niedergelegt wurde. Laut J. Paulík handle es sich um eine Frauen- bzw. Mädchenbestattung[1] und um den ersten Fall einer den männlichen Beigesetzten begleitenden

---

[9] Paulík, Zborník SNM. 63, História 9, 1969, 36.   [1] J. Paulík, Jber. Inst. Vorgesch. Frankfurt 1975, 59.

Frauenbestattung der Čaka-Kultur.² Unter den Beifunden lassen sich die männlichen und weiblichen Beigaben nicht voneinander unterscheiden. P. Betzler betrachtet zwar die Fibel vom Typ Unterradl als einen Bestandteil der Männertracht, schließt aber gleichzeitig nicht aus, daß sie auch ein Frauenschmuck sein könnte.³ Kennzeichnend für die Frau dürften die Nähnadel und ein Blechzierat sein, den Paulík nicht als Armring, sondern als Stirnband deutet.⁴ Seine typologische Verwandtschaft mit dem gleichzeitigen Armring aus dem Grab von Veľký Grob (Nr. 285) ist unverkennbar.⁵ Die kleinen Maße des Halsringes Nr. 329 lassen darauf schließen, daß die Trägerin trotz der Elastizität des Drahtes nur ein zartes, minderjähriges Geschöpf gewesen sein muß. Der Halsring allein reicht also zur Bestimmung des Geschlechts nicht aus, wenn ihm auch zum gegebenen Zeitpunkt die Funktion eines weiblichen Halsschmuckes eigen war.

WENDELRING

Als den einfachsten Wendelring bezeichnen wir denjenigen mit einem einzigen Drehrichtungswechsel in der Mitte des Ringes von rhombischem Querschnitt. Die glatten, zum Teil abgebrochenen Enden des Wendelringes aus Sliače (Nr. 330) sind ungleichmäßig flachgeschlagen, so daß ein Ende einen rechteckigen, das andere einen gerundeten Querschnitt aufweist; die breiten Flächen tragen je eine Punktreihe.

330. Sliače, Gem. Vyšný Sliač, Kr. Liptovský Mikuláš. – Laut urspr. Bericht ein gestörtes Körpergrab (mit zwei flachen Steinen abgedeckt, Knochen vermodert), wahrscheinlich eher ein Depot. – Dünnstabiger Halsring *(Taf. 47, 330).* – Beifunde: zwei Drahtdiademe mit Seitenspiralen (Nr. 360. 361); Armspirale; zwei Brillenanhänger (PBF. XI, 3 [Furmánek] Nr. 60. 61); flacher Knopf mit Öse; mehrere unverzierte Tonscherben. – Mus. Ružomberok. – J. Kürti, Sborník MSS. 23, 1929, 33 ff. Abb. 3 (die auf der Zeichenbeilage abgebildeten drei weiteren, nun verschollenen Bruchstücke gehören möglicherweise zur Armspirale); V. Furmánek, PBF. XI, 3 (1980) Taf. 43, B.

Zeitstellung: Bei der Datierung des einzigen Halsringes dieser Form aus der Slowakei stützen wir uns auf die mitgefundenen Spiraldiademe (Nr. 360. 361). Zwei gleiche Diademe aus Medvedzie (Nr. 358. 359) waren von einer Posamenteriefibel mit Vogelbesatz und Klapperblechen begleitet, deren Form für die mittlere Urnenfelderzeit charakteristisch ist (s. S. 60f.). Nahestehende Halsringe mit einem einzigen Drehungswechsel wurden in Mähren gefunden: einer war im Depot von Pravčice, der andere nur im Bruchstück in einem Brandgrab von Podolí enthalten.¹ Die mährischen Halsringe behielten die traditionellen Ösenenden bei, während der slowakische aus Sliače schon flache, breitgeschlagene und auch verzierte Enden besitzt, die für die lausitzischen, hallstattzeitlichen Exemplare im Orava-Gebiet in der Nordslowakei und in Großpolen bezeichnend sind. V. Podborský analysierte die Funde aus Mähren, wobei er entgegen der Ausdeutung G. Kossinnas, daß ähnliche Ringe ihre Form dem Eindringen des norddeutschen germanischen Elementes in den Lausitzer Kulturraum verdankten, die Möglichkeit

---

² Das Grab von Dedinka verweist auf die Notwendigkeit, den Inhalt der bisherigen Nebenbestattungen in anderen Tumuli der Čaka-Kultur zu revidieren und die geltenden Schlüsse bei der Beurteilung der Männergräber zu überprüfen. Einen eindeutig männlichen Charakter haben meistens die mit Waffen ausgestatteten Zentralgräber der Čaka-Kultur (Paulík, Slov. Arch. 14, 1966, 70ff.; A. Jockenhövel, Jber. Inst. Vorgesch. Frankfurt 1974, 58).

³ Betzler, PBF. XIV, 3 (1974) 19.
⁴ Paulík, Arch. Rozhl. 28, 1976, 370f.
⁵ J. Paulík/B. Chropovský, Zborník SNM. 65, História 11, 1971, 29 Abb. 2, 3.

¹ Podborský, Mähren Taf. 32 (Pravčice); Abb. 14, 16 (Podolí).

ihres Entstehens ohne diese fremde Einwirkung aus dem Norden sah.[2] Laut E. Sprockhoff tritt bei den tordierten nordischen Halsringen ein Wechsel der Drehungsrichtung erst mit der Periode V ein,[3] was jedoch nicht für unseren Fund gelten kann. Der Rückgang der Wendelringfunde in südlicher Richtung wird durch das einmalige Vorkommen der einfachsten Form im Lausitzer Kulturraum vollends bestätigt.

Funktion: Den Fundberichten zufolge handelt es sich hier um einen außergewöhnlichen Fall eines Körpergrabes inmitten der Lausitzer Siedlungsökumene. Die räumliche sowie zeitliche Verbindung mit dem Lausitzer Kulturkreis ist auch durch das Vorhandensein der bislang nur innerhalb dieses Kulturbereiches auftretenden Drahtdiademe belegt. Die seltene Beisetzungsart und reiche Ausstattung mit einer eher symbolischen als dekorativen Schmuckgarnitur sprechen für die Ausnahmestellung des Bestatteten. Das Vorkommen zweier Diademe schließt nicht die Möglichkeit aus, daß hier zwei Tote beigesetzt worden sind, ebenso ist nicht auszuschließen, daß es sich um ein Depot handelt.

GROSSE TORDIERTE DOPPELRINGE

Sie bestehen aus einem dünnen, an den Enden und in der Mitte glatten, sonst gedrehten Körper, der zusammengebogen und dadurch verdoppelt aus einem Ende (der glatten Mitte) eine Öse, aus dem anderen zwei Haken entstehen ließ.

331. Šarišské Lužianky, Kr. Prešov. – Depotfund, angeblich aus zehn großen, tordierten Doppelringen bestehend, davon nur einer sichergestellt *(Taf. 48, 331).* – Beifunde: schmaler Tüllenmeißel; Lanzenspitze; Armspiralbruchstück; Scherbe vom Tongefäß. – Mus. Budapest (279. 1876). – Hampel, Bronzkor I Taf. 49, 4; V. Budinský-Krička, 60 rokov Šarišského múzea v Bardejove (1967) 90f.
332. Fundort unbekannt. – Doppelring *(Taf. 48, 332).* – Mus. Rožňava, Deposit. Mus. Košice. – G. M. Medvecký, Pam. Arch. 39, 1933, 28 Abb. 14, 3.
332 A. Fundort unbekannt. – Gut erhaltener Doppelring *(Taf. 49, 332 A).* – Mus. Košice.
332 B. Fundort unbekannt. – Teilweise beschädigter Doppelring *(Taf. 49, 332 B).* –Mus. Košice.

333. Fundort unbekannt. – Bruchstück eines großen Doppelringes mit Hakenende *(Taf. 50, 333).* – Mus. Košice (P 071). – G. M. Medvecký, Pam. Arch 39, 1933, 28 Taf. 2, 33.
334. Fundort unbekannt. – Kleinerer Doppelring; ein Ende mit Haken, dem anderen eine zweite Öse zugefügt (spätere Instandsetzung?) *(Taf. 50, 334).* – Mus. Košice. – G. M. Medvecký, Pam. Arch. 39, 1933, 28 Abb. 14, 2.
335. Chabžany, Kr. Prešov. – Depot mit 17 Bronzeringen, darunter auch große Doppelringe, die der Beschreibung nach denjenigen aus Šarišské Lužianky (Nr. 331) gleichen. – Verbleib unbekannt. – F. Pulszky, Magyarország archaeolojája I (1897) 217; Eisner, Slovensko 124.

Im Museum von Košice sind einige weitere ganze oder fragmentierte Halsringe deponiert, die dort ohne Fundortangabe als Geschenk eingeliefert worden sind. Zu ihnen gehören das Exemplar Nr. 332 und offenbar auch die von G. M. Medvecký erwähnten Fragmente[1] und weitere Bruchstücke:

335 A.–F. Fundort unbekannt. – Bruchstücke von Halsringen *(Taf. 50, A. B; 51, C–F).* – Mus. Košice.

Zeitstellung: Von den einst zahlreichen, in zwei Depots enthaltenen bzw. einzeln gefundenen großen Doppelringen konnte schließlich nur einer (Nr. 331) geborgen werden. Die nur von der Beschreibung

---

[2] Ebd. 133f.
[3] Sprockhoff, Hortfunde Per. V 148.

[1] G. M. Medvecký, Pam. Arch. 39, 1933, 28.

her und ohne Abbildungen aus der Literatur bekannte Zusammensetzung der Depots von Šarišské Lužianky (Nr. 331) und Chabžany (Nr. 335) reicht für eine genauere zeitliche Bestimmung nicht aus. Vollständige und zahlreiche in Bruchstücken erhaltene Halsringe aus einem nicht näher bekannten Fundort in der Ostslowakei (Nr. 332–334. 335 A–F) lassen vermuten, daß es sich ebenfalls um ein Depot handelt. Ein Zusammenhang mit den Funden aus Šarišské Lužianky und Chabžany konnte nicht festgestellt werden. Auch stehen uns weder aus der näheren noch weiteren Umgebung identische bzw. ähnliche Funde zur Verfügung, die zur Klärung der chronologischen Werte der großen Doppelringe beitragen könnten. Auch von der typologischen Seite her gesehen, ergibt sich nur eine allgemeine Zuweisung in die Urnenfelderzeit. Wir greifen also auf Beobachtungen stilistischer Art zurück, die allerdings keine selbständige chronologische Beweiskraft besitzen: Während einerseits die dünnen, sehr regelmäßig gerundeten Drehungen sowie der runde Querschnitt der glatten Enden an die erste Variante der tordierten Ösenhalsringe und andererseits die Gestaltung der Enden der Doppelringe an die Funde mit Hakenverschluß erinnern, so ist die zweifache Biegung wiederum den Posamenteriekolliers eigen. Die Seltenheit der großen, tordierten Doppelringe ist noch durch ihre nachgewiesene Begrenzung auf das Šariš-Gebiet in der Ostslowakei unterstrichen. Bei den fundortlosen Stücken, die das Museum in Košice geschenkt bekam (Nr. 332–334. 335 A–F), wird ebenfalls die lokale, ostslowakische Herkunft vermutet. Typenmäßig gleichartige, doch wesentlich kleinere Doppelringe ohne Zwingen (Dm. ca. 13,5 cm) stammen aus einem zweiten Depot in Ungarn, aus Benczúrfalva-Szécsény,[2] andere aus Gräbern der Lausitzer Kultur in Polen.[3] Das Depot von Benczúrfalva ließe sich am ehesten mit dem Horizont Gyermely der mittleren Urnenfelderzeit in Verbindung bringen, in der auch die ersten ältesten Halsringe dieses Typs in Polen erscheinen (s. näheres bei Posamenteriekolliers, S. 49 ff.).

Funktion: Die hohe Zahl an Doppelringen aus zwei dicht beisammenliegenden Depots (Nr. 331. 335) läßt an das Bestehen einer nahegelegenen Werkstatt denken, in der eine bestimmte, von den geläufigen Halsringen abgeleitete Ringart hergestellt wurde. Andererseits spricht die Lage der Funde – bei Nr. 331 am Fluß Veľká Svinka, bei Nr. 335 am Fluß Torysa – und das Zusammenliegen mehrerer Stücke einer einzigen Gattung für ein Handelslager an den Verkehrslinien längs der Wasserläufe. Im Depot von Chabžany (Nr. 335) waren laut F. Pulszky die großen Doppelringe von kleineren Halsringen begleitet, die auf ein Trachtensemble hindeuten. In Anbetracht ihrer Größe und der Gestaltung des Verschlusses ist anzunehmen, daß diese Doppelringe nicht nur als Halsschmuck, sondern auch als Gürtel verwendet werden konnten. In der Eigenschaft als Gürtelringe dürften sie ein Zubehör der Frauentracht gewesen und ebenso wie viele kleinere Halsringe auch von grazilen oder minderjährigen Personen getragen worden sein.

RINGHALSKRAGEN

Das einzige Exemplar im Arbeitsgebiet besteht aus drei einzelnen, sich zu den Enden zu stetig verjüngenden, mit wechselnd schrägen Rillengruppen verzierten und durch kräftige, in den Endösen steckenden Nietstifte verbundene Halsringen. Die glatten verjüngten Enden sind flachgeschlagen und in Ösen eingerollt. Die Länge der Nietstifte läßt vermuten, daß ursprünglich mehrere, höchstens jedoch fünf

---

[2] F. Tompa, 24.–25. Ber. RGK 1934–35, 106 Taf. 50; Mozsolics, Karpatenbecken 50. Für den mir freundlicherweise gewährten Einblick in den Depotinhalt danke ich Herrn Dr. T. Kemenczei aus dem Magyar Nemzeti Múzeum in Budapest.

[3] Zusammenfassend bei T. Malinowski/M. Novotná, Środkowoeuropejskie wielokrotne naszyjniki brązowe (Mitteleuropäische tordierte Bronzehalsringe) (1982).

Halsringe verbunden waren. In der Regel sind solche Halsringsätze aus drei oder fünf fest oder locker verbundenen, gegossenen oder halbmondförmigen Blechhalsringen gebildet.

336. Počúvadlo, Kr. Žiar nad Hronom. – Vgl. Nr. 253. 254. – Halskragen *(Taf. 51, 336)*. – Mus. Bratislava.

Zeitstellung: Der Fund aus dem späturnenfelderzeitlichen Depot von Počúvadlo-Sitno ist nicht nur durch die Verzierungsart, sondern schon durch den Gedanken, mehrere Halsringe zu einem prunkvollen Halskragen zu vereinen, im Karpatenbecken ungewöhnlich fremd. Wenn wir ihn auch nicht eindeutig als ein Importstück, aber auch nicht als ein heimisches Erzeugnis bezeichnen können, so ist ein Zusammenhang mit den Halskragen des mitteldeutschen und nordischen Raumes doch unverkennbar. Zum Unterschied von den ähnlichen, mit Flechtbandmuster verzierten Elbgruppe-Halskragen besitzen die einzelnen Halsringe aus Sitno einen runden und nicht linsenförmigen Querschnitt. Gegenüber den von W. A. v. Brunn in die Perioden III–IV datierten Funden aus Deutschland[1] ist der Halskragen aus Sitno jünger und seine Zeitstellung wird durch mehrere ausgeprägte, chronologisch belegte Typen wie die oberständigen Lappenbeile, Sattelfibel und nicht zuletzt durch den Halsring mit Hammerkopfenden (Nr. 281) gestützt. Die gleiche, in Süddeutschland ungewöhnliche Verzierung zeigt der einfache Halsring aus dem Brandgrab von Aub in Niederfranken; die Begleitfunde verweisen das Grab in die mittlere Urnenfelderzeit.[2]

Funktion: Beim Halskragen aus dem Depot von Počúvadlo-Sitno ist schwer zu beurteilen, ob er eine universale oder eine spezifische, geschlechtsbedingte Schmuckart war. Jedenfalls gehörte er einer vermögenden oder sozial höher gestellten Persönlichkeit, doch weder seine Maße noch verwandte fremde Funde können diese Frage klären. Seine Verwendung als typischer Trachtteil, wie man es in der nördlichen Ecke Mitteleuropas und im nordischen Gebiet zu tun pflegte, war im Karpatenbecken unbekannt. Die Frage seiner Herkunft muß deshalb dahingestellt bleiben.

DRAHTHALSRING VOM TYP VÁRVÖLGY

Der Zuweisung des Halsringfragmentes aus Šarovce (Nr. 337) zum Typ Várvölgy liegt die Arbeit von A. Mozsolics zugrunde, die letzteren als einen aus endlosem Golddraht zusammengerollten Halsring umschreibt, dessen eines Ende posamenterieartig gestaltet, das andere zu einer Schleife bzw. zu einer Spange gebogen ist.[1] Mit Ausnahme des aus Bronzedraht hergestellten Fragmentes aus Šarovce sind alle übrigen Halsringe dieses Typs aus Gold. Ähnliche, ebenfalls aus Bronze gefertigte Drahtringe wie derjenige aus Velem-Szentvid[2] werden häufig als Fingerringe interpretiert. Wenn auch der Bruchteil aus Šarovce nicht auf die ursprüngliche Form des zusammengerollten Ringes schließen läßt, so scheint uns das erhaltene posamenterieartige Ende für einen Fingerring zu groß zu sein und vielmehr seinen Gegenstücken aus Gold, also dem Halsringtyp Várvölgy zu entsprechen.

337. Šarovce, Kr. Levice. – Mehrschichtige Siedlung. Suchschnitt D 10 in unmittelbarer Nähe der Velaticer Kulturgrube. – Posamenterieartig gestaltetes Halsringende aus drei- bzw. vierfachem Draht mit Spange und Achterschleife *(Taf. 51, 337)*. – Mus. Levice (D 10). – B. Novotný/M. Novotná, in: Coblenz-Festschrift 237 ff.

---

[1] v. Brunn, Mitteldeutsche Hortfunde 169.
[2] Chr. Pescheck, Katalog Würzburg I (1958) 117 Taf. 32, 19; PBF. XI, 1 (Wels-Weyrauch) 164f. Nr. 900.
[1] A. Mozsolics, Der Goldfund von Velem-Szentvid. Praehistorica I (1950); dies., in: v. Brunn-Festschrift 299 ff. Für die Ermöglichung der Einsichtnahme in das Manuskript und die Zeichnungen der Begleitfunde bin ich der Autorin zu Dank verpflichtet.
[2] Hampel, Bronzkor III Taf. 238, 23.

48 Der Fundstoff

Zeitstellung: Die hier angewandte Herstellungstechnik kam im Karpatenbecken erstmals bei den frühen Posamenteriefibeln vom Horizont Kurd zum Ausdruck. Für die Datierung des vorliegenden Fragmentes sind einerseits die gegebenen Fundverhältnisse, andererseits die Ähnlichkeit mit den Goldhalsringen ausschlaggebend, wobei sich jedoch der typologische Vergleich und der wesentliche Unterschied in der Metallwahl gegenüberstehen. Die Kulturschicht, in der das Fragment gefunden wurde, lieferte Keramik vom Čaka-Velaticer Typ und die angrenzende Kulturgrube dürfte die Werkstatt eines Metallgießers gewesen sein.[3] In derselben Schicht, dicht am Halsring-Fragment, lagen ein verzierter Tüllenmeißel und tütenförmige Blechtutuli, die in der Slowakei und in Mähren der Velaticer Kultur eigen sind, ohne jedoch eine bestimmte Entwicklungsstufe erkennen zu lassen. Ein unverzierter Bronzemeißel und ein Tüllenbeil mit rudimentären Lappen waren zusammen mit den Goldhalsringen im Depot von Várvölgy enthalten,[4] die Mozsolics in Anlehnung an die begleitenden Bronzen in den Horizont Gyermely der mittleren Urnenfelderzeit datierte.[5] Das Halsringfragment aus Šarovce ist gegenüber der Keramik aus derselben Schicht um eine Stufe älter, doch nach den daselbst und in der Grube gefundenen Bronzen aus der älteren und mittleren Urnenfelderzeit zu schließen ist seine Gleichaltrigkeit mit den Parallelen aus Gold durchaus nicht auszuschließen. Die Achterschleife ließe sich ebensogut mit der Machart derjenigen einteiligen Drahtbügelfibeln vergleichen, die P. Betzler als Typen Čaka und Grünwald bezeichnete;[6] die gleiche Schleife besitzen sogar die älteren Posamenteriefibeltypen.

POSAMENTERIEKOLLIERS

Diese Halsschmuckart ist aus doppeltem bis vierfachem, mit Zwingen zusammengehaltenem, an den Enden glattem Draht gefertigt. Die dichten Drehungen sind nur markiert. Beim gut erhaltenen Doppelkollier aus Čachtice (Nr. 341) wurde der gleiche Herstellungsvorgang angewandt wie bei den großen, doppelten Gürtelringen (Nr. 331–335 F), nur mit dem Unterschied, daß hier der Draht und die Zwingen selbst eine Posamentierarbeit darstellen. Der mehrfache Ring entstand durch das zwei- bis viermalige Zusammenbiegen ein und desselben, eigens zugerichteten Drahtes oder es wurden für einen vierfachen Ring zwei einzelne Drähte benutzt. Durch das Zusammenbiegen bildete sich der Ösenabschluß an einem, der Haken am anderen Ende. Beim Kollier Nr. 340 ist einer der Drähte beim Biegen gesprungen. Im Falle des dreifachen, in der Slowakei bislang nicht belegten, doch im Bruchstück aus Bodrogkeresztúr in Ungarn bekannten Ringes ist nicht sicher, ob der dritte Draht nicht einfach in der Mitte gelegt und mit Zwingen befestigt oder ein einziger Draht dreimal zusammengebogen wurde. Bei den vierfachen Kolliers aus Žilina (Nr. 338–340) hatte man die überzähligen Drahtenden am Ösenabschluß oder auch am Hakenende abgezwickt. Die Zahl der Zwingen schwankt und hängt eher von der Größe des Ringes als von der Menge der zusammengebogenen Drähte ab.

338.–340. Žilina. – Depot. – Drei vierfache Kolliers *(Taf. 52, 338–340),* der größte (Nr. 338) mit einem aufgeschobenen Spiralfingerring in der Mitte. – Beifunde: vier Armspiralen (auf die Kolliers aufgeschoben). – Mus. Žilina. – M. Novotná, Musaica 8, 1968, 32 ff. Abb. 3 Taf. 15, 16.

341. Čachtice, Kr. Trenčín. – Fundumstände unbekannt. – Kollier aus doppeltem Draht *(Taf. 52, 341).* – Mus. Nové Mesto nad Váhom (o. Nr.).

---

[3] B. Novotný/M. Novotná, in: Coblenz-Festschrift 237 ff.
[4] Bei F. Tompa, Arch. Ért. 42, 1928, 204 ff. Abb. 95 sind die Bronzen nicht erwähnt.
[5] Mozsolics, in: v. Brunn-Festschrift 305 ff.
[6] Betzler, PBF. XIV, 3 (1974) 23 ff., 26 ff.

Zeitstellung und Verbreitung (Taf. 70, B): Drei Kolliers stammen aus einem Depot, das vierte ist ein Einzelfund. Alle drei Stück aus Žilina (Nr. 338–340) sind ungefähr gleichartig, mit kleinen Abweichungen in der Zahl der Zwingen, in der Gestaltung des Hakenabschlusses und in der Größe. Das größte Kollier (Nr. 338) mit einem eingehängten Spiralfingerring wird mit sechs Zwingen zusammengehalten, während für die Verbindung der zwei kleineren Kolliers aus demselben Depot jeweils fünf Zwingen reichten. Die Ausführungsweise dieser Ringe entspricht nicht nur dem bei der Posamenterie allgemein angewandten Arbeitsvorgang, sondern gilt auch als Grundschema und Prototyp für alle Spiraldiademe.

Die Zusammenstellung des Depots von Žilina bietet nicht die besten Bedingungen für die Bestimmung der Vergrabungszeit. Die vier Armspiralen, die die Kolliers umspannten, weisen keine charakteristischen Zeitmerkmale auf. Der Fingerringtyp aus Draht mit flachen Spiralenden ist laut A. Mozsolics hügelgräberzeitlich und kommt in der ungarischen Bronzeperiode IV (Horizont Opályi) in den Depots im allgemeinen nur selten vor.[1] In der Slowakei erscheint er häufig in der mittleren Bronzezeit, doch auch noch später, und tritt, obgleich seltener, sogar noch im Horizont Martinček-Bodrog auf.[2] Für den Fingerring aus Žilina (Nr. 338) müßte die gleiche zeitliche Begrenzung gelten, und somit scheint die Datierung des gesamten Komplexes gesichert zu sein.

Zum Doppelkollier aus Čachtice (Nr. 341) liegt kein Datierungsanhalt unter den Funden aus dem Karpatenbecken vor, es gibt jedoch naheliegende Stücke in lausitzischen Zusammenhängen in Polen, so daß der Fund aus Čachtice am ehesten mit der durch mehrere gestörte Gräber in der unmittelbaren Umgebung nachgewiesenen lausitzischen Besiedlung in Zusammenhang gebracht werden könnte.[3]

Das allernächste Vergleichsstück zu den Kolliers aus Žilina ist ein Halsring aus dem im Jahre 1881 entdeckten Depot von Slatinice in Mähren.[4] Er ist aus einem einzigen zusammengebogenen Stück Draht gefertigt, hat an einem Ende zwei Ösen und am anderen zwei Haken und eine Öse. Der Abschluß ist also anders gestaltet als bei den Kolliers aus Žilina (Nr. 338–340); trotzdem trägt dieser Halsring in Begleitung anderer Bronzen – soweit sie tatsächlich zusammengehörten – zur Zeitstellung der Posamenteriekolliers aus vierfachem Draht wesentlich bei. Auch die Beifunde lassen sich mit einigen im Karpatenbecken bzw. in Südmähren verbreiteten Typen gleichstellen. Überraschend wirken im Depot von Slatinice die vielen antiken, aus dem Horizont Ópályi oder frühurnenfelderzeitlichen Fundzusammenhänge in Südmähren (Horizont Blučina-Kopčany) bekannten Elemente, die zum einen mit Gegenständen aus mehreren Depots von Blučina, zum anderen mit denjenigen aus den Depots von Hulín oder Hradisko in Mittelmähren vergleichbar sind.[5] Es handelt sich im wesentlichen um die offenen Armringe, von denen einige verdickte Enden haben, um die Armschutzspiralen mit flachen Endspiralen, größere und kleinere Knöpfe mit Ösen, eine leicht kegelige Bronzescheibe mit breiten Kreisrillen, den siebenbürgischen Tüllenbeiltyp der Serie Uriu-Domăneşti, die Sicheln und um Nadeln mit kugeligem Kopf und geschwollenem Hals der Variante Deinsdorf.[6] Noch älterer Abstammung sind im Depot das Fragment eines Radanhängers[7] und vier Armbänder mit gegenständigen Spiralenden, deren Analogie aus dem Depot von Dratów bekannt sind, das A. Gardawski früher als BZ D ansetzt, W. A. v. Brunn hingegen in die ältere Typengesellschaft von BZ D/Ha A 1 verweist.[8] Zu den jüngsten

---

[1] Mozsolics, Bronze- und Goldfunde 54.

[2] Zu einigen alturnenfelderzeitlichen Fingerringformen vgl. M. Novotná, in: v. Brunn-Festschrift 309 ff.

[3] Das unpublizierte Material ist im Museum von Nové Mesto nad Váhom untergebracht.

[4] V. Havelková, Časopis Vlast. Sp. Mus. Olomouc 31, 1891, 89 ff. mit Abb. (neben den Bronzen auch eine römische Fibel abgebildet).

[5] V. Furmánek, Slov. Arch. 21, 1973 Abb. 13. 19. 20.

[6] Řihovský, PBF. XIII, 5 (1979) 74 ff.

[7] Vgl. den Anhänger z. B. mit den Funden aus dem Grab von Neckenmarkt oder aus dem Depot von Felsödobsza (Mozsolics, Bronze- und Goldfunde Taf. 3, 4–6; 47, 32).

[8] A. Gardawski, Mat. Star. 1, 1956, 55 ff.; v. Brunn, Mitteldeutsche Hortfunde 301; zur Datierung Dratóws vgl. J. Miśkiewicz, Praehistoria ziem polskich III (1978) 177 ff.; ein gleicher Armring sowie ein Doppelringfragment mit Zwingen befanden sich im Depot von Maćkówka (RL. X Taf. 87 A. B).

Funden aus Slatinice gehören der gedrehte Halsring mit spitzen Enden und eine zweiteilige Blattbügelfibel. Die späte Zeitstellung des gedrehten Halsringes ergibt sich aus ostmitteleuropäischen Fundzusammenhängen. Ein sicherer Nachweis über diese Schmuckform in der Frühurnenfelderzeit läßt sich vorläufig nicht erbringen. Die Blattbügelfibel, deren typische Merkmale an der Grenze zwischen den älteren und jüngeren Fibeln liegen, schließt eine Verknüpfung mit den allgemein in die ältere Urnenfelderzeit datierten Exemplaren nicht aus. Bei v. Brunn finden wir sie unter den Leitformen der mittleren Urnenfelderzeit.[9] Das Depot von Slatinice datieren wir in die Stufe Mostkovice. Die Vergrabung erfolgte – nach den jüngsten Beifunden zu schließen – in der älteren Urnenfelderzeit, in der auch die ersten Posamenteriekolliers erscheinen.[10]

Posamenteriekolliers sind auch aus Ungarn und Polen bekannt. Das unvollständige dreifache Kollier aus Bodrogkeresztúr stammt aus einem nicht gesicherten Verband, in dem überwiegend Funde aus dem Horizont Kurd, aber auch Jungformen enthalten sind.[11] Laut F. Tompa sind im reichen Depot von Benczúrfalva die Halsringe aus gedrehtem Doppeldraht von Tüllenbeilen, Armringen und zwei größeren Bronzeknöpfen mit Goldplattierung begleitet. Vier Halsringe und Knöpfe sind abgebildet.[12] Während die Halsringe aus gedrehtem Doppeldraht ohne Zwingen aus Benczúrfalva-Szecény typenmäßig (bis auf die Ausmaße) den großen Doppelringen gleichen (Nr. 331–335), schließen sich die aus dreifachem einzelnen Draht zusammengesetzten, mit Zwingen verbundenen Halsringe den Posamenteriekolliers an. Gegenüber den Funden aus der Slowakei und Mähren weisen diejenigen aus Ungarn bestimmte Abweichungen auf: außer daß sie aus dreifachem Draht hergestellt sind, laufen beide Enden in Ösen aus, durch die zur Sicherung eine Schnur aus Textil oder Leder gezogen wurde. Tompa datierte das Depot, der damaligen Terminologie entsprechend, in die „ältere Stufe der Früheisenzeit". Die im Budapester Museum aus diesem Depot aufbewahrten Bronzen ermöglichen eine Datierung des ganzen Komplexes von Benczúrfalva in die ältere (Kurd-Horizont) bzw. mittlere Urnenfelderzeit (Gyermely-Horizont).[13] Nach T. Kemenczei bilden einige Halsringe von Benczúrfalva einen geschlossenen Fund zusammen mit drei Griffplattenschwertern und zwei Armringen vom Šalgótarján-Typ und deshalb von ihm in den Ópályi-Horizont datiert wird. Die typologisch jüngeren Bronzen von Benczúrfalva deutet er als Einzelfunde.[13a] Unter den Funden aus Polen nimmt derjenige aus dem reich ausgestatteten Brandgrab 67 von Niechmirów eine besondere Stellung ein. Die Urne aus diesem von A. Kufel-Dzierzgowska in die Periode V datierten Grab[14] ist kräftig profiliert, an den Schultern mit breiten Kanneluren verziert und hat einen hohen, zylindrischen Hals.[15] Die äußeren Merkmale lassen vielmehr

---

[9] Brunn, Mitteldeutsche Hortfunde Abb. 10, 13.

[10] J. Říhovský datiert das Depot in die ältere bis mittlere Urnenfelderzeit, und zwar in den Horizont Přestavlky-Lešany (PBF. XIII, 5 [1979] 81).

[11] Hampel, Bronzkor I Taf. 96, 11. Zum Bronzesatz aus Bodrogkeresztúr vgl. auch v. Brunn a.a.O. 43 Anm. 2.

[12] F. Tompa, 24. Ber. RGK (1934–35) 106 Taf. 50, 14. 15. 22–25. Die übrigen Funde sind im Magyar Nemzeti Múzeum in Budapest deponiert. Der Zusammenhang zwischen den Bronzen aus Benczúrfalva (bei J. Hampel, Bronzkor II Taf. 160) unter der alten Fundortbezeichnung Dolányi und denjenigen von Tompa daselbst erwähnten ist unklar. Unter den von Hampel abgebildeten Funden befindet sich auch ein teilweise beschädigter Halsring der hier behandelten Form (Hampel a.a.O. Taf. 160, 17) zusammen u.a. mit Tüllenbeilen und Ösenhalsringen mit glattem Körper, von denen einer mit Rillenbündeln verziert ist. Mozsolics hält die bei Hampel abgebildeten Bronzen für sehr alt, ungefähr für gleichzeitig mit dem Horizont Forró (dies., Bronze und Goldfunde 121).

Die Profilierung der Beile und die den Funden aus Viničky (Nr. 232–234) nahestehenden Ösenhalsringe rücken den Befund in einen jüngeren Zeitabschnitt. Ein weiteres in Posamenterietechnik hergestelltes Halskollier führt v. Brunn aus Borsodgeszt in Ungarn auf (Mitteldeutsche Hortfunde 44 Anm. 3), dessen genaue Form jedoch unbekannt ist.

[13] Die Besichtigung der Funde aus Benczúrfalva ermöglichten mir Herrn Dr. T. Kemenczei, dem ich dafür herzlich danke. Ein Gesamtbericht über diesen Fund erscheint in: Kemenczei, Die Geschichte Ostungarns im 12.–11. Jahrhundert v.u.Z. (im Druck).

[13a] Vortrag von T. Kemenczei bei der Tagung über den bronze- und früheisenzeitlichen Burgenbau in Mitteleuropa, Dresden 19.–23. 4. 1982.

[14] A. Kufel-Dzierzgowska, Inv. Arch. Pologne 34 (1975) 218 (1–3) Halsring 218 (2).

[15] Ebd. 218 (1). Auf ein höheres Alter läßt auch das Bruchstück eines reparierten Armschutzringes schließen.

an die Leitform einer Untergruppe der mittelpolnischen Lausitzer Kultur denken, die M. Gedl in den Anfang der Periode IV setzte.[16] Die im Grab vorhandenen und als Halsringteile gedeuteten Radanhänger besitzen eine gegenüber den alturnenfelderzeitlichen südeuropäischen Typen unterschiedliche Aufhängeöse oder vielmehr eine Röhrchenform, die senkrecht auf einem Stiel sitzt. Ein gleicher Anhänger fand sich zusammen mit eisernen Nadelfragmenten im Brandgrab 8 von Częstochowa-Rabów, das in die oberschlesische Gruppe der Lausitzer Kultur der Stufe Ha C datiert wird,[17] und ein weiterer war mit einem Posamenteriekollier in einem der Gräber der Lausitzer Kultur im Gräberfeld von Opatów vergesellschaftet, aus dem noch weitere Kolliers von der hier behandelten Form bekannt sind (gestörtes Grab 850; Grab 1112). K. Godłowski erwägt eine Datierung in die Periode IV.[18] In Schlesien wurde im Gräberfeld von Olesno (Rosenberg) mit Grab 1 ebenfalls ein Halsring aus Draht mit Zwingen zusammen mit einer doppelkonischen Henkeltasse und einem topfartigen Gefäß mit zwei Henkeln an den Schultern gefunden.[19] Diese Keramik ließe sich am ehesten mit den Formen der schlesischen Gruppe der Lausitzer Kultur der Periode IV/V gleichstellen, während T. Malinowski in beiden Fällen eine Datierung schon in die Periode V erwägt.[19a]

Die hier umrissene Übersicht über die Fundverteilung der Posamenteriekolliers in deren Verbreitungsgebiet zeigt, daß die Priorität in der Herstellung dieser Schmuckgattung dem Karpatenbecken zufällt. Sie erscheinen erstmals im Horizont Martinček-Bodrog/Kurd. Der älteste, den Kriterien des behandelnden Kolliertyps im wesentlichen entsprechende und im Karpatenbecken ziemlich außergewöhnliche Fund ist der goldene Halsring aus der Siedlung der Otomani-Kultur in Barca. Er gehörte dort zu einem anhand goldener Schläfenringe vom sog. siebenbürgischen Typ datierten Hort.[20] Nach der Beschreibung L. Hájeks ist er aus einem dreimal zusammengebogenen, gedrehten Golddraht mit glatten Ösenenden gefertigt, wobei die freien Drahtenden noch einmal um den Ringkörper gewunden sind, in den drei goldene Spiralfingerringe von gleichem Typ wie der Bronzering auf dem Kollier aus Žilina (Nr. 338) eingehängt sind. Ob diese Fingerringe zugleich die Zwingen ersetzen sollten oder nur aus praktischen Gründen mitaufbewahrt worden sind, ist ungewiß.[21] Alle aufgeführten Umstände sprechen also dafür, daß wir den goldenen Drahthalsring aus Barca als ersten Prototyp der bronzenen Nachfolger bezeichnen können. Die beträchtliche Zeitlücke und Fundleere zwischen beiden Erscheinungen führen zur Erkenntnis, daß die Ähnlichkeit mit den urnenfelderzeitlichen Ringformen viel-

---

[16] M. Gedl, Kultura łużycka (1975) 145 Taf. 26, 16: Die klassische Stufe der mittelpolnischen Untergruppe habe sich auf der Grundlage der Konstantynower Phase am Ende der III. und zu Beginn der IV. Periode entwickelt (ders., Jber. Inst. Vorgesch. Frankfurt 1975, 90).

[17] W. Blaszczyk/H. A. Zabkiewicz-Koszańska, Inv. Arch. Pologne 8 (1962) 41. 42. Der gleiche Radanhänger aus Tyniec eignet sich nicht zu Datierungszwecken. Einen kurzen Stiel zeigen auch die Radanhänger aus dem mährischen Depot von Rájec-Jestřabí, das V. Podborský in den jüngeren Abschnitt der Ha B setzt (ders., Mähren 137 Taf. 33, 1–4).

[18] K. Godłowski, Recherches archéologiques de 1968 (1969) 44 fig. 1, d; der., Spraw. Arch. 22, 1970, 243f. Abb. 1, k; ders., Recherches archéologiques de 1971 (1972) 36ff. Abb. 1, i.

[19] S. Golub, Endbronzezeitliche Gräber in Mittel- und Oberschlesien (1960) 37f., 111 Taf. 52, 2. M. Gedl datiert einen weiteren Halsring aus dem birituellen Gräberfeld von Olesno (Grab L) schon in die klassische Stufe der oberschlesisch-kleinpolnischen Gruppe der Lausitzer Kultur – Untergruppe Częstochowa-Gliwice (Periode V) (ders., Wiad. Arch. 28, 1962, 41 Taf. 6, 6). Der Halsring mit Reparaturspuren und einer Perle in der Mitte aus Praszka hingegen gehört laut J. Kostrzewski in die Periode IV (Wielkopolska w pradziejach [1955] 110 Abb. 276).

[19a] T. Malinowski/M. Novotná, Srodkowoeuropejskie wielokrotne naszyjniki brazowe (Mitteleuropäische Posamenteriekolliers).

[20] L. Hájek, Arch. Rozhl. 6, 1954, 584ff. Abb. 255. 256 auf S. 611 (deutlich verschieden von der Posamenterietechnik). Verfasser bezeichnet ihn als Armring unter Vergleich mit den Zwillingsarmringen Süddeutschlands. Anhand weiterer Beispiele unterscheidet er nicht zwischen den Posamenterikolliers und den großen Doppelhalsringen wie denjenigen aus Šarišské Lužianky (Nr. 331).

[21] Eine größere Zahl einfacher Spiralringe ist auch auf dem Halsring aus Grab 67 von Niechmirów (vgl. Anm. 14) aufgeschoben; der Halsring aus Dolányi-Benczúrfalva trägt wiederum zwei flache, runde Schlaufen (Hampel, Bronzkor II Taf. 160, 17).

mehr ein Zufall ist, als eine Absicht, die alten Traditionen durch eine neue Technik wiederaufzunehmen. Auf der anderen Seite ist der Zusammenhang zwischen den Posamenteriekolliers und den Spiraldiademen unverkennbar, zumal beide in Form und Herstellungsweise einander nahestehen. In diesem Zusammenhang gesehen – sind doch die Halsringe ihre direkten Vorfahren – begann der Entwicklungslauf schon in der älteren Urnenfelderzeit.

Die Funde in Polen weisen gegenüber denjenigen aus dem Karpatenbecken eine zeitliche Verzögerung auf, die sich in bestimmten typologischen Abweichungen äußert; so ist dort die Halsringform bislang nur auf solche aus doppeltem Draht beschränkt, wie sie in der Slowakei in Čachtice vorkommt (Nr. 341). Einen der Wege, auf denen die Einflüsse aus dem Karpatenbecken nordwärts vordrangen, weist uns das erwähnte Depot von Slatinice (s. o.). Im übrigen wurden die Verbindungen zwischen Mähren, dem Waaggebiet und nach Schlesien hinauf zum Lausitzer Kulturraum über die karpatischen Pässe, namentlich den Vlára-Paß ermöglicht. Die slowakischen und polnischen Funde verbindet trotz ihrer zeitlichen Unterschiedlichkeit ein einheitlicher Geschichtsraum, der diese Schmuckgattung allmählich zur Eigenform der Lausitzer Kultur machte, in der Slowakei sie in der Form der schon erwähnten Spiraldiademe gipfeln ließ und in Polen in eine eigenartige, in gewisser Hinsicht von den übrigen spezifischen Doppelhalsringen mit Zwingen abweichende Ausprägung umwandelte.

Funktion: Das Depot von Žilina mit einer kompletten Garnitur von leicht beschädigten Schmuckgegenständen deutet nicht auf ein Warenlager, sondern eher auf einen Schatz hin; wir messen ihm mit Vorbehalt eine symbolische, nicht näher geklärte Bedeutung bei. Ihres ziemlich kleinen Durchmessers wegen dürften die mitgegebenen Armspiralen – insofern sie nicht gerade die Wertgegenstände zusammenhalten und somit gegen Verlust schützen sollten – nur von einer grazilen Person, keinesfalls von einem Mann getragen worden sein. Bei einigen Befunden außerhalb des Arbeitsgebietes, namentlich dem Grab von Niechmirów, handelt es sich, nach der Größe des Armringes und dem aus Radanhängern zusammengesetzten Halsring zu schließen am ehesten um eine Frauenbestattung. Der Halsring aus Olesno (Rosenberg) (s. S. 51) war laut S. Golub um die Schulter eines Gefäßes gehängt.[22]

HALSRINGE VOM KUJAWISCHEN TYP

J. Kostrzewski beschreibt diese Schmuckgegenstände als schwere, gedrehte Halsringe mit langen, flachen, in eine breite Öse auslaufenden, mitunter verzierten Enden.[1] Die Verzierung der Funde aus der Slowakei besteht aus fein gepunzten Stichreihen, die bei Nr. 342 und 343 mit Zickzack- bzw. Wellenlinien, bei Nr. 343 noch zusätzlich an den eingerollten Enden mit Tannenzweigmuster kombiniert sind. Die Enden des Stückes Nr. 344 aus Dobšiná weisen ein geometrisches Muster in Form von verbundenen Rechtecken auf; sie sind sekundär hergerichtet worden und haben statt der Ösen je ein rundes Loch.

342. 343. Krásna Hôrka, Kr. Dolný Kubín. – Depot. – Zwei Halsringe *(Taf. 53, 342. 343).* – Beifunde: zwei halbkreisförmige Gegenstände – Halbspiralen aus Draht; zwei Spiralröllchen mit Endspiralen; große Brillenfibel mit Achterschleife; drei Armspiralen; fünf massive Armringe; zwei eiserne Tüllenbeile; zwei Eisenrohlinge. *(Taf. 79, C; 80).* – Mus. Martin (3903, 3902). – Hampel, Bronzkor III Taf. 183. 184.

344. Dobšiná, Kr. Rožňava. – Höhlenfund. – Halsring *(Taf. 53, 344).* – Beifunde (laut Angaben von S. Gallus und S. Foltiny): Diadem vom Typ Istebné (Nr. 356); zwei Armspiralen; Doppelarmknauf. – Mus. Budapest (6/1941/1). – S. Foltiny, Musaica 13, 1973, 92f.

---

[22] Golub a. a. O.

[1] J. Kostrzewski, Acta Arch. 29. 1958, 66.

Mit den kujawischen Halsringen eng verwandt ist das folgende Exemplar (Nr. 345) aus glattem, *nicht gedrehtem* Stab von rundem Querschnitt. Die flachen Enden sind an den Längsseiten mit zwei Reihen gegenständiger schraffierter Dreiecke verziert.

345. Dolný Kubín II, Flur Medzihradné. – Brandgräberfeld, Brandgrab 136 ohne Urne, mit Sandstein abgedeckt. – Halsring, vom Feuer verzogen, lag zerbrochen auf einem Stein (*Taf. 54, 345;* nach Čaplovič). – Beifunde: durchbrochene Zierscheibe mit rundem Ausschnitt in der Mitte; weiterer gleicher Zierart in Bruchstück; Armring mit übergeschlagenen Enden; Bronzering; Spiralröllchen; Fragmente eines Stäbchens und eines Eisenmessers; Tonscherben zwischen Leichenbrandresten unter Stein (Taf. 79, B). – Mus. Oravský Podzámok. – Čaplovič, Dolný Kubín II 99 Abb. 35, 1.

Zeitstellung und Verbreitung (Taf. 70, B): Laut Kostrzewski hat sich der kujawische Halsringtyp in der Hallstattzeit aus geläufigen Formen entwickelt.[2] In typologischer Hinsicht ist seine Ableitung von den jungbronzezeitlichen massiv gedrehten Halsringen, die alsdann um zeitgemäße Elemente bereichert und ergänzt wurden, unbestritten. Neu ist die Gestaltung der Enden, wobei mehr die dekorative Seite beachtet wurde; die Halsringe wurden massiver und schwerer, und der Metallverbrauch stieg infolgedessen an. Die herkömmliche Verzierungstechnik ist bei der späturnenfelder-frühhallstattzeitlichen Industrie zum ersten Mal angewandt und nach O. Kytlicová damals schon mit einem Eisengerät ausgeführt worden.[3] Was die charakteristische scharfkantige Torsion dieser Halsringe anbelangt, möchten wir sie eher für gegossen als für echt halten, wozu sich wohl am besten eine Tonform geeignet haben mochte. Weniger scharf, doch dicht gedreht ist das Exemplar aus Dobšiná (Nr. 344).

Zwei Halsringe stammen aus einem Depot (Nr. 342. 343), der dritte (Nr. 344) kann nur mit Vorbehalt als Bestandteil eines solchen angesehen werden. Bei der Datierung stützen wir uns auf den Inhalt des Depots von Krásna Hôrka, den Vergleich mit kujawischen Halsringen aus geschlossenen Fundverbänden, namentlich mit denen aus ihrem Produktionszentrum in Großpolen, und teilweise auf die übrigen Funde aus Dobšiná. Da im Depot von Krásna Hôrka (Nr. 342. 343) außer Bronzen auch Eisengegenstände enthalten waren, müssen wir mit einer jüngeren Zeitstufe rechnen. In der Zusammensetzung des Depots treffen Typen älterer Traditionen und jüngere Formen oder Elemente zusammen. Das gemeinsame Vorkommen von Bronze und Eisen ist an und für sich eine Erscheinung, die für einen Zeitansatz an das Ende der Bronzezeit/Anfang der Hallstattzeit spricht. Von älteren Vorlagen stammen die Armspiralen mit dreieckigem Querschnitt und Endöse oder -spirale ab, bei einer sind die letzten Windungen tordiert wie bei ähnlichen Fällen in älteren oder gleichzeitigen Verbänden (s. das Depot von Istebné-Hrádok[4] und daselbst eine Spiralrolle mit Endspirale als Vergleichsstück). Die große Brillenfibel mit Achterschleife verbindet P. Betzler mit dem lokalen „ostdeutschen Fibeltyp" aus der Familie Haslau-Regelsbrunn, der in beiden Hallstattstufen vorkommt.[5] Die aus massiven Drähten gewundene Halbspirale läßt sich weder zweckbestimmend noch zeitlich deuten. Die gleichen zwei Halbspiralen aus Babínec (Depot?), Fragmente ähnlicher aus Abaujszántó in Ungarn und andere Bruchstücke aus dem ehem. Gemer-Gau tragen zur Klärung dieser Fragestellung keineswegs bei.[6] Sie stellen in bezug auf die Halbspiralen aus Krásna Hôrka und im Gegensatz zu anderen, in der kujawischen oder ostdeutschen Kulturzone heimischen Bronzen nur einen Indizienbeweis für ihre innerkar-

---

[2] Ebd. 65.
[3] O. Kytlicová, České hromadné nálezy (Böhmische Depotfunde) (ungedruckte Diss. Prag 1964), zitiert nach V. Šaldová, Pam. Arch. 56, 1965, 64).
[4] J. P., Sborník MSS. 4, 1899, 154ff.; J. Eisner, Umění na Slovensku (1938).
[5] Betzler, PBF. XIV, 3 (1974) 131, Anm. 4.
[6] J. Paulík, Štud. Zvesti AÚSAV. 15, 1965, 55 Taf. 14, 2. 3; 16, 22; 17, 1–4. 6. Die Datierungsfrage läßt er ebenfalls offen.

patische Herkunft dar. Die örtlich ungewöhnliche Armringform aus dem Depot von Krásna Hôrka läßt ihrer verjüngten, übergeschlagenen Enden wegen an die Armbänder vom kujawischen Typ denken, doch hat sie nicht die charakteristische Verzierung und auch der Querschnitt ist verschieden. Das Eisenbeil, eine Ausnahmeerscheinung in spätlausitzischen Zusammenhängen, erscheint als Waffe in beiden Hallstattstufen, und zwar auffallend häufig im Ostalpengebiet, wie im Gräberfeld von Hallstatt nachgewiesen.[7] Den gleichen Tüllenbeiltyp (zwei Stück) und Eisenarmringe enthält das späthallstattzeitliche Depot von Szczonów.[8]

Beide Halsringe vom kujawischen Typ (Nr. 342. 343) sind zweifellos Importstücke aus einem Produktionszentrum in Kujawien in Polen, von wo aus sich diese Ringform, wie aus der Kartierung Kostrzewskis ersichtlich, längs der Weichsel nach Kleinpolen verbreitete,[9] das offenbar das weitere Vordringen über die Karpaten in die Hochebene von Orava vermittelte. Freilich müssen wir die Datierung der kujawischen Halsringe aus der Slowakei von den Funden aus ihrem Heimatland abhängig machen. Kostrzewski und ebenso eine Reihe weiterer Autoren[10] weisen diese Halsringe ausnahmslos der jüngeren Hallstattstufe (Ha D) zu. Von den Begleitfunden der Halsringe in Polen und deren Analogien in der Slowakei seien erwähnt ein durchbrochenes Zierstück aus dem Depot von Wakijów,[11] formal mit dem Fund aus Blatnica vergleichbar,[12] eine Doppelspiralkopfnadel aus dem Depot von Orchów[13] und ihre Parallele aus dem Depot von Istebné[14] und die Spiralkopfnadel aus Biala Wielka,[15] zu der bislang die Nadel aus der hallstattzeitlichen Kulturschicht in Veľký Slavkov als einziges Gegenstück vorliegt.[16]

Mögen auch die Fundverhältnisse der Halsringe aus Dobšiná (Nr. 344) einiges über ihre Funktion klarlegen, so sind die Datierungsmöglichkeiten immer noch gering. Dank der eingehenden Untersuchung aller Fundumstände gelangte S. Foltiny zu dem Schluß, daß der Halsring sowie das Diadem vom Typ Istebné in der Humusschicht am Eingang in die Höhle entdeckt wurden.[17] Von da stammen nach Foltiny auch die mit den Stücken aus dem Depot von Istebné identischen Armspiralen und der Doppelarmknauf. Das gemeinsame Vorkommen des Halsringes und Diadems vom Typ Istebné (Nr. 356) bzw. der Armspiralen an fast derselben Stelle läßt auf ein Depot schließen, doch dagegen spricht wiederum das Vorhandensein eines Doppelarmknaufes.

Die im Depot von Krásna Hôrka vertretenen Typen, ihr Gepräge, ihre Herkunft und Zeitstellung ermöglichen uns, den ganzen Befund den späthallstattzeitlichen Depots vom Horizont Istebné-Krásna Hôrka im Orava-Gebiet beizuordnen. Mit diesem Horizont nahm der Brauch, Bronzedepot zu vergraben, ein Ende. Der Horizont ist an Hortfunden arm, doch in der Auswahl des Typeninhalts charakteristisch und eigenartig. Viele seiner Bronzen besitzen Parallelen in spätlausitzischen Siedlungs- und Grabfunden des erwähnten Gebiets, das in der Hallstattzeit von der im Karpatenbecken laufenden Entwicklung auffallend abrückt und eine spezifische, zum Teil importierte (Halsringe vom kujawischen Typ), zum Teil von lokalen Meistern gefertigte Bronzeindustrie aufweist. Daß die kulturelle Entwicklung auf Orava den anderen Teilen der Slowakei gegenüber einen unterschiedlichen Verlauf nahm, ist auch daraus ersichtlich, daß hier die Lausitzer Kultur von der Hallstattzeit bis in die Latène-

---

[7] Mayer, PBF. IX, 9 (1977) 249ff.

[8] A. Witkowska, Przegl. Arch. 9, 1950/53, 72 Abb. 1. Zu den Depots mit Eisengegenständen vgl. Kostrzewski a.a.O. 61.

[9] Kostrzewski a.a.O. 83 Karte 3.

[10] Ebd. 89f. Anhang 3. Weitere Halsringe enthielten das Depot von Biala Wielka (Inv. Arch. Pologne 17 [1966] 107), das Grab (Votivgabe?) von Wakijów (Inv. Arch. Pologne 3 [1959] 21). Die meisten, und zwar 30 ganze und ein Bruchstück fanden sich im Depot von Stanomin (Kostrzewski a.a.O. 90).

[11] Inv. Arch. Pologne 3 (1959) 21, 1. 2.

[12] Gallus/Horváth, Un peuple cavalier 20ff.

[13] Inv. Arch. Pologne 9 (1963) 49, 1.

[14] PBF. XIII, 6 (Novotná) Nr. 1100.

[15] Inv. Arch. Pologne 17 (1966) 107, 3.

[16] PBF. XIII. 6 (Novotná) Nr. 547.

[17] S. Foltiny, Musaica 13, 1973, 92f.

zeit ungestört fortbestand. Dazu trugen zweifellos die geographische Lage des über die Pässe zugänglichen und den Strömungen aus dem Norden der Karpaten ausgesetzten, sonst abgeschlossenen Orava-Beckens sowie einige Einflüsse aus der östlichen, regen Zone bei. Das lausitzische Gepräge der Halsringe vom kujawischen Typ ist jedenfalls unbestreitbar.

Der den Halsringen vom kujawischen Typ angeschlossene Ring von Dolný Kubín (Nr. 345) fand sich in einem Inventar, in dem sich die späthallstattzeitlichen Verhältnisse im Orava-Gebiet widerspiegeln; schon die Beisetzungsart, wobei die kalzinierten Knochen ohne weiteren Schutz in die Grabgrube niedergelegt wurden, ist für den jüngsten Gräberfeldteil kennzeichnend.[18] Die Bronzebeigaben entsprechen formenmäßig den Gegenständen aus den gleichzeitigen Depots des Horizontes Krásna Hôrka-Istebné. Bei der Behandlung der klassischen Halsringe vom kujawischen Typ (s. oben) haben wir bereits auf diese unter den Bronzen aus Depots, Siedlungen und Grabausstattungen bestehenden Parallelen hingewiesen. Das vorliegende Grab bestätigt unsere Ausführungen. So ist z. B. zwischen den Spiralfragmenten aus Dolný Kubín und den Schmuckstücken mit Endspirale aus den Depots von Krásna Hôrka und Istebné ein Zusammenhang unverkennbar; auch die Bronzeringe (Geldringe? Pferdegeschirrteile?) oder die dem kujawischen Typ nahestehenden Armringe mit übergeschlagenen Enden sind mit den Funden aus Istebné vergleichbar; und schließlich vermag uns auch das Eisenmesserfragment Aufschluß über bestimmte Verbindungen zu geben.

Der Halsring aus Dolný Kubín ist aus glattem Rundstab und nicht gedreht, so daß er vom üblichen Schema und von den klassischen kujawischen Halsringen abweicht; gemeinsam mit diesen ist ihm die Gestaltung der flachen Enden und die Verzierung mit schraffierten Dreiecken. Obgleich es sich um ein singuläres Stück handelt, muß dahingestellt sein, ob in Anbetracht der erwähnten Abweichungen eine fremde Herkunft oder doch ein gemeinsamer Produktionskreis vorauszusetzen ist.

Funktion: Der Annahme, daß es sich bei den Ringen vom kujawischen Typ um Halsringe handelt, widersetzen sich auch die spärlichen Funde aus der Slowakei nicht, wo im Depot von Krásna Hôrka diese Halsringe von weiteren Trachtenschmuckteilen (Fibel), Armringen und auch Arbeitsgeräten und Rohstoff begleitet waren. Ihre Größe und Massigkeit hängt vielleicht mit dem lokalen, beim Volk der Lausitzer Kultur verbreiteten Brauch zusammen, prunkvolle und in Maßen auffällige Zierate vorzuziehen. Die Vorliebe für überdemensionierten Schmuck ist in der Hallstattzeit durchaus nicht neu, sie war schon in der mittleren Urnenfelderzeit verbreitet, da man enorm große Posamenteriefibeln trug, und dies galt ohne Unterbrechung auch später noch für importierte Gegenstände wie die Halsringe vom kujawischen Typ. Die Brillenfibel aus demselben Depot ist das bisher größte gefunden Exemplar dieser Art. Trotz des ziemlich großen inneren Durchmessers der kujawischen Halsringe scheint ihre Tragweise am Hals nicht immer ganz eindeutig zu sein. Es ist schwer zu glauben, daß sich die nur wenig auseinanderliegenden Enden einfach über den Hals ziehen ließen, war doch die Elastizität durch die Massigkeit des Ringes stark beeinträchtigt. Daß die Enden mit Hilfe einer durch die Ösen gezogenen Textil- oder Lederschnur zusammengehalten wurden, beweist indirekt der Fund aus Dobšiná (Nr. 344), dessen abgebrochene Endösen man durch Löcher ersetzt hatte. Die Fundumstände dieses am Eingang in einer Höhle gefundenen Halsringes lassen auf seine besondere Bestimmung schließen: zusammen mit den anderen Bronzen deutet er auf eine Votivgabe hin, die in Anbetracht des Doppelarmknaufes von alter Tradition sein dürfte.

Laut Bericht P. Čaplovič's lagen sämtliche Metallfunde des Grabens 136 von Dobný Kubín (Nr. 345) ursprünglich in ein Gewebe gehüllt auf einem flachen Sandstein.[19] Gewebereste, wahrscheinlich eines Gewandes, sind auch an einem der Halsringfragmente haften geblieben. Das beschädigte und zum Teil

---

[18] Čaplovič, Dolný Kubín II 70. [19] Ebd. 99.

verschlackte Grabinventar ist ein Beweis dafür, daß es dem Toten auf den Scheiterhaufen mitgegeben worden war. Bei der Grablegung wurden die unverbrannten Reste der Brandbestattung von den Metallbeigaben getrennt. Der Inhalt des Grabes reicht für die Bestimmung des Geschlechts des Bestatteten nicht aus. Als einzigen Hinweis lassen wir das eiserne Messerfragment gelten, das auf der Abbildung sichelförmig ist und tatsächlich womöglich in Wirklichkeit ein Sichelblatt gewesen sein könnte.[20]

RUNDSTABIGE HALSRINGE MIT ENDSPIRALEN

Diese Halsringe aus rundem, zu den Enden hin verjüngtem Stab laufen in senkrecht gestellten und entgegengesetzt gedrehten Spiralen aus. Der Ringkörper ist mit Tannenzweigmuster (Fischgrätenmuster), beim Stück aus Malatíny (Nr. 348) im Wechsel mit Querstrichgruppen verziert. Gruppenweise angeordnete Querstriche bedecken bei allen drei Exemplaren auch die äußeren Windungen der Spiralscheiben.

346. 347. Istebné–Hrádok, Kr. Dolný Kubín. – Depot (1898), von dem 26 Gegenstände gerettet wurden. – Zwei Halsringe *(Taf. 54, 346. 347).* – Beifunde: vier Diademe (Nr. 351–354); Nadel vom Typ Orava (PBF. XIII, 6 [Novotná] Nr. 1108); weitere unvollständige Nadel (ebd. Nr. 1111); vier Armspiralen; sechs geschlossene Ringe von vierkantigem Querschnitt; drei wulstartig gegliederte Armringe oder Fußringe; flache durchbrochene Zierscheibe; Spirale mit Endrosette; Fragment eines massiven Halsringes (Nr. 386); atypische Gefäßscherben. – Mus. Martin (3856, 4502). – Dr. J. P., Sborník MSS. 4, 1899, 154ff.

348. Malatíny, Kr. Liptovský Mikuláš. – Einzelfund. – Halsring *(Taf. 55, 348).* – Mus. Ružomberok.

Zugehörig sind vielleicht (nach Beschreibung und Foto) der Halsring Nr. 349 mit einer kleinen Spiralscheibe am erhaltenen Ende und das Exemplar Nr. 350.

349. Dolný Kubín II, Flur Medzihradné. – Brandgräberfeld, Urnengrab 112. Alle Beigaben lagen auf einem flachen Sandstein, mit dem die Urne abgedeckt war. – Unvollständiger Halsring, vom Feuer verzogen *(Taf. 55, 349;* nach Čaplovič). – Beifunde: drei ganze und ein unvollständiger Ring von rhombischen Querschnitt; Bronzetutuli mit Ösenkranz; sechsblättriger Beschlag mit Öse; Stift mit Scheibenkopf; Eisenmesser; Bronzearmring mit verjüngten, übereinandergeschlagenen Enden (nicht erhalten) (Taf. 79, A). – Mus. Oravský Podzámok. – Čaplovič, Dolný Kubín II 93 Taf. 13, oben; Abb. 36, 1 (Beschreibung und Foto nicht übereinstimmend).

350. Liptov (nicht näher bestimmbarer Fundort). – Halsring von gleichem Typ. – Mus. Budapest (verschollen). – Hampel, Bronzkor I 123.

Zeitstellung und Verbreitung (Taf. 70, B): Im vorliegenden Typ setzen sich die alten Traditionen und die Vorliebe für einfache, rundstabige Halsringe fort, die nun durch ein neues Zierelement – die gegenständigen Endspiralscheiben – ergänzt wurden. Zwei Halsringe dieser Gruppe fanden sich im Depot (Nr. 346. 347), einer im Grab (Nr. 349). Das mehrfach erwähnte Depot von Istebné (s. S. 53 f.) ist eindeutiger Vertreter des späthallstattzeitlichen Horizontes Krásna Hôrka-Istebné; das Grab 112 von Dolný Kubín datierte P. Čaplovič in die mittlere Belegungsphase des Gräberfeldes ohne die ältere und jüngere Hallstattzeit zu unterscheiden (Ha C–D).[1] Einen Teil des Grabinventars bilden Pferdegeschirrteile, die in Mitteleuropa in beiden Hallstattstufen vorkommen, wie z.B. die von G. Kossack herausgestellten und kartierten Bronzetutuli mit Ösenkranz.[2] Zum Zaumzeug gehören außer dem

---

[20] Ebd. Abb. 35, 11. Ein weiteres Eisenmesser wurde im Grab 112 gefunden (a.a.O. Abb. 36, 10), dessen Ähnlichkeit mit einer Sichel noch auffallender ist.

[1] Čaplovič, Dolný Kubín II 69f.
[2] G. Kossack, Jb. RGZM. 1, 1954, 138. 161.

sechsblättrigen Beschlag noch die Bronzeringe und der Stift mit Scheiben- oder Nagelkopf, zu dem Analogien in der osteuropäischen Steppenzone vorliegen. Alle Gegenstände aus diesem Grab, selbst das Eisenmesser und das bauchige Schalengefäß sind nach Čaplovič geläufige Formen der Hallstattzeit.[3]

Funktion: Von den im Depot von Istebné enthaltenen Stücken entfällt der Großteil auf die formenkundlich und verzierungsmäßig einzigartigen Schmuck- und Ziergegenstände. Eine kleinere Zahl der Funde – insbesondere die geschlossenen Ringe – lassen eine andere Deutung zu (Bestandteile des Pferdegeschirrs?). Das gesamte Bronzeinventar sowie das Eisenmesser aus dem Grab 112 von Dolný Kubín stellen die Vermutung nahe, daß es sich um die Bestattung eines Mannes (Reiters?) handelt, dem einige Pferdegeschirrteile symbolisch mitgegeben wurden. Die senkrechte Stellung der Spiralscheiben ist eine Voraussetzung dafür, daß die offenen Enden des Halsringes nicht am Nacken, sondern vorn saßen. In jedem Falle war es ein „unbequemer" und zum täglichen Tragen ungeeigneter Körperschmuck, denn die Spiralscheiben reichten ziemlich hoch an den Hals ohne daß ein Kleidungsstück darunter lag. Er mochte ebensogut auch als Verzierung der Kappe oder eines ledernen bzw. gewobenen Stirnbandes gedient haben.

DIADEME VOM TYP ISTEBNÉ

Dieser Typ stellt eine spezifische Form von massiven, gedrehten Ringen mit flachen, rechteckigen Schmuckplatten dar, die in hochkant gestellten Doppelspiralen auslaufen. Die Ränder dieser zu den Enden hin verbreiterten Schmuckplatten sind leicht nach außen gebogen; durch ihre Mitte läuft bei einigen Exemplaren eine Rippe (Nr. 354–357). Die Verzierung besteht aus fein geritzten Strichen in Zickzack- und Längslinien.

351. Istebné-Hrádok, Kr. Dolný Kubín. – Vgl. Nr. 346. 347. – Gut erhaltenes Diadem; auf der Schmuckplatte zwei Reihen von Zickzacklinien durch eine horizontale Tannenzweigreihe getrennt *(Taf. 56, 351)*. – Mus. Martin (4501).
352. Istebné-Hrádok, Kr. Dolný Kubín. – Vgl. Nr. 346. 347. – Gut erhaltenes Diadem; an den Rändern der Schmuckplatte Zickzacklinien, längs der Mitte eine Reihe dichter, feiner Querstriche *(Taf. 56, 352)*. – Mus. Martin (6644).
353. Istebné-Hrádok, Kr. Dolný Kubín. – Vgl. Nr. 346. 347. – Diadem; Schmuckplatte mit Rippenansatz und Verzierungsspuren *(Taf. 57, 353)*. – Mus. Martin (4498).
354. Istebné-Hrádok, Kr. Dolný Kubín. – Vgl. Nr. 346. 347. – Diadem; breite Schmuckplatte mit Rippe, Zickzacklinien und Reihen feiner Querstriche; an einer Seite mit Blech und Nieten geflickt *(Taf. 57, 354)*. – Mus. Martin (4500).
355. Sebeslavce (Blatnica), Kr. Martin. – Fundumstände unklar. Depot(?). – Diadem *(Taf. 58, 355; nach Hampel)*. – Mus. Budapest. – F. Pulszky, Arch. Ért. 13, 1879, 304; Hampel, Bronzkor I Taf. 39, 1 a. b.
356. Dobšiná, Kr. Rožňava. – Vgl. Nr. 344. – Diadem mit gleicher Verzierung wie Nr. 351–355 *(Taf. 58, 356; nach Marton)*. – Mus. Budapest. – A. Marton, Arch. Ért. 84, 1957, 38f. Taf. 5, 1 (ohne Fundortangabe); S. Foltiny, Musaica 13, 1973, 92ff. (mit Ortsbestimmung Dobšiná).
357. Fundort unbekannt. – Diadem; Dm. 19 cm *(Taf. 59, 357; nach Foltiny)*. – Mus. New York. – S. Foltiny, Musaica 13, 1973, 89ff. mit Abb.

Zeitstellung und Verbreitung (Taf. 71, A): In der Machart und Verzierung der einzelnen Diademe gibt es keine wesentlichen Unterschiede. Sie bilden eine geschlossene, auf eine gemeinsame Herkunft hinweisende Gruppe. Die unsachgemäß ausgeführte Reparatur eines der Diademe aus Istebné (Nr. 354) steht zu der im allgemeinen sehr sorgfältigen Herstellungsweise sämtlicher Stücke in großem Widerspruch: auf die Bruchstelle am Übergang vom gedrehten Ringkörper zur Schmuckplatte wurde ein

---

[3] Čaplovič a. a. O. 69.

flachgehämmertes Blechstück aufgelegt und mit drei asymmetrisch gesetzten Nieten befestigt. In Einzelheiten am nächsten stehen sich die Diademe Nr. 354–357; ihre Schmuckplatten tragen die gleiche Verzierung, die gleiche Mittelrippe, und die verjüngten Doppelspiralenden weisen die gleiche Zahl an vierkantigen Windungen auf. Die Abweichungen in der Verzierung und der Rippenausfall bei den übrigen drei Stücken (Nr. 351–353) sind unwesentlich.

Vier Diademe kommen aus dem geschlossenen Verband Istebné (Nr. 351–354), das fünfte (Nr. 355) ist mit Bronzen aus mehreren Fundkomplexen oder Einzelfunden zusammengeraten. Unklar ist auch der Fundzusammenhang des Diadems Nr. 356 mit den übrigen Bronzen aus Dobšiná.[1] Die einzelnen Gegenstände aus dem Depot von Istebné sind im Hinblick auf die Typologie, Zeitstellung, Funktion und Herkunft bereits vielfach behandelt worden.[2] Sicher ist ihre Zugehörigkeit zum späthallstattzeitlichen Horizont Krásna Hôrka-Istebné, der sowohl die auf das spätlausitzische Produktionszentrum im kujawischen Gebiet Großpolens bezogenen Typen, als auch mitteleuropäische bzw. rheinische Formen offener Wulstarmringe sowie spezifische, im Arbeitsgebiet typische Bronzen (Nadel vom Typ Orava, durchbrochene Zierscheibe) unter der Anteilnahme östlicher, möglicherweise kaukasischer Einflüsse umfaßt.

Der Fund Nr. 355 gehörte zu einer Kollektion von Bronzen, die dem Museum in Budapest geschenkt wurden. Die Fundumstände des Diadems sind von S. Gallus und T. Horváth eingehend untersucht worden,[3] wobei letztere zum Schluß gelangten, daß das Diadem und andere gleichzeitige oder formenmäßig nahe Funde dieser Kollektion nicht unbedingt aus einem einzigen Komplex stammen müssen. Die auf ähnliche Funde aus dem Depot von Istebné (Nr. 346. 347) gegründete Datierung des Diadems Nr. 355 in die späte Hallstattzeit vermögen die Bronzen aus der erwähnten Kollektion nur indirekt zu unterstützen. Mit den Funden aus Istebné stimmen zeitlich und typologisch vor allem die wulstartig gegliederten Armringe und die durchbrochene Zierscheibe überein, deren Analogie auch im urnenlosen späthallstattzeitlichen Grab 535 von Dolný Kubín II vorkommt.[4] Die Zierteile eines Pferdegeschirrs sind mit den ostalpinen und bayrischen hallstattzeitlichen Funden vergleichbar.[5]

Dank S. Foltiny wissen wir, daß das von A. Marton ohne Fundortangabe publizierte, im Budapester Museum aufbewahrte Diadem Nr. 356 aus Dobšiná kommt.[6] Trotzdem bleibt die Zugehörigkeit des kujawischen Halsringes Nr. 344 zu den anderen Funden aus Dobšiná ungewiß. Der Schwerpunkt der Datierung liegt weiterhin im einzigen Fundverband aus Istebné.[7]

Das angeblich aus Hohenzollern in Südwestdeutschland stammende, von H. Holmes in das Schwarzwaldgebiet lokalisierte und heute im Metropolitan Museum in New York aufbewahrte Diadem ist der Fachwelt lange Zeit unbekannt gewesen (Nr. 357).[8] Von der Glaubwürdigkeit der Lokalisierung abgesehen schließen wir uns der Meinung S. Foltiny's an, der den Fundort des Diadems, sei es nun ein importiertes oder direkt in der Slowakei gefundenes Stück, im Raum der heutigen Slowakei wissen will.

---

[1] S. Foltiny, Musaica 13, 1973, 89ff, mit Abb.

[2] Vgl. neuerdings Novotná, PBF. XIII, 6 (1980) 162ff. mit weiteren Literaturhinweisen.

[3] Gallus/Horváth, Un peuple cavalier 20f. Taf. 22–30; 31, 1. 2; 32; 33.

[4] Čaplovič, Dolný Kubín II 158 Abb. 34, 3; Taf. 12, 23.

[5] G. Kossack, Jb. RGZM. 1, 1954, 111ff. mit Abb.

[6] Foltiny a.a.O. Er rekonstruierte die Fundumstände anhand des unveröffentlichten Aufsatzes von S. Gallus über Diademe. Nach Vergleich mit dem von A. Marton publizierten Fund (Arch. Ért. 84, 1957, 38f.) gelangte er zum Schluß, daß es sich um ein und denselben Fund handelt. Zur Verwechslung kam es wahrscheinlich bei der Neuordnung der Bestände im Magyar Nemzeti Museum in Budapest zu Beginn der Vierziger Jahre.

[7] Die Diademe vom Typ Istebné werden von einzelnen Autoren unterschiedlich datiert. So setzten S. Gallus das Exemplar aus Dobšiná (Nr. 356) in Ha B, A. Marton in den Übergang von Ha B zu C, während Foltiny mit dem Vorkommen dieses Typs in Ha C und sogar noch Ha D rechnet.

[8] Foltiny a.a.O. 89ff. Abb. 1–3. Die Lokalisierung des Fundes in das Schwarzwaldgebiet ist auf keine konkreten Angaben gestützt (Encycl. Amer. 8 [1969] 256ff. – vgl. Foltiny a.a.O. 91 Anm. 4).

Die überlieferte Meinung, diese Diademe seien östlicher, kaukasischer Herkunft, entbehrt in bezug auf die vorliegenden Funde jeder Grundlage. Bei den bisherigen Funden in den eng begrenzten landschaftlichen Kreisen von Orava (Istebné), Turiec (Blatnica) und Zips (Dobšiná) macht sich keine fremde, sondern im Gegenteil, eine regionalspezifische Kulturäußerung geltend. Wir betrachten sie als Produkte einer wahrscheinlich im Orava-Becken gelegenen Werkstatt. Mit Ausnahme des nicht näher gesicherten Exemplars Nr. 357 befinden sich alle übrigen innerhalb des einstigen, später auf das Orava-Gebiet ausgedehnten Siedlungsraumes der Träger der Lausitzer Kultur, deren jüngeren, den Gebieten nördlich der Karpaten entwicklungsmäßig und kulturell nahestehenden Gruppe wir die Herstellung und Verbreitung der Diademe vom Typ Istebné zuschreiben.

Insofern die örtlich gefertigten Diademe fremde Vorlagen nachahmten und Anregungen aufnahmen, so sind diese am ehesten aus dem Iran entnommen, von wo sich auch der Prototyp der Doppelspiralkopfnadeln ableiten läßt. Das allernächste Gegenstück ist ein in das 9.–8. Jahrh. v. Chr. datierter Torques aus der frühiranischen Nekropole von Hurvin im mittleren Medien.[9] Mit dem Typ Istebné verbindet ihn die gleiche Gestaltung der Enden, die in hochkant gestellten Doppelspiralen auslaufen; ein Unterschied besteht jedoch darin, daß er ganz aus Blech ist und ein tordierter Draht den Zusammenhalt der Enden sichert. Vergleichsfunde stehen bislang aus.

Funktion: Bei der Deutung der Tragweise der nordischen Halsringe mit entgegengesetzt gedrehten Spiralenden hat E. Sprockhoff auch auf den Typ Istebné Bezug genommen. Für den Vergleich wählte er jedoch die Darstellung auf dem Kultwagen aus Dupljaja.[10] Die stehende, von ihm wegen des Priesterrocks als männlich bezeichnete Gestalt trägt am Hals einen ähnlichen Ring mit hochkant gestellten Doppelspiralenden. Außer der Erörterung der symbolischen Bedeutung des Sonnenwagens und Apollokultes ging es Sprockhoff hauptsächlich darum, einzelne Zubehörteile der Trachtenzier und des persönlichen Schmuckes zu erläutern. Immerhin liegen die auf den Wagen von Dupljaja und auf die Funde vom Typ Istebné bezogenen kulturellen und zeitlichen Verhältnisse so weit auseinander, daß uns die Verwendung dieser Parallele unangebracht und wertlos zu sein scheint. Inwiefern trotz dieser geographischen Entfernung und des kulturellen Abstandes die Sitten des Tracht- und Schmucktragens bei der hallstattzeitlichen Gesellschaft Boden gefaßt haben, läßt sich nicht mit Sicherheit bestimmen. Sprockhoff hat jedenfalls dem Typ Istebné die Funktion nicht eines Diadems, sondern eines Halsringes zugewiesen. Bei der Begründung, es handle sich um ein Diadem, gingen wir ursprünglich von der Überlegung aus, daß die Tragweise am Hals praktisch gesehen ungeeignet sei.[11] Heute sind wir uns allerdings dessen bewußt, daß ein derartiges Argument unhaltbar ist und daß die Frage der „Bequemlichkeit" beim Anlegen eines Schmuckes nicht nach den gegenwärtigen modernen Maßstäben beurteilt werden kann. Ein Beweis dafür sind viele ethnographische Parallelen. Manche Autoren messen dem Diadem die Rolle eines Kopfschmuckes bei, der auch in Verbindung mit einer Kappe oder anderen Kopfbedeckung getragen wurde. Hierbei ergibt sich natürlich die Frage, ob sich eine solche Funktion mit der vermeintlichen Bestimmung des Diadems als Macht- und Standeskennzeichen, Krone, fürstliche bzw. priesterliche Insignien vereinbaren läßt oder sein Platz nur im dekorativen Bereich liegt. Wir stimmen der Meinung S. Foltinys zu, der das Diadem den Adeligen oder Reichen als Bestandteil der Tracht oder des Ornats in Bezeichnung ihrer besonderen Stellung und Würde, noch nicht aber als eigentliches Herrscherzeichen zuspricht.[12]

Das Depot von Istebné-Hrádok mit vier Diademen (Nr. 351–354) steht in unmittelbarem Zusam-

---

[9] R. Ghirshman, Perse. Proto-Iraniens, Mèdes et Archéménides (1963) 17. 22 Abb. 22.
[10] E. Sprockhoff, Jb, RGZM. 1, 1954, 67 ff. Abb. 19; Taf. 7.
[11] Novotná, Musaica 7, 1967, 62.
[12] Foltiny a. a. O. 96.

DRAHTDIADEME MIT SEITENSPIRALEN

Dem grundlegenden Ring aus doppeltem Draht mit Öse und Haken liegen zwei weitere Drähte auf; alle zusammen sind mit Hilfe von Spangen verbunden. Die Enden der zwei oberen Drähte laufen in gleichen Abständen in je zwei Spiralen aus.

358. Medvedzie (Krásna Hôrka), Kr. Dolný Kubín. – Depot, gefunden an der Grenze der Gemeinden Medvedzie und Krásna Hôrka (deshalb häufig unter beiden Ortsnamen geführt). – Diadem; am Verschlußhaken sind zwei grünlich blaue Glasperlen aufgeschoben (*Taf. 59, 358;* nach Hampel). – Beifunde (nach M. Kubínyi): weiteres gleiches Diadem (Nr. 359); große Posamenteriefibel mit Vogelprotomenbesatz und Klapperblechen (PBF. XI, 3 [Furmánek] Nr. 814–823); zwei kuppelförmige Spiralen vom Typ Pucov (ebd. Nr. 791. 792). – Mus. Budapest. – M. Kubínyi, Arch. Ért. 12, 1892, 151 ff.; Hampel, Bronzkor I Taf. 38, 1a. b.

359. Medvedzie (Krásna Hôrka), Kr. Dolný Kubín. – Vgl. Nr. 358. – Diadem. – Mus. Budapest (verschollen).

360. 361. Sliače, Gem. Vyšný Sliač, Kr. Liptovský Mikuláš. – Vgl. Nr. 330. – Zwei Diademe *(Taf. 60, 360. 361).* – Mus. Ružomberok.

Zeitstellung und Verbreitung (Taf. 71, A): Die zeitliche und typologische Verknüpfung der Posamenteriekolliers und der Drahtdiademe ist eindeutig und wurde schon weiter oben betont (vgl. S. 48 ff.). Es bleibt nur zu überprüfen, ob es sich grundsätzlich um eine Gleichzeitigkeit oder unmittelbare Nachfolge handelt. Außer durch die Spiralen, die diesem Schmuck ein anderes Aussehen und eine andere Funktion verleihen, unterscheiden sich die Drahtdiademe von den Posamenteriekolliers auch dadurch, daß sie aus glatten, unverzierten, nachträglich zugerichteten Drähten, wie aus dem unterschiedlichen Querschnitt der Spiralen ersichtlich, gefertigt sind.

Von den zwei Diademen aus dem Depot von Medvedzie (Nr. 358. 359) steht uns nur eines zur Verfügung. Für die chronologische Position des Depots ausschlaggebend ist die große, ebenso wie die Diademe einmalige und wertvolle Posamenteriefibel mit Vogelbesatz. Vergleichbar mit ihr ist die Fibel aus Velké Žernoseky (Böhmen),[1] nahestehend diejenige aus Krivoklát.[2] Die erstere wird von einigen Autoren als Bestandteil eines Depots gedeutet;[3] da sie jedoch aus dem Elbe-Flußbett in der Höhe der „porta bohemica" zusammen mit anderen zeitlich uneinheitlichen Gegenständen gehoben wurde, scheint die Zusammengehörigkeit im Sinne eines Depots in Frage gestellt zu sein. Nach A. Jockenhövel dürfte es sich vielmehr „um Votivgaben über einen längeren Zeitraum hinweg handeln".[4] Wir müssen deshalb diese Fibel, ebenso wie die zweite aus Krivoklát als Einzelfunde betrachten. Die zeitliche Fixierung kann nur auf typologischem Wege erfolgen, wobei für die Typenordnung die gleichen

---

[1] J. Kern, Sudeta NF. 1, 1939–40, 58 ff.

[2] V. Budaváry, Časopis MSS. 31, 1930, 56 f. Abb. 3a. b.

[3] E. Plesl, Lužická kultura v severozápadních Čechách (Die Lausitzer Kultur in Nordwestböhmen) (1961) 155 Taf. 53–55; J. Paulík, Slov. Arch. 7/2, 1959, 349. Während Plesl den Fund mit den Schwertern des Liptauer Typs und den Griffzungenschwertern verbindet, datiert Paulík die Fibel aufgrund des Schalenknaufschwertes in die jüngere Urnenfelderzeit (fälschlich unter Fundort Litoměřice).

[4] Jockenhövel, PBF. VIII, 1 (1971) 132 Nr. 222.

Regeln wie für die Hauptvariante der Posamenteriefibel vom Typ A gelten.[5] Ebenfalls die entwicklungstypologische Seite beachtend setzte W. A. v. Brunn die Fibel aus Velké Žernoseky in Ha A 2, d. h. in die mittlere Urnenfelderzeit,[6] in die H. Müller-Karpe sämtliche Posamenteriefibeln mit Vogelbesatz datiert.[7] Die Fibel aus Medvedzie steht nach J. Paulík dem Fund aus Velké Žernoseky dermaßen nahe, daß die Herkunft aus einer gemeinsamen Werkstatt erwogen wird.[8] Die Berücksichtigung typologischer Entwicklungsmerkmale erwies sich auch bei den von Paulík und v. Brunn ausführlicher behandelten Posamenteriefibeln vom Typ B als richtig, wie die zwei Exemplare mit Vogelbesatz aus dem Depot von Kateřinky beweisen;[9] es handelt sich um die älteste Variante einer Fibel, die unter anderem auch aufgrund des Tongefäßes, das die deponierten Gegenstände enthielt, in die ältere Urnenfelderzeit datiert wurde. Nach v. Brunn treten die Fibeln mit Vogelbesatz in der jüngeren Urnenfelderzeit nicht mehr auf.[10]

Zwei andere Diademe stammen aus dem angeblichen Körpergrab von Sliače (Nr. 360. 361). Die Beifunde tragen zur Erhärtung der Zeitstellung nur wenig bei. Zur Armspirale liegt zwar ein Vergleichsstück im Depot von Žilina vor (Nr. 338–340), doch ist es in chronologischer Hinsicht wertlos. Ebenso wenig aussagekräftig sind beide unverzierten Brillenanhänger von viereckigem Querschnitt und der Knopf. Nur der in der Slowakei ziemlich seltene Wendelring (mit einem einzigen Drehungswechsel) dürfte auf ein jüngeres Alter des Grabes hinweisen unter der Voraussetzung, daß die Drehungsrichtung bei den tordierten Halsringen erst in der Jung- bzw. Späturnenfelderzeit gewechselt wurde; dies trifft allerdings für die Verhältnisse im Karpatenbecken nicht zu.

Nach der Begleitfibel aus Medvedzie (Nr. 358) zu urteilen und nicht zuletzt auch im Hinblick auf die Posamenteriekolliers beginnt die Laufzeit der Spiraldiademe in der mittleren Urnenfelderzeit, die zugleich die Blütezeit der gesamten Posamenterieindustrie, in erster Reihe der hochentwickelten Fibelproduktion, in geringerem Maße der Halsring- und Prunkdiademerzeugung ist. Dem Zeitansatz dieser Diademe in die mittlere Urnenfelderzeit muß auch die jüngere Bestattung von Sliače (Nr. 360. 361) nichts anhaben. Die längere Lebensdauer und Hortung der Prunkdiademe ist ganz natürlich und durch eine Reihe ähnlicher Beispiele belegt. Trotzdem sind die Funde dieser prunkvollen Drahtdiademe mit Seitenspiralen ziemlich selten und bislang nur aus wenigen Orten der Slowakei bekannt. Der gleiche, fundortlose, in Eger in Ungarn aufbewahrte Diademtyp[11] schließt eine slowakische Herkunft nicht aus. Im übrigen beschränkt sich ihr Verbreitungsgebiet auf die nördlichste Siedlungsenklave der Lausitzer Kulturgruppe, in der auch die Anregung zu deren Entstehen und Herstellung aufgrund der beim Anfertigen des Posamenterieschmuckes gewonnenen Erfahrungen zu suchen ist. Gegenüber dem in trans- und mitteldanubischen urnenfelderzeitlichen Fundzusammenhängen in der südwestlichen Slowakei vorkommenden Posamenterieschmuck (namentlich Fibeln) scheinen die Spiraldiademe an ein anderes Herstellungszentrum gebunden zu sein, das nicht auf geläufige Handelsware, sondern eher auf Prunkschmuck wie Diademe, oft enorme Fibeln mit Vogelbesatz und Klapperbleche ausgerichtet war.

Funktion: Trotz des aus Drahtring mit Haken- und Ösenende bestehenden Grundschemas deuten die hochkant gestellten Spiralen auf eine andere Zweckbestimmung hin. Wiewohl die Diademe direkt den Kopf schmückten bzw. an der Kappe oder anderer Kopfbedeckung befestigt waren, so drängt sich bei den weiteren urnenfelder- und hallstattzeitlichen Diademtypen die Frage auf, ob alle nur zu dekorativen Zwecken als Trachtzubehör dienten oder ihnen eine andere Aufgabe zufiel. Ihre Seltenheit

---

[5] Näheres zur typologisch-chronologischen Entwicklung dieser Fibeln s. bei Paulík a. a. O. 339ff.; v. Brunn, Mitteldeutsche Hortfunde 42f., 48. 53 Abb. 6.

[6] v. Brunn a. a. O. Abb. 6, 14.

[7] H. Müller-Karpe, Bayer. Vorgeschbl. 23, 1958, 9f.

[8] Paulík a. a. O.

[9] L. Franz, Sudeta 6, 1930, 37ff. Abb. 2, 3 (unter Fundort Katharein).

[10] v. Brunn a. a. O. 89.

[11] P. Patay, Arch. Ért. 94, 1967, 56 Abb. 7.

und ihr tatsächlich prunkvolles Aussehen lassen uns an ein Kennzeichen ständiger Macht, eine den fürstlichen Insignien gleiche „Krone" oder auch an ein anderes Statussymbol denken, das mit keiner verwaltungsmäßigen Organisation oder vermögensrechtlichen Stellung in Verbindung stehen brauchte. Ob sie nun das äußere Machtkennzeichen lokaler Fürsten waren oder ihnen eine Bedeutung im kultischen Bereich zukam, so gehörten sie jedenfalls zur feierlichen Trachtausstattung bei außergewöhnlichen und nicht alltäglichen Gelegenheiten. Der Ausnahmestellung des Besitzers des Spiraldiadems wird auch noch durch die Beisetzungsart, eine Körperbestattung im Areal der Lausitzer Kultur in der Slowakei, Nachdruck verliehen (Nr. 360. 361). Die zufällige Entdeckung und unsachgemäße Bergung des Befundes vereitelten die Feststellung der Lage einzelner Funde im Grab und somit auch die der beiden Diademe. Es konnte auch das Geschlecht des Bestatteten nicht bestimmt werden (Doppelgrab?). Zwischen beiden Diademen Nr. 360 und 361 bestehen geringfügige Größenunterschiede, die zufälliger oder vorsätzlicher Art sein können; ob sie eigens für den Bestatteten angefertigt worden sind, läßt sich nicht ermitteln. Die Schmuckgegenstände aus dem Depot von Medvedzie (Nr. 358) dürften als Votivgaben zu deuten sein.

BLECHSTIRNBÄNDER UND -DIADEME

Wie die Benennung besagt, schmückten diese Stücke entweder nur die Stirn oder umfaßten den ganzen Kopf, wobei die Tragweise in Verbindung mit einer Kopfbedeckung aus organischem Material durchaus denkbar ist. Aus dem typologisch-chronologischen Entwicklungsrahmen, den E. Schubert für die Funde aus dem mittleren Donauraum umriß,[1] fällt das spätbadener Stirnband aus Vel'ká Lomnica (Nr. 362) und durchbricht infolge seiner Ausnahmeform die ideale Entwicklungsreihe, in der ihm eigentlich der Platz im jüngeren Abschnitt der Altbronzezeit zustehen würde. Auch aufgrund seiner für die Datierung nicht ausschlaggebenden Verzierung schließt es sich den archaischen Funden an.

362. Vel'ká Lomnica, Kr. Poprad, Flur Burchbrich. – Vgl. Nr. 1. – In zwei Teile gebrochenes Stirnband aus einem breiten, zu den gleichmäßig eingerollten Enden hin verjüngten Blechband; Br. in der Mitte 4,8 cm, an den Enden 2 cm. Die hart am Rand angesetzten fein getriebenen Punktreihen haben möglicherweise die Beschädigung herbeigeführt (Taf. 61, 362). – Mus. Poprad (2009, 2011).

Auch die Blechdiademe sind aus langen, gleichmäßig breiten Bändern gefertigt und die Enden – wenn erhalten – zu Ösen eingerollt. Die ältesten Exemplare sind sehr schmal, an den Längsseiten mit getriebenen Punktreihen verziert (Nr. 363–365), die jüngeren breiter, dicht an den eingerollten Enden verjüngt (Nr. 367) und reicher mit Punkten bzw. Buckeln verziert.

Die Enden von Nr. 369 sind abgeschnitten und anstelle der Ösen mit je zwei Löcher versehen. Beide Diademe aus Bánov (Nr. 366. 367) dürften das Werk ein und desselben Meisters sein; sie tragen in einfachem Muster angeordnete Buckelreihen, die übrigens einen rein dekorativen Charakter haben. In seinem Bericht über den Befund aus Barca[2] will L. Hájek unter den Zierelementen der Diademe in der Slowakei auch das symbolische Sonnenmotiv gesehen haben. Leider ist uns die Form des einschlägigen Exemplars aus Barca (Nr. 375) nicht bekannt.

363. Výčapy-Opatovce, Kr. Nitra. – Körpergräberfeld, Grab 182; Frauenbestattung in linksseitiger Hockerlage. – Stirnband mit punzverzierten Längsseiten und eingerollten Enden (Taf. 61, 363; nach Schubert), um

---

[1] E. Schubert, 54. Ber. RGK. 1973 (1974) 82.

[2] L. Hájek, Pam. Arch. 45, 1954, 171.

den Schädel. L. 49,5 cm; Br. 0,6–1,1 cm. – Beifunde: zwei unvollständige weidenblattförmige Schläfenringe; 146 zylindrische Perlen aus Geweih (Taf. 74, E). – AÚSAV. Nitra. – E. Schubert, 54. Ber. RGK. 1973/74 Taf. 1, 2; Točík, Výčapy-Opatovce 103 Taf. 43, 15.

364. Výčapy-Opatovce, Kr. Nitra. – Körpergräberfeld, Grab 270; Frauenbestattung in linksseitiger Hockerlage. – Stirnband *(Taf. 61, 364;* nach Točík), um den Schädel. L. 27,5 cm; Br. 0.9–1,9 cm. – Beifunde: zwei spiralförmige Schläfenringe; Bronzedraht; verzierte Scheibenkopfnadeln (PBF. XIII, 6 [Novotná] Nr. 63); drei Fingerringe; drei Fayence-Perlen; sechs Perlen aus weißen zylindrischen Meermuscheln; fünf zylindrische Perlmuttperlen (Taf. 75, A). – AÚSAV. Nitra. – Točík, Výčapy-Opatovce 120 Taf. 48, 11.

365. Výčapy-Opatovce, Kr. Nitra. – Körpergräberfeld, Grab 104; Frauenbestattung in linksseitiger Hockerlage. – Stirnbandfragmente mit verjüngten Enden am Schädel. – Beifunde: verzierte Scheibenkopfnadel (PBF. XIII, 6 [Novotná] Nr. 64); Schläfenring aus Doppeldraht; vier Noppenringe; drei Fayence-Perlen; 89 zylindrische und ringförmige Perlen aus Geweih. – AÚSAV. Nitra. – Točík, Výčapy-Opatovce 85.

366. Bánov, Kr. Nové Zámky, Flur Boncové. – Körpergräberfeld, Grab 9; linksseitiger Hocker (Mädchen – juvens II). – Verziertes Diadem (Stirnreif) *(Taf. 61, 366),* umfaßt den ganzen Schädel. – Beifunde: zwei Schläfenringe; zwei Haarringe und Fragmente von zwei weiteren; bronzene Spiralröhrchen von einer Halskette; Rollenkopfnadel (PBF. XIII, 6 [Novotná] Nr. 133) (Taf. 74, C). – *Datierung:* Aunjetitzer Kultur. – AÚSAV. Nitra (1960/9, 16). – A. Točík, Štud. Zvesti AÚSAV. 13, 1964, 129 Taf. I, 25; ders., Výčapy-Opatovce 196 („Grab 3").

367. Bánov, Kr. Nové Zámky, Flur Boncové; Grab 29. – Vgl. Nr. 27. – Diadem *(Taf. 61, 367).* – AÚSAV. Nitra (1960/29, 90).

368. 369. Hurbanovo, Kr. Komárno. – Körpergräberfeld, Grab 62; linksseitiger Hocker (Mädchen). – Zwei Diademe, eines mit getriebenen Punktreihen an den Rändern der Längsseiten und mit eingerollten Enden, das zweite unverziert und an den gerade abgeschnittenen Enden mit je zwei Löchern versehen *(Taf. 61, 368. 369);* um den Kopf. Beim Ausheben fielen die beiden stark oxydierten Diademe aus dünnem Blech in Stücke. – Beifunde: zehn Schläfenringe; brillenförmige Drahtanhänger der Variante Hurbanovo (PBF. XI, 3 [Furmánek] Nr. 8.9); Halsring aus Spiralröhrchen; Armring; Nadelschaft (PBF. XIII, 6 [Novotná] Nr. 1451); Schalengefäß (am Becken); inkrustierter Krug (an den Knien) (Taf. 76, A). – AÚSAV. Nitra (62). – P. Čaplovič, Arch. Rozhl. 6, 1954, 298 Abb. 137 auf S. 324; Točík, Výčapy-Opatovce 231.

Eine selbständige Gruppe bilden die massiv wirkenden Stirnbänder und Diademe (Nr. 370–374) aus breitem (3,5–6 cm), an den verjüngten Enden eingerolltem, unverziertem (mit Ausnahme von Nr. 373) Blech. Zwei Exemplare aus dieser Gruppe scheinen repariert und wieder getragen worden zu sein (Nr. 371. 373). Abseits steht der Fund von Fragmenten aus einem Lausitzer Brandgrab (Nr. 376). Das von J. Paulík als Stirnreif gedeutete Stück aus Dedinka (Nr. 377) scheint uns von seiner funktionalen Bestimmung her fragwürdig zu sein und wird der Gruppe nur mit Vorbehalt angeschlossen.

370. Veľký Grob, Kr. Galanta. – Körpergräberfeld, Frauengrab 12, linksseitiger Hocker; Grabgrubensohle ursprünglich mit Holz ausgelegt. – Stirnreif, beschädigt und gebrochen *(Taf. 61, 370);* um den Schädel, noch mit Haarresten. – Beifunde: sieben Bronzeringe (in der Schädelnähe); kleines Doppelhenkelgefäß (an den Füßen) (Taf. 73, A). – AÚSAV. Nitra (12/11–52). – B. Chropovský, in: Chropovský/Dušek/Polla, Gräberfelder 21 Taf. 9, 2a, b; Abb. 25, 6; Abb. 5.

371. Abrahám, Kr. Galanta, Flur Komárov vŕšok. – Körpergräberfeld, Grab 40/54. – Diadem in drei Stücken (laut Vermerk im Museumsinventar zwei mit Niet verbunden?); L. 16 cm, Br. 1,5–5 cm; L. 7,4 cm, Br. 6 cm; L. 13,5 cm, Br. 4–6 cm. – Beifunde: zyprische Schleifennadel (PBF. XIII, 6 [Novotná] Nr. 20); Bronzespiralen; neun Bernsteinperlen; drei Haarringe; Krug vom Maďarovce-Typ. – Mus. Bratislava. – Grabung B. Chropovský.

372. Abrahám, Kr. Galanta. – Aus gestörten Gräbern im Steinbruch; rekonstruiertes Grab 3. – Fragment eines Stirnbandes oder Diadems. – Beifunde: angeblich ein Spiralfingerring; Schläfenring. – AÚSAV. Nitra (ehem. Slg. Godovič).

373. Branč, Kr. Nitra. – Körpergräberfeld, Frauengrab 278; linksseitiger Hocker, Grabgrube mit Kalk ausgeschmiert. – Verziertes Diadem an Stirn und Schläfenknochen, beim Ausheben auseinandergefallen *(Taf. 61, 373);* Br. in der Mitte 4,2 cm, an den eingerollten Enden 2,2 cm. – Beifunde: einige kleine, massive Schläfenringe aus Draht *(Taf. 75, C). – Datierung:* Aunjetitz-Maďarovce-Kultur. – AÚSAV. Nitra (278/62). – Vladár, Branč 112f. Taf. 37, 18.

374. Bernolákovo, Kr. Bratislava-vidiek. – Einzelfund. – Fragmente eines Stirnbandes *(Taf. 62, 374).* – Mus. Bratislava. – M. Pichlerová, Štud. Zvesti AÚSAV. 11, 1963, 269 Abb. 1, 7. 9.

374 A. Bajč, Kr. Komárno, Flur Ragoňa II. – Körpergräberfeld, Kindergrab mit fast völlig vermodertem Skelett. – Bronzeblechstück, wahrscheinlich von einem Stirnband; Br. 1,8 cm. *(Taf. 62, 374 A;* nach Točík). – Beifunde: Schüssel mit zwei Henkeln; Aunjetitzer Tasse. – AÚSAV. Nitra. – *Datierung:* Hurbanovo-Typ. – Točík, Výčapy-Opatovce 241 Taf. 92, 20.

374 B. Čierna Voda, Kr. Galanta. – Körpergrab. – Bruchstück eines Blechstirnbandes *(Taf. 62, 374 B).* – Mus. Bratislava. – E. Studeníková/J. Ižof, Arch. Rozhl. (im Druck).

Unbestimmbar sind folgende Stücke:

375. Barca, Kr. Košice. – Siedlung der Otomani-Kultur. – Verziertes Diadem. – Verbleib unbekannt. – L. Hájek, Pam. Arch. 45, 1954, 171 (ähnlich dem Fund aus Pravčice in Mähren?).

375 A. Nitriansky Hrádok, Kr. Nové Zámky, Flur Zámeček. – Befestigte Höhensiedlung, Sektor C/3, Kulturgrube 3. – Fragment eines flachen Blechbandes, nach A. Točík vielleicht von einem Stirnband; L. 5 cm, Br. 1,6 cm. – Beifunde: ganze Gefäße; Scherbenmaterial; Kleingegenstände aus Ton; Geräte aus Knochen, Geweih und vereinzelt aus Stein; Lehmverputzbrocken; eine Menge Tierknochen; unter Menschenknochen drei ganze und der Teil eines vierten Schädels. – *Datierung:* klassische Phase der Mad'arovce-Kultur. – AÚSAV. Nitra. – Točík, Nitriansky Hrádok 130.

375 B. Nitriansky Hrádok, Kr. Nové, Zámky, Flur Zámeček. – Befestigte Höhensiedlung, Sektor E 23, in 320–370 cm Tiefe der Planierungsschicht, innere Rinne vor dem Wallversturz. – Breites Band aus dünnem Bronzeblech, wahrscheinlich von einem Stirnband; L. 8,8 cm, Br. 2,1 cm. – *Datierung:* Mad'arovce-Kultur. – AÚSAV. Nitra. – Točík, Nitriansky Hrádok 240.

Möglicherweise sind zugehörig die nachstehenden, aus der Literatur bekannten Fragmente aus Malé Kršteňany (Nr. 376), die gegenüber den vorangehenden Exemplaren wesentlich jünger sind, und das fragwürdige Stück aus Dedinka (Nr. 377).

376. Malé Kršteňany, Kr. Topoľčany. – Brandgräberfeld, Urnengrab 5. – In der Urne – einem Doppelhenkelgefäß – zusammen mit dem Leichenbrand mehrere gebrochene, vom Feuer verzogene dünne Blechstücke von einem schmalen, an den Rändern mit getriebenen Punktreihen verzierten Band; Br. 1,6–2 cm. Eines der Fragmente gelocht, mit einem kleinen Nagel oder Niet darin *(Taf. 62, 376;* nach Podborský). – Beifund: vierkantige Knochenperle. – *Datierung:* Lausitzer Kultur, Ende Stufe Diviaky II. – Verschollen. – J. Porubský, Štud. Zvesti AÚSAV. 3, 1959, 57 Taf. 2, 10.

377. Dedinka, Kr. Nové Zámky. – Hügelgrab. – Stirnreif (nach J. Paulík) *(Taf. 62, 377;* nach Paulík). – Mus. Bratislava. – J. Paulík, Jber. Inst. Vorgesch. Frankfurt 1975, 57f. Abb. 1, 14.

Zeitstellung und Verbreitung (Taf. 71, B): Das Stirnband vom Typ Veľká Lomnica (Nr. 362) ist nach dem Diadem aus Vörs der zweitälteste Fund dieser Art im Karpatenbecken. Obgleich beide der Badener Kultur angehören, unterscheiden sie sich typologisch grundsätzlich voneinander. Während für das schmale, nach N. Kalicz mit stilisierten Tierhörnern[3] versehene Blechbanddiadem aus Vörs meist Vorlagen unter den kupfernen und goldenen Diademen des Südostens gesucht werden,[4] liegen zum Fund aus Veľká Lomnica keine derartigen unmittelbaren Parallelen vor. Als Vorgänger der Stirnbänder sind, ähnlich wie bei den Halsringen, die Funde aus Horodnica und Vukovar anzusehen. Sollte bei den anthropomorphen Urnen aus Center der zusammengedrückte Kopfoberteil tatsächlich eine Kopfbe-

---

[3] N. Kalicz, Götter aus Ton (1970) 71.

[4] Ders., Die Péceler (Badener) Kultur und Anatolien (1963) 62f.

deckung oder einen Kopfschmuck darstellen,⁵ so könnte man von den unterschiedlich gedrungenen Oberköpfen bei der Frauen- und Kindergestalt zwei verschiedene Diademtypen ableiten: der erste auf der weiblichen anthropomorphen Urne wäre ein Typ aus gleichmäßig breitem Band wie es der Fund aus Vörs ist, der zweite auf dem Kinderidol stünde wiederum dem Stirnband aus Vel'ká Lomnica nahe. Die bisher bei den älterbronzezeitlichen Bestattungen in der Slowakei gefundenen Diademe sind allerdings jünger als die Badener Exemplare, doch sie stammen ausnahmslos aus Frauen- bzw. Kindergräbern. Weiblich sind auch die Idole aus Center, während der Fund von Vörs allgemein als Kopfschmuck eines Anführers betrachtet wird.⁶

Zur Herkunftsfrage des Stirnbandes aus dem Depot von Vel'ká Lomnica (Nr. 362) geben auch die Beifunde keinen näheren Aufschluß. Hinsichtlich der glatten und tordierten Drahthalsringe haben wir schon früher einerseits auf die Ähnlichkeit mit den südöstlichen, fast gleichzeitigen Funden, andererseits auf die Verwandtschaft (ohne zeitliche Abfolge) mit den älteren Ausprägungen aus dem Bereich der Bodrogkeresztúr-Kultur hingewiesen. Im übrigen ist die Blechindustrie im Depot von Vel'ká Lomnica, vertreten neben dem Stirnband durch zahlreiche Rechteckstücke aus leicht arsenhaltigem Kupferblech, für ihre Zeit außergewöhnlich. Ihr Aufschwung, der erst in der älteren Bronzezeit einsetzte, wird im Karpatenbecken häufig östlichen Einflüssen zugeschrieben, für die es jedoch in der Badener Kultur keine Voraussetzungen, geschweige denn Andeutungen gibt. Wir kennen auch nicht die Zweckbestimmung der Blechstücke; sie konnten ebensogut zur Anfertigung von Stirnbändern, wie ähnliche doch jüngere Funde aus dem Grab von Húl vermuten lassen (sechs Blechstücke um den Schädel),⁷ als auch von Blechbändern, Armbändern u. ä. bestimmt gewesen sein.⁸ Wenig aussagefähig ist schließlich der Meißel. Der Umstand, daß die Gegenstände in einem Tongefäß innerhalb einer Siedlung deponiert waren, schließt ihr Hervorgehen aus einer lokalen Werkstatt nicht aus. Außer dem Fund einer Tondüse fehlen jede Beweise für das Bestehen einer handwerklichen Kupferbearbeitung, wenn wir von den Grabungsergebnissen aus einem begrenzten Siedlungsteil und von älteren Zufallsfunden ausgehen wollen. Der größte Teil des Befestigungsareals ist von einer im vorigen Jahrhundert angelegten Begräbnisstätte zerstört worden. Von den beim Schachten neuzeitiger Grabgruben angefallenen Funden hat sich ein minimaler Teil erhalten, darunter das hier behandelte Depot.

Weitere Stirnbänder aus schmalem Blechband fanden sich in Gräbern der Nitra-Gruppe. A. Točík und Schubert datierten die Fragmente Nr. 363 in die ältere Phase,⁹ diejenigen aus etwas breiterem Blechband (Nr. 365) setzte Točík in die jüngere Phase der Nitra-Gruppe.¹⁰ Diese Zeitstellung stützten auch die mitgefundenen Scheibenkopfnadeln. Inwieweit sich die Breite des Blechbandes tatsächlich dem Zeitwandel anpaßte, läßt sich der niedrigen Fundzahl wegen in der Slowakei vorläufig nicht feststellen. Ein relativ breites Band (wie Nr. 365) haben auch einige Diademe im Bereich der Aunjetitzer und Straubinger Kultur, während andere, darunter die Funde vom Typ Unterwölbling I und II, einmal breiter, ein anderes Mal schmäler sind, so daß diese Abweichungen nicht als chronologisch bedingt angesehen werden können.¹¹

---

⁵ Ders., Götter aus Ton (1970) 72.

⁶ Ebd. 71.

⁷ A. Loubal, Sborník Matice Slovenskej 13, 1935, 347 ff.

⁸ Zur Benutzung ähnlicher Blechstücke in der Bronzezeit (Unterwölbling-Kultur) vgl. A. Lippert, Arch. Austr. 35, 1964, 44 ff.; F. Felgenhauer, Arch. Austr. 11, 1952, 1 ff.

⁹ A. Točík, Zprávy ČSA. 9/6, 1967, 65 Taf. 4, 49; Schubert, 54. Ber. RGK. 1973 (1974) Taf. 1, 2.

¹⁰ Točík a. a. O. 66 Taf. 8, 120.

¹¹ Vgl. z. B. die Funde aus den Hügelgräbern der Aunjetitzer Kultur von Hluboká nad Vltavou, Hoště (Hájek a. a. O. 170 Abb. 5, 1; 7, 7), aus dem Gräberfeld der Aunjetitzer Kultur von Rebešovice (J. Ondráček, Sborník ČSSA. 2, 1962 Abb. 43, 5) oder aus Straubing (Hundt, Katalog Straubing I Taf. 15, 31). Typ Unterwölbling I: Spitz; Typ Unterwölbling II: Gedersdorf (Schubert a. a. O. Taf. 18, 15; 20, 2). Von der Langlebigkeit dieser einfachen Diademform zeugt das fragmentarisch erhaltene Diadem aus dem jungbronzezeitlichen Depot von Elsterwerda in Mitteldeutschland (v. Brunn, Mitteldeutsche Hortfunde 317 f. Taf. 61, 24).

Die Stücke Nr. 366–369 sind von älteren Diademen der Nitra-Gruppe abgeleitet. Die zwei ungleichen Exemplare Nr. 368 und 369 schmückten den Kopf eines jungen Mädchens. Zeitbestimmend ist in diesem reichen Grab die für die entwickelte Hurbanovo-Gruppe charakteristische weiß inkrustierte, mit der klassischen Phase der Aunjetitzer Kultur zeitgleiche Keramik. Aus einem breiteren, an den Enden verjüngten, buckelverzierten Blechband bestehen die Stücke Nr. 366 und 367. Ersteres, in Bruchstücken, begleiteten ein altbronzezeitliches Inventar und eine chronologisch unempfindliche Rollenkopfnadel. Das zweite war neben weiteren Bronze- und Fayencezieraten mit einer der vorklassischen Phase der Aunjetitzer Kultur eigenen Schale vergesellschaftet. Letztere mag den Anfang der klassischen Phase überdauert haben, worauf auch der gegossene massive Halsring (Nr. 27) schließen läßt, während das Diadem merklich schon in den jüngeren Abschnitt der älteren Bronzezeit übergreift.

Die Gruppe massiver, breiter Diademe umfaßt bislang fünf Stück, von denen vier in Gräbern (Nr. 370–373) und eines als Lesefund (Nr. 374) geborgen wurden. Das Diadem Nr. 370 kommt aus einem Grab, das aufgrund eines kleinen Doppelhenkelgefäßes in die ältere Stufe der Aunjetitz-Wieselburger Gruppe datiert ist. Das fragmentierte Stirnband Nr. 372 (mit rekonstruiertem Grabinventar) eignet sich nicht für eine genauere zeitliche und kulturelle Bestimmung. Im bisher unpublizierten Grabverband von Abrahám (Nr. 371) befand sich außer dem offenbar reparierten Diadem (zwei Blechstücke mit Niet verbunden) eine zyprische Schleifennadel. Beschädigt und nachträglich instandgesetzt worden ist auch das Exemplar Nr. 373; es ist im Gegensatz zu den voraufgehenden mit einer durch die Mitte laufenden vertikalen Buckelreihe verziert, die in einem aus Punzschlägen gebildeten Kreis endet. Solche Ziermotive werden vielfach als die vereinfachte Form einer „Sonne" gedeutet. Das Schmuckstück war mit Hilfe von flachen Bronzebändern repariert, die man durch Löcher gezogen und auf der Innenseite durch einfache Überkreuzung abgesichert hatte. J. Vladár wies das Grab der Aunjetitz-Mad'arovce-Kultur zu. Ähnliche, mit dem Sonnenmotiv verzierte Diademe oder Stirnbänder, z. B. dasjenige aus dem mährischen Depot von Pravčice und das Exemplar aus Barca (Nr. 375), datierte L. Hájek in das Ende der älteren Bronzezeit.

Aus der Mittelbronzezeit sind in der Slowakei keine Blechdiademe mehr bekannt. Trotzdem ließ die Blechtreibtechnik nicht nach, sondern stellte sich nur auf die Erzeugung anderer Schmuckarten um. Auch von der Sitte, den Kopf, die Haare oder die Stirn auf verschiedene Weise zu schmücken, wurde nicht abgelassen, sondern nur die Form des Schmuckes geändert. Wahrscheinlich traten anstelle der in einem Stück gefertigten Diademe und Stirnbänder einzelne kleinere Ziergegenstände und Anhänger, die getrennt oder in Verbindung mit organischem Material, auf Stoff oder Leder angenäht getragen wurden. Inwieweit diese Kopfschmuckart (zeitweise auch untrennbares Trachtzubehör) in der Slowakei verbreitet bzw. welcher Kultur eigen und wann am beliebtesten gewesen ist, entzieht sich unseren Kenntnissen,[12] auch deshalb, weil die Ausübung der Totenverbrennung die Beobachtungen dieser Art erheblich erschwert und manchmal sogar ausschließt. Für die Auswertung der aus einzelnen Anhängern und Zieraten zusammengestellten Stirnbänder und Diademe hat uns die Lausitzer Kultur in Polen das meiste Belegmaterial geliefert. Die Rückkehr zu den Diademen in einem Stück brachte – nach der heutigen Fundsituation in der Slowakei zu schließen – erst wieder die jüngere Bronzezeit, die diesen Schmuckstücken zugleich eine andere Bestimmung und Bedeutung sowie eine Reihe neuer, unbekannter Formen verlieh, unter denen die aus Blechband hergestellten jedoch nicht fehlten. Die bisher einzigen, an die Tradition der Blechbanddiademe anknüpfenden Funde aus der Slowakei sind die Stücke Nr. 376 und 377 (zu letzterem s. auch S. 44), vorausgesetzt, daß die im Leichenfeuer verschmor-

---

[12] In einem Grab der Otomani-Kultur von Nižná Myšľa fand sich ein ledernes, mit Buckeln benähtes Stirnband. Für den freundlichen Hinweis danke ich dem Ausgräber, Herrn L. Olexa.

ten Blechfragmente Nr. 376 von einem Diadem stammen, wie aus der Literatur hervorgeht. Das topfförmige Gefäß – die Urne –, in der die Blechstücke deponiert waren, hat einen leicht profilierten, eiförmigen Körper und dicht unterhalb der Mündung angesetzte Henkel, was als ein Kennzeichen der jüngeren Gefäße der Lausitzer Kultur, namentlich der seit der Stufe Diviaky II erscheinenden, gilt.

Funktion: Die meisten der Blechdiademe bzw. -stirnbänder wurden in Körpergräbern gefunden (Nr. 362–377), zwei bei einer Brandbestattung (Nr. 376. 377). Dort, wo die Skelettlage und die Beigaben bekannt sind, handelt es sich durchweg um Frauen- (Nr. 364. 367. 370. 373) oder Mädchengräber (Nr. 366. 368. 369). Ungewöhnlich ist die Mitgabe zweier Diademe im Grab 62 von Hurbanovo eines 16–18jährigen Mädchens (Nr. 368. 369). Die Ausstattung und häufig auch andere Eigenheiten wie die kalkverschmierten Wände (Nr. 373) oder die mit Holz ausgelegte Sohle (Nr. 370) der Grabgruben deuten auf eine Sonderstellung der Bestatteten hin, ohne daß wir diese näher zu bestimmen vermögen. Die im Grab von Hurbanovo vorhandenen zwei Diademe glauben wir einer jüngeren Frau zuschreiben zu können. Ihre ungleiche Form sollte vielleicht mit Absicht das endende Kindesalter und die beginnende, jäh abgebrochene Mündigkeit sinnbildlich darstellen oder aber mochten beide Diademe eine ganz andere Bedeutung und einen anderen Sinn gehabt haben. Bei keiner der Bestattungen läßt sich mit Sicherheit sagen, ob hinter dem Diadem, mit welchem der Kopf einer Frau oder eines Mädchens geschmückt wurde, noch eine tiefere symbolische Bedeutung stand, ob es nur das Vermögen, die soziale Stellung nach außen vertreten oder rituelle Vorstellungen ohne Bezug auf den Reichtum widerspiegeln sollte. In jedem Falle sind die in Frauen- bzw. Mädchengräbern vorkommenden Diademe aufzufassen als Kennzeichen der Ausnahmestellung der Bestatteten in der damaligen Gesellschaft. Parallelen aus dem östlichen Mittelmeergebiet schließen den adeligen Ursprung dieser Frauen nicht aus. Die geringe Zahl der Gräber mit Diademen oft auf dicht belegten Gräberfeldern unterstreicht die Seltenheit und besondere Bedeutung der Diademe.

KRAGENARTIGE BLECHDIADEME VOM TYP VÁCSZENTLÁSZLÓ

Typbestimmend ist eine breite, aus massivem Blech gestaltete Form mit leicht verjüngten Enden, geradem Unterteil und an der breitesten Stelle in der Mitte spitz ausgezogenem Oberrand. Die eingerollten oder nur nach außen gebogenen Enden sind durch einen brillenartigen Verschluß fest verbunden, dessen Größe und federnde Wirkung von der Blechstärke abhängt. Er ist aus einem runden (Nr. 378) oder dreikantigen (Nr. 379), zu den Spiralmitteln sich leicht verjüngenden Draht gefertigt. In den Spiralmitten sitzt je ein mit losem Niet befestigter Stachel. Entlang der Umbruchkante in der Mitte des Diadems laufen einzelne Perlbuckelgruppen, die sich an den Enden in zwei Reihen verzweigen.

378. Fundort unbekannt. – Diadem aus massivem Blech; rundstabiger Verschluß in der Mitte entzweigebrochen und unsachgemäß repariert *(Taf. 62, 378).* – Schloß Betliar. – M. Novotná, Musaica 8, 1968, 29 f. Abb. 1. 2 Taf. 14.

Vom gleichen Diademtyp ist bei Nr. 376 nur der Verschlußteil erhalten.

379. Rimavská Sobota. – Depot. – Brillenartiger Verschluß von dreieckigem Querschnitt mit eingerollten Blechbandresten und eingehängter Spirale *(Taf. 62, 379).* – Beifunde: Vollgriffschwert; drei Griffzungenschwerter (PBF. IV, 4 [Novák] Nr. 66. 98. 99); Schwert vom Typ Rixheim (ebd. Nr. 32); Doppelarmknäufe (PBF. IX, 3 [Novotná] Nr. 391. 407); Spiralarmschmuck vom Šalgótarján-Typ; Spiralscheiben; trichter- und tütenförmige Anhänger (PBF. XI, 3 [Furmánek] Nr. 139–142. 674); 84 Buckel; Reste einer Blechtasse; Gehänge (ebd. Nr. 787); weitere Fragmente; großer herzförmiger Anhänger (ebd. Nr. 183); Armringe; Spiralarmschmuck. – Mus. Budapest; Mus. Rimavská Sobota. – Hampel, Bronzkor I 126f. Taf. 112 und 113; J. Paulík, Štud. Zvesti AÚSAV. 15, 1965, 63f. Taf. 2 und 3.

Nachstehendes Diadem unbekannter Form ist nur in der Literatur erwähnt:

380. **Svodín**, Kr. Nové Zámky. – Diadem. – Verbleib unbekannt. – M. v. és v. encz. 30; Eisner, Slovensko 124.

Zeitstellung und Verbreitung (Taf. 71, B): Die Fundzahl der Blechdiademe vom Typ Vácszentlászló in der Slowakei und Ungarn ist seit der letzten Bestandsaufnahme[1] unverändert geblieben, so daß uns für die zeitliche Beurteilung nur dieselben Funde zur Verfügung stehen. In der Slowakei können wir uns lediglich auf das Stück aus Rimavská Sobota stützen (Nr. 379), das trotz seiner Bruchstückhaftigkeit schon traditionsgemäß als Rest eines Diadems angesehen wird. Bei J. Hampel ist es noch mit eingerollten Blechbandresten (Enden?) und einer eingehängten Spiralrolle abgebildet,[2] die heute am Bruchstück nicht mehr vorhanden sind.[3] Das Depot von Rimavská Sobota ist vielfach als ein Ganzes, andere Male nur der oder jener Gegenstand daraus gewertet worden. A. Mozsolics ordnete es schließlich in die Depotgruppe des Horizontes Ópályi ein.[4] Beim Vergleich mit dem Diadem aus Vácszentlászló in Ungarn, das von einer Bronzetasse begleitet war,[5] sind eben die im Depot von Rimavská Sobota enthaltenen Randteile eines Bronzegefäßes von besonderer Bedeutung. Da der stark fragmentierte Zustand keine genaue Vorstellung über den ursprünglichen Gefäßtyp zuläßt, haben wir die Möglichkeit eines Zusammenhanges mit den Tassen vom Typ Friedrichsruhe erwogen.[6] Auch Mozsolics will in den „trichterförmigen" Randstücken aus Rimavská Sobota eine Ähnlichkeit mit den Tassen aus Vácszentlászló und Aggtelek sehen.[7]

Der zweite Fund von unbekanntem Fundort in der Slowakei (Nr. 378) ist zu chronologischen Zwecken unbrauchbar. Ebenso lassen sich die zwei Diademe aus Istenmezője in Ungarn chronologisch nicht verwerten. Sie wurden angeblich in einem von A. Ipolyi seinerzeit umschriebenen Körpergrab gefunden, und von den zwei Diademen hat sich nur eines erhalten.[8] Umso wichtiger sind weitere Funde aus Ungarn: derjenige aus Vácszentlászló und die Miniaturnachahmungen aus dem Gräberfeld von Nagybátony. Das Diadem aus Vácszentlászló ist Bestandteil eines Depots; von den ursprünglich 32 mitgefundenen Gegenständen dürfte laut P. Patay nur eine Bronzetasse mit dem Diadem mit Sicherheit vergesellschaftet gewesen sein.[9] Über die Typenzugehörigkeit der Tasse und somit auch die Zeitstellung gehen die Meinungen der Forscher auseinander. Die einen weisen sie dem Typ Fuchsstadt zu, andere betrachten sie als eine Variante des Typs Friedrichsruhe.[10] Patay neigt im Hinblick auf das

---

[1] M. Novotná, Musaica 7, 1967, 47ff. (mit Katalog der Blechdiademe in der Slowakei und Ungarn). Ein Jahr später kam noch ein fundortloses Stück hinzu (ebd. 8, 1968, 29ff.). Zur gleichen Zeit erschien der Beitrag P. Patays über die Blechdiademe vom Typ Vácszentlászló und die Miniaturdiademe aus Nagybátony (Arch. Ért. 94, 1967, 53ff.).

[2] Hampel, Bronzkor I Taf. 38, 4 und Taf. 112, 5 (vgl. die Lage der Spiralrolle!).

[3] Patay, Arch. Ért. 94, 1967, 56 Abb. 6; Mozsolics, Bronze- und Goldfunde Taf. 23, 4.

[4] Mozsolics, Bronze- und Goldfunde 171.

[5] Gallus/Horváth, Un peuple cavalier 33f. Taf. 42 und 43.

[6] Novotná, Musaica 7, 1967, 58.

[7] Mozsolics a. a. O. 78.

[8] F. Rómer, Műrégészeti kalauz (1866) 52; Hampel, Bronzkor I Taf. 38, 2. 3a. b.

[9] Patay, Arch. Ért. 95, 1968, 66.

[10] Müller-Karpe, Chronologie 159 Anm. 3; v. Brunn, Mitteldeutsche Hortfunde 156; G. Thrane, Acta Arch. 33, 1962, 142ff.

begleitende Diadem und dessen Ähnlichkeit mit den Miniaturstücken aus Nagybátony zu einem höheren Zeitansatz,[11] wobei ihm die Tasse aus Gusen, nach G. Thrane eine Variante des Typs Friedrichsruhe, zeitbestimmend ist.[12] In Vácszentlászló und Rimavská Sobota, wo die Diademe von Bronzegefäßen begleitet sind, ist die zeitliche Relation der Einzelerscheinungen zueinander klargestellt. Die Fragen der Gleichzeitigkeit bzw. einer bestimmten Verzögerung der Funde aus dem Karpatenbecken gegenüber den westlichen und nordischen Tassen müssen unter Berücksichtigung des Typenschatzes und der einschlägigen Fundverhältnisse noch einer umfassenden Prüfung unterzogen werden.

Ein noch höheres Alter will Patay den beiden Miniaturexemplaren aus dem Gräberfeld der Pilinyer Kultur von Nagybátony zulegen. Im Grab 873 waren nur das fragmentierte Miniaturdiadem und ein Tongefäß beisammen. Der Befund ist nicht veröffentlicht worden, und wir können dazu keine Stellung nehmen. Das zweite gut erhaltene Miniaturdiadem aus demselben Gräberfeld verknüpft Patay mit weiteren typologisch nicht über den Horizont Forró hinausreichenden Miniaturbronzen.[13] Nach den bisherigen Erkenntnissen zu urteilen ist das Miniaturdiadem die Urform des Typs Vácszentlászló und zugleich Ausgangsform und Prototyp der späteren großen Diademe. Für einen frühurnenfelderzeitlichen Ansatz der großen Diademe spricht indirekt ein weiterer Depotfund aus Nyíregyháza.[14] Obgleich es sich hier um ein goldenes Exemplar unterschiedlichen Typs handelt, bleiben gemeinsamer Anhaltspunkt die eingerollten, mit einem festen, offenbar zeitgemäßen Drahtverschluß verbundenen Enden.

Fremde Einwirkungen beim Entstehen der Blechdiademe im Karpatenbecken werden eher vermutet als konkret wahrgenommen. Nach T. Kemenczei ist ihre Herstellung in einem durch die heimische Umwelt inspirierten Produktionskreis innerhalb des Pilinyer Kulturbereiches vorauszusetzen.[15]

Funktion: Für die Handhabung dieses kragenartigen Schmuckstückes ist vor allem der feste Verschluß bestimmend, der das Öffnen und somit die Benutzung als Halsring unmöglich erscheinen läßt. Die Form des Diadems selbst trägt nur noch zur Ergänzung dieser Annahme bei. Im Depot von Rimavská Sobota (Nr. 379) fiel dem Fragment nur mehr die Rolle eines Wertträgers zu. Eigenartig ist das Grab von Istenmezője mit gleich zwei Diademen und der hier ungewöhnlichen Körperbeisetzung. Kemenczei will in ihm die letzte Ruhestätte eines der führenden Stammesmitglieder der Träger der Pilinyer Kultur und die mitgegebenen Diademe als Zeichen seiner besonderen gesellschaftlichen Stellung sehen.

Ein ähnlicher Fall ist auch aus der Slowakei bekannt. Sollten die Angaben der Finder der Wirklichkeit entsprechen, so würden die zwei Diademe von Sliače (Nr. 360. 361) aus einem Körpergrab stammen. Auffällig dabei ist, daß dieses Grab aus dem Verbreiterungsgebiet der Lausitzer Kultur stammt, deren Träger in der Slowakei ihre Toten konsequent verbrannten.

SONSTIGE, NICHT NÄHER KLASSIFIZIERBARE STÜCKE

Einige Ringe bzw. Halsringe sind in ihrem Äußeren dem Karpatenbecken fremd, andere liegen gegenüber den übrigen gleichartigen Funden zeitlich zu weit auseinander. Ob es sich im ersten Falle um Importe oder Funde handelt, die in der Vergangenheit zufällig mit heimischen Stücken vermischt wurden, ist ungewiß. Diese Frage könnten nur weitere neue Funde klären. Ähnlich verhält es sich mit

---

[11] Patay, Arch. Ért. 94, 1967, 53 ff.
[12] Thrane, Acta Arch. 33, 1962, 142 ff.
[13] Patay, Arch. Ért. 94, 1967, 53 ff.; Mozsolics, Bronze- und Goldfunde 48 f.
[14] Mozsolics, Acta Arch. Hung. 18, 1966, 31 Abb. 1, 6; 3.
[15] T. Kemenczei, Herm. Ottó Mus. Évk. 5, 1965, 116.

den zweiten, zeitlich nicht gesicherten, aus Bronzedrähten gewundenen (Nr. 388) bzw. wulstartig gegliederten Exemplaren (Nr. 386). Die aus Drähten gewundenen Stücke sind in der Herstellungstechnik mit den frühmittelalterlichen Halsringen verwandt. Wir ordnen sie trotzdem den bronze- und hallstattzeitlichen Funden mit Vorbehalt zu, indem wir ihre ursprüngliche durch J. Eisner erfolgte Datierung in die Bronzezeit[1] sowie im Falle des Exemplars Nr. 390 den vermeintlichen Zusammenhang mit dem Depot IV von Gemer berücksichtigen wollen. Der unvollständige Halsring aus Istebné (Nr. 386) stammt aus einem Depot, in dem noch weitere sechs späthallstattzeitliche Halsringe enthalten waren (Nr. 346. 347. 351–354). Er ist den Formmerkmalen nach jünger und bedeutsam dadurch, daß er uns die lausitzische Umwelt im späthallstattzeitlichen Orava-Gebiet greifbar macht. Ungewöhnlich sind durch die Gestaltung ihrer Enden die zwei nur von Abbildungen bekannten Drahthalsringe aus Košice (Nr. 391. 392).

381. Gemerský Lipovec (?), Kr. Rimavská Sobota. – Massiver Ring mit sechs symmetrisch angeordneten doppelkonischen, beiderseits mit einer Rippe begrenzten Wülsten; äußerer Dm. 13,6 cm, innerer 12 cm *(Taf. 63, 381)*. – Schloß Betliar (506). – M. Novotná, Musaica 8, 1968, 42 Abb. 3a, 3.

382. Gemerský Lipovec, Kr. Rimavská Sobota. – Gleicher Ring wie Nr. 381, jedoch kleiner *(Taf. 63, 382; nach Novotná)*. – Schloß Betliar (504) – M. Novotná, Musaica 8, 1968, 42 Abb. 3a, 2.

383. Slovensko, Fundort nicht näher bekannt. – Massiver Ring mit sechs Wülsten, ungefähr gleich groß wie Nr. 382 *(Taf. 63, 383)*. – Schloß Betliar (505). – M. Novotná, Musaica 8, 1968, 42 Abb. 3a, 1

384. Fundort unbekannt. – Halsring mit vier ellipsenförmig abgeflachten Wülsten; die abgrenzenden Rippen tragen Ritzspuren *(Taf. 63, 384)*. – Mus. Piešt'any (383).

385. Fundort unbekannt. – Ring, bestehend aus einem dekorativen Vorderteil mit fünf großen Wülsten und leicht konisch ausladenden Enden, in die der zum Kreis gebogene Draht eingeschoben ist *(Taf. 63, 385)*. – Mus. Poprad (1409).

386. Istebné-Hrádok, Kr. Dolný Kubín. – Vgl. Nr. 346. 347. – Massiver Halsring, offen und hohl, mit dreifach wulstartig gegliederten Enden; die ersten und dritten (größten) Wülste mit Fortsätzen, die mittleren von außen mit je zwei spitz auslaufenden ritzverzierten Streifen; der teilweise erhaltene, von den Wulstenden durch je eine Rippe getrennte Ringkörper ist aus zwei starken Drähten gewunden *(Taf. 64, 386)*. – Mus. Martin (3857).

387. Chotín, Kr. Komárno. – Thrakisches Gräberfeld I B, Brandgrab 23 B, gestört. – Halsring in der Mitte des Grabes; einfache Form aus dünnem Bronzestab, flachgeschlagene Enden teilweise abgebrochen, mit Rillenbündeln verziert und einer heute an mehreren Stellen beschädigten und abgeblätterten Goldfolie bedeckt *(Taf. 64, 387)*. – Mus. Nitra. – M. Dušek, Thrakisches Gräberfeld der Hallstattzeit in Chotín (1966) 86f. Taf. 52, 18.

388. Marcelová, Kr. Komárno. – Aus einem Grab (?). – Halsring, aus zwei Drähten gewunden, mit Hakenverschluß *(Taf. 64, 388; nach Eisner)*. – Mus. Bratislava; verschollen. – Eisner, Slovensko 125 Taf. 38,1.

389. Fundort unbekannt. – Halsring, aus drei Drähten gewunden *(Taf. 64, 389)*. – Mus. Košice (109). – G. M. Medvecký, Pam. Arch. 39, 1933, 28 Abb. 14, 1.

390. Gemer, Kr. Rimavská Sobota. – Depot IV (?). – Halsring, sekundär zurechtgebogen *(Taf. 64, 390; nach Hampel)*. – Mus. Budapest (verschollen). – Hampel, Bronzkor I Taf. 115, 26.

391. 392. Košice. – Aus Körpergräbern. – Zwei Halsringe aus massivem Draht mit übergeschlagenen, in Doppelwülste gestalteten Enden *(Taf. 65, 391. 392)*. – Mus. Göteborg, Schweden. – N. Niklasson, Sudeta 8, 1932, 35 Abb. 3, oben.

Zeitstellung: Die drei Ringe Nr. 381–383 bildeten möglicherweise einen Komplex, doch nur einer wird in den Inventarangaben als aus Gemerský Lipovec stammend geführt, die Herkunft des zweiten ist ungewiß und der dritte gilt als fundortlos. Trotzdem ist die Glaubwürdigkeit der Angaben in Anbetracht der Formseltenheit der vielmehr auf südeuropäische Typen der Bronzeindustrie zurückführenden Funde in Frage gestellt. Die gleichen Ringe kommen nämlich meist in der Beigabenausstat-

---

[1] Eisner, Slovensko 125.

tung in den Gräberfeldern von Cuprensi, Grottamare und Supramarittima in Mittelitalien und Umbrien vor.[2] Andere, ebenfalls in die mittelitalische Früheisenzeit datierte Funde aus Marche sind im Museum in Perugia aufbewahrt.[3]

Ungewöhnlich ist auch die Form des Halsringes Nr. 385, der am ehesten mit den hallstattzeitlichen illyrischen Funden im Ostalpengebiet vergleichbar ist. Die Wülste waren schon auf den frühen Fibeln vom Typ Vače ein langfristiges Zierelement und sind also im gegebenen Falle für eine nähere zeitliche Einordnung des Halsringes nicht ausschlaggebend.

Anhand der Begleitfunde datieren wir den Halsring aus Istebné (Nr. 386) in den letzten hallstattzeitlichen Depothorizont gleichen Namens. Die ungewöhnliche Form und petschaftartige Gestaltung der Enden sind Vorboten der späteren latènezeitlichen Torques. Im Depot selbst ist er gewiß einer der jüngsten Gegenstände. Wir kennen keinen gleichen oder ähnlichen Halsring weder in der näheren noch weiteren Umgebung.

Der Halsring aus Chotín (Nr. 387), den M. Dušek keine besondere Beachtung schenkte, läßt nur eine auf das Gräberfeld im allgemeinen bezogene Datierung zu. Die Untersuchung einiger weniger Funde zeigte, daß die ersten Gräber in der frühen Hallstattzeit angelegt worden waren; die Funde aus der jüngeren Belegungsphase gehören in das 4. bzw. in den Anfang des 3. Jahrhunderts v. Chr.[4]

---

[2] J. Dall Osso, Guida illustrata del museo nazionale di Ancona (1915) 180f. mit Abb.

[3] U. Calzoni, Museo archeologico nazionale dell' Umbria – Perugia (1971) 60.

[4] Zu den archaischen Formen der ausklingenden Bronzezeit zählen namentlich die Bronzenadeln aus den Körpergräbern 25 A und 27 A, davon eine mit kleinem, doppelkonischem (Typ Ilava), die andere mit zwiebelförmigem Kopf. Es ist allerdings nicht ausgeschlossen, daß sie in die Gräber viel später gelangt sind, so daß über die Zeitstellung noch kein Urteil zu gewinnen ist (vgl. dazu M. Dušek, Thrakisches Gräberfeld der Hallstattzeit in Chotín [1966] 102 Taf. 4, 3; Taf. 53, 8).

ANHANG
ANALYSEN–TABELLE
Kupferzeitliche Halsringbarren

Kat.-Nr.	Fundort	Sn	Pb	As	Sb	Ag	Ni	Bi	Fe	Sonstige	Quelle
1	Veľká Lomnica	0	0	0	0,267	0,92	0	0,030	0,021	0	G.K.
"	Veľká Lomnica	0	0	0	0,221	0,139	0	0,024	0,012	0	G.K.
2	Veľká Lomnica	0	0	0	0,207	0,058	0	0,026	0,016	0	G.K.
"	Veľká Lomnica	0	0	0	0,22	0,109	0	0,024	0,015	0	G.K.
3	Veľká Lomnica	0	0,038	0,177	0,040	0,014	0	0,008	0,022	0	G.K.
4	Veľká Lomnica	0	0,069	0,196	0,025	0,007	0	0,005	0,018	0	G.K.
5–8	Veľká Lomnica	0	0	0	0,040	0,008	0	0,005	0,018	0	G.K.
		0	0	0	0,04	0,011	0	0,004	0,021	0	G.K.
		0	0,062	0	0,024	0,009	0	0,003	0,012	0	G.K.

Älterbronzezeitliche Hals- und Barrenringe

Kat.-Nr.	Fundort	Sn	Pb	As	Sb	Ag	Ni	Bi	Fe	Sonstige	Quelle
15	Veľký Grob	0	<0,01	0,99	3	0,57	1,35	0,034	Sp.	Co 0,18	10748
16	Veľký Grob	Sp.	Sp.	0,12	2	0,45	0,53	Sp.	0	0	10759
18	Veľký Grob	0	0	1,35	1,15	0,72	0,13	0,13	0	0	10758
19	Veľký Grob	4,6	0	9,96	1,35	0,39	Sp.	0,043	0	0	10740
20	Veľký Grob	0	0,04	0,3	0,51	0,61	0	0,008	Sp.	Au Sp.	10744
22	Šurany	4,6	Sp.	1,65	1,9	0,49	0,04	0,04	Sp.	0	10777
24	Rastislavice	7,5	Sp.	0,32	0,19	0,28	0,11	0,028	+	0	17680
25	Rastislavice	8,1	Sp.	0,09	0,13	0,12	0,07	0,009	+	0	17681
27	Bánov	0	0	2,0	1,7	0,75	<0,01	0,11	0	0	10785
28	Gemer	0	0	0,56	0,39	0,42	0	0,046	0	0	G.K.
30	Abrahám	0	0	1,4	1,95	0,65	0	0,12	0	0	G.K.
33	Veľký Slavkov	12		0,065	0,0080	0,0050				Co 0,0150	A.M.
34	Fundort unbekannt	0	0	0,63	0,33	0,30	0	0	0	0	G.K.
37–42	Stupava	10	0	0,02	0,01	0,01	0,04	Sp.	Sp.	0	12881
		7,4	0	0,74	0,72	0,7	0,03	0,035	0	0	12882
		8,6	0	0,18	0,26	0,22	0,03	0,012	Sp.	0	12884
43	Hodejov	7,1	0	0,71	0,15	0,03	0,56	0	0	0	10897
45	Fundort unbekannt	0	0	0,58	0,38	0,24	0	0	0	0	G.K.
57	Gemer	0	0,15	15,46	0,18	0,060	0,066	0,80	0	0	G.K.
58	Veľký Grob	0	0	1,3	2,2	0,59	<0,01	0,047	Sp.	0	10743
65	Fundort unbekannt	0	0	0,62	0,30	0,33	0	0,058	0	0	G.K.
70	Matúškovo	0,02	0,01	2,9	1,05	0,26	1,5	0,01	Sp.	Co 0,06	
198	Bušovce			0,0670	0,0035	0,0130				Co 0,013; Se 0,0027	A.M.
199	Spišská Teplica			2,1	1,4	1,5					A.M.
203–207	Považie	0	0	0,56	1,9	0,44	0,03	0,042	0	0	4778
		0	0	1,55	1,5	0,45	0	0,72	0	0	4779
		0	0	1,4	Sp.	0,47	0,01	0,039	0	0	4780

Spangenbarren

Kat.-Nr.	Fundort	Sn	Pb	As	Sb	Ag	Ni	Bi	Fe	Sonstige	Quelle
230	Fundort unbekannt	0	0	0,94	0,09	0,065	0,45	0,02	0,6	0	G.K.

Bem. Unter „sonstige" wurden die Elemente Au, Zn und Co versucht nachzuweisen.
  Bei den Quellen bedeutet G.K. = G. Kupčo, Geologisches Institut Bratislava
    A.M. = A. Maštalka
    Ziffern = SAM. II Analysennr.

VERZEICHNISSE UND REGISTER

VERZEICHNIS DER ALLGEMEINEN ABKÜRZUNGEN

AÚSAV. = Archeologický ústav Slovenskej Akadémie Vied (Archäologisches Institut der Slowakischen Akademie der Wissenschaften)
AÚSNM. = Archeologický ústav Slovenského Národného Muzea (Archäologisches Institut des Slowakischen Nationalmuseums)
Br. = Breite
FFUK. = Filozofická Fakulta Univerzity Komenského (Philosophische Fakultät der Komenský-Universität)

Gem. = Gemeinde
Hgl. = Hügel
Kr. = Kreis
L. = Länge
Mus. = Museum
NHM. = Naturhistorisches Museum
Slg. = Sammlung
Tl. = Teil

VERZEICHNIS DER LITERATURABKÜRZUNGEN

MONOGRAPHIEN, AUFSÄTZE UND SAMMELWERKE

AVANS. = Archeologické výskumy a nálezy na Slovensku 1974/75 ff. (AÚSAV Nitra).

Betzler, PBF. XIV, 3 (1974) = P. Betzler, Die Fibeln in Süddeutschland, Österreich und der Schweiz (1974).

Bóna, Mittlere Bronzezeit = I. Bóna, Die mittlere Bronzezeit Ungarns und ihre südöstlichen Beziehungen (1975).

v. Brunn, Mitteldeutsche Hortfunde = W. A. v. Brunn, Mitteldeutsche Hortfunde der jüngeren Bronzezeit (1968).

v. Brunn-Festschrift = Studien zur Bronzezeit. Festschrift für W. A. v. Brunn, hrsg. von H. Lorenz (1981).

Čaplovič, Dolný Kubín II = P. Čaplovič, Dolný Kubín II. Halštatské popolnicové pohrebisko (1977).

Chropovský/Dušek/Polla, Gräberfelder = B. Chropovský/M. Dušek/B. Polla, Pohrebiská zo staršej doby bronzovej na Slovensku (Gräberfelder aus der älteren Bronzezeit in der Slowakei) (1960).

Coblenz-Festschrift = Beiträge zur Ur- u. Frühgeschichte Teil I (1981). Festschrift für W. Coblenz. Arbeits- und Forschungsberichte zur Sächsischen Bodendenkmalpflege Beiheft 16, hrsg. vom Landesmuseum für Vorgeschichte Dresden.

Eisner, Slovensko = J. Eisner, Slovensko v praveku (Die vorgeschichtliche Slowakei) (1933).

Furmánek, PBF. XI, 3 (1980) = V. Furmánek, Die Anhänger in der Slowakei (1980).

Gallus/Horváth, Un peuple cavalier = S. Gallus/T. Horváth, Un peuple cavalier préscythique en Hongrie (1939).

Hampel, Bronzkor I–III = J. Hampel, A Bronzkor Emlékei Magyarhonban I (1886; auch deutsch: Alterthümer der Bronzezeit in Ungarn [1887]). II (1892). III (1896).

Hundt, Katalog Straubing (I. II) = H.-J. Hundt, Katalog Straubing I: Die Funde der Glockenbecherkultur und der Straubinger Kultur (1958); II: Die Funde der Hügelgräberbronzezeit und der Urnenfelderzeit (1964).

Inv. Arch. = Inventaria Archaeologica (1953 ff.).

Jockenhövel, PBF. VIII, 1 (1971) = J. Jockenhövel, Die Rasiermesser in Mitteleuropa (1971).

Kilian-Dirlmeier, PBF. XII, 2 (1975) = I. Kilian-Dirlmeier, Gürtelhaken, Gürtelbleche und Blechgürtel der Bronzezeit in Mitteleuropa (1975).

Kommission Nitra = Kommission für das Äneolithikum und die ältere Bronzezeit, Nitra 1958 (1961).

Kubach, PBF. XIII, 3 (1977) = W. Kubach, Die Nadeln in Hessen und Rheinhessen (1977).

Mayer, PBF. IX 9 (1977) = E. F. Mayer, Die Äxte und Beile in Österreich (1977).

Mozsolics, Karpatenbecken = A. Mozsolics, Bronzefunde des Karpatenbeckens. Depotfundhorizonte von Hajdúsámson und Kosziderpadlás (1967).

Mozsolics, Bronze- und Goldfunde = A. Mozsolics, Bronze- und Goldfunde des Karpatenbeckens. Depotfundhorizonte von Forró und Ópályi (1973).

Müller-Karpe, Chronologie = H. Müller-Karpe, Beiträge zur Chronologie der Urnenfelderzeit nördlich und südlich der Alpen (1959).

Müller-Karpe, Handb. I–IV = H. Müller-Karpe, Handbuch der Vorgeschichte: I (1966); II/1. 2 (1968); III/1–3 (1974); IV/1–3 (1980).

M. v. és v. encz. = Magyarország vármegyei és városai Encziklopédiája. Bars vármegye (1903). Esztergom vármegye (1903).

Novák, PBF. IV, 4 (1975) = P. Novák, Die Schwerter in der Tschechoslowakei (1975).

Novotná, Bronzehortfunde = M. Novotná, Die Bronzehortfunde in der Slowakei. Spätbronzezeit (1970).

Novotná, PBF. IX, 3 (1970) = M. Novotná, Die Äxte und Beile in der Slowakei (1970).

Novotná, PBF. XIII, 6 (1980) = M. Novotná, Die Nadeln in der Slowakei (1980).

Novotný/Fuhrherr, Katalóg = B. Novotný/V. Fuhrherr, Katalóg archeologickej zbierky Západoslovenského múzea v Trnave (1971).

Paulík, Juhozápadné Slovensko = J. Paulík, Juhozápadné Slovensko (Die Südwestslowakei) (Manuskript).

PBF. = Prähistorische Bronzefunde (vgl. die Titel der Bände unter den Autorennamen).

Petrescu-Dîmboviţa, Depozitele = M. Petrescu-Dîmboviţa, Depozitele de Bronzuri din România (1977).

Podborský, Mähren = V. Podborský, Mähren in der Spätbronzezeit und an der Schwelle der Eisenzeit (1970).

Říhovský, PBF. VII, 1 (1972) = J. Říhovský, Die Messer in Mähren und dem Ostalpengebiet (1972).

Říhovský, PBF. XIII, 5 (1979) = J. Říhovský, Die Nadeln in Mähren und im Ostalpengebiet (1979).

RL. (I–XV) = Reallexikon der Vorgeschichte (hrsg. von M. Ebert) I–XV (1924–32).

SAM. II/1–4 = Studien zu den Anfängen der Metallurgie II/1–3 (1968); II/4 (1974): S. Junghans/E. Sangmeister/M. Schröder, Kupfer und Bronze in der frühen Metallzeit Europas.

Schaeffer, Ugaritica II. VII = C. F. A. Schaeffer, Ugaritica II (1949). VII (1978).

Sprockhoff, Hortfunde Per. IV. V = E. Sprockhoff, Jungbronzezeitliche Hortfunde Norddeutschlands (Periode IV) (1937); Jungbronzezeitliche Hortfunde der Südzone des Nordischen Kreises (Periode V) (1956).

Točík, Výčapy-Opatovce = A. Točík, Výčapy-Opatovce a d'alšie pohrebiská zo staršej doby bronzovej na juhozápadnom Slovensku (Výčapy-Opatovce und weitere altbronzezeitliche Gräberfelder in der Südwestslowakei (1979).

Točík, Nitriansky Hrádok = A. Točík, Nitriansky Hrádok-Zámeček. Bronzezeitliche Ansiedlung der Maďarovce-Kultur I, H. 1 (1981).

Vladár, Branč = J. Vladár, Pohrebiská zo staršej doby bronzovej v Branči (Gräberfelder der älteren Bronzezeit in Branč) (1973).

Vladár, PBF. VI, 3 (1974) = J. Vladár, Die Dolche in der Slowakei (1974).

ZEITSCHRIFTEN

Acta Arch. = Acta Archaeologica (København).

Acta Arch. Hung. = Acta Archaeologica Academiae Scientiarum Hungaricae (Budapest).

Anuarul Inst. Stud. Clas. = Anuarul Institutului de Studii Clasice (Cluj).

Arch. Austr. = Archaeologia Austriaca (Wien).

Arch. Ért. = Archaeológiai Értesitő (Budapest).

Arch. Rozhl. = Archeologické Rozhledy (Praha).

Bayer. Vorgeschbl. = Bayerische Vorgeschichtsblätter (München).

Ber. RGK. = Bericht der Römisch-Germanischen Kommission des Deutschen Archäologischen Instituts (Frankfurt a. M./Berlin).

Časopis MSS. = Časopis Muzeálnej Slovenskej Spoločnosti (Martin).

Časopis Vlast. Sp. Mus. Olomouc = Časopis Vlasteneckého Spolku Musejního v Olomouci (Olomouc).

Dolgozatok (Szeged) = Dolgozatok a m. Kir. Ferencz József-Tudomány-egyetem Archaeológiai Intézetéből (Szeged).

Folia Arch. = Folia Archaeologica (Budapest).

Herm. Ottó Muz. Évk. = A Herman Ottó Muzeum Évkönyve (Miskolc).

Hist. Carp. = Historica Carpatica. Zborník Východoslovenského Múzea v Košiciach (Košice).

Istraživanja = Istraživanja (Novi Sad).

Jahresschr. Halle = Jahresschrift für mitteldeutsche Vorgeschichte (Halle/Berlin).

Janus Pannon. Múz. Évkönyve = A Janus Pannonius Múzeum Évkőnyve (Pécs).

Jb. RGZM. = Jahrbuch des Römisch-Germanischen Zentralmuseums Mainz (Mainz).

Jber. Inst. Vorgesch. Frankfurt = Jahresbericht des Instituts für Vorgeschichte der Universität Frankfurt a. M. (Frankfurt a. M./München).

Közlemények = Közlemények az Erdélyi Nemzeti Múzeum Történeti-, Müvészeti- és Néprajzi Tárából (Kolozsvár).

MAGW. = Mitteilungen der Anthropologischen Gesellschaft in Wien (Wien).

Mat. Star. = Materiały Starożytne (Warszawa).

Musaica = Zborník Filozofickej Fakulty Univerzity Komenského. Musaica (Bratislava).

Pam. Arch. = Památky Archeologické (Praha).

Preist. Alpina = Preistoria Alpina (Trento).

Przegl. Arch. = Przegląd Archeologiczny (Poznań).

PZ. = Prähistorische Zeitschrift (Berlin).

Sborník ČSSA. = Sborník Československé Společnosti Archeologické (Brno).

Sborník MSS. = Sborník Muzeálnej Slovenskej Spoločnosti (Martin).

Slov. Arch. = Slovenská Archeológia (Bratislava).

Sov. Arch. = Sovetskaja Archeologija (Moskva).

Spraw. Arch. = Sprawozdania Archeologiczne (Wrocław).

Štud. Zvesti AÚSAV. = Štúdijné Zvesti Archeologického Ústavu Slovenskej Akadémie Vied (Nitra).

Vjesnik Hrvat. Arh. Društva = Vjesnik Hrvatskoga Arheološkoga Društva (Zagreb).

Wiad. Arch. = Wiadomości Archeologiczne (Warszawa).

WPZ. = Wiener Prähistorische Zeitschrift (Wien).

Zborník SNM. História = Zborník Slovenského Národného Múzea. História (Bratislava).

Zprávy ČSSA. = Zprávy Československé Společnosti Archeologické při Československé Akademii Věd (Praha).

VERZEICHNIS DER MUSEEN UND SAMMLUNGEN

(Die Zahlen beziehen sich auf die laufenden Nummern der erfaßten Halsringe.)

TSCHECHOSLOWAKEI

Museen

Banská Štiavnica, Slovenské banské Múzeum 254 A. B, 266 A, 281 A

Betliar, Staatseigenes Schloß 28, 57, 74–85, 378, 381–383

Bojnice, Vlastivedné múzeum 61, 249, 278, 279, 290, 291, 364

Bratislava, Slovenské národné múzeum 30, 66, 210, 253, 254, 271–273, 275, 281–284, 292, 293, 329, 336, 371, 374, 374 B, 377

–, Archeologický ústav Slovenského národného múzea 262

–, Mestské múzeum 9 B, 35, 36, 44, 59, 60, 62, 211–215

Fiľakovo, Mestské múzeum 43.

Komárno, Podunajské múzeum 32, 252, 256, 257, 302, 317, 318

Košice, Východoslovenské múzeum 34, 45, 232–234, 240 A, 286, 287, 313–316, 319, 324–328, 332, 332 A–335 A–F, 389

Levice, Tekovské múzeum 274, 337

Martin, Slovenské národné múzeum 236, 238–240, 243, 250, 258, 263, 264, 280, 294, 295, 311, 312, 323 A, 342, 343, 346, 347, 351–354, 386

Nitra, Archeologický ústav Slovenskej Akadémie Vied 9.9 A. 10. 12–20, 22–25, 27, 29, 31, 58, 63, 70, 72, 244–248, 251, 259, 261, 285, 288, 289, 296–301, 303–308, 321–322, 323 B, 363–370, 372, 373, 374 A, 375 A. B

–, Oblastne nitrianske múzeum 267–269, 387

Nové Mesto nad Váhom, Podjavorinské múzeum 341

Oravský Podzámok, Oravské múzeum 345, 349

Piešťany, Balneologické múzeum 230, 255, 384

Poprad, Podtatranské múzeum 1–8, 33, 198, 199, 362, 385

Praha, Národní muzeum 220–227

Rimavská Sobota, Gemerské múzeum 43, 260, 277

Rožňava, Banícke múzeum 276

Ružomberok, Liptovské múzeum 330, 348, 360, 361

Skalica, Záhorské múzeum 86

Trenčín, Vlastivedné múzeum 26

Trnava, Západoslovenské múzeum 265

Žilina, Považské múzeum 309, 310, 338–340

Sammlungen

Bratislava, Studiensammlung des Archäologischen Seminars der Universität 65, 235

Vrbové, Privatsammlung J. Halama 266

GROSSBRITANNIEN

Oxford, Ashmolean Museum 200–202, 270

ÖSTERREICH

Wien, Naturhistorisches Museum 203–207

SCHWEDEN

Göteborg, Arkeologiska Museum 391, 392

UNGARN

Budapest, Magyar Nemzeti Múzeum 9 C, 33 A, 37–42, 46–56, 64, 73, 87–196, 208, 209, 231, 331, 344, 355, 356, 358, 379

VEREINIGTE STAATEN VON AMERIKA

New York, Metropolitan Museum 357

VERBLEIB UNBEKANNT

21, 67–69, 71, 73, 216–219, 228, 229, 229 A, 237, 241, 242, 263 A. B, 279 A, 323, 335, 350, 359, 375, 376, 380, 388, 389

VERZEICHNIS DER FUNDORTABKÜRZUNGEN AUF TAFEL 66/67

A = Abrahám
B = Bratislava, ehem. Bratislava stolica, Bratislava Umgebung
Ba = Bajč
Br = Branč
Bv = Bánov
CB = Čierny Brod
Ch = Chotín II
De = Dedinka
DK = Dolný Kubín
Do = Dobšiná
DZ = Dvory nad Žitavou
Ga = Gajary
Ge = Gemer, ehem. Komitat Gemer
GL = Gemerský Lipovec
H = Hlohovec, Umgebung
Hu = Hurbanovo
I = Ilava
IH = Istebné-Hrádok

K = Košice
KH = Krásna Hôrka
M = Medvedzie
NH = Nitriansky Hrádok
ON = Opatovce nad Nitrou
Po = Počúvadlo
Pu = Púchov
R = Rastislavice
S = Sebeslavce
Sl = Sliače
St = Stupava
TB = Trenčianske Bohuslavice
V = Včelince
VG = Veľký Grob
Vi = Viničky
VL = Veľká Lomnica
VO = Výčapy-Opatovce
Z = Žilina
ZP = Zemianske Podhradie

ORTSREGISTER

(Die eckigen Klammern hinter den Ortsnamen enthalten die Koordinaten und Abkürzungen der Fundorte auf der Verbreitungskarte Taf. 66/67, die runden Klammern die im Text und auf den Tafeln verwendeten Fundnummern. Orte außerhalb des Arbeitsgebietes sind durch Kursivdruck gekennzeichnet).

Abaujszántó 53
Abrahám [Taf. 66, E 14: A] 18 (Nr. 30. 31) 20 (Nr. 72) 25. 63 (Nr. 371. 372) 66. 72
Aggtelek 68
Aibunar 13
Aiud 29
Alba Iulia-Partos 38
Arndorf 34

Babínec 53
Baden-Königshöhle 10
Bad Homburg 34
Bajč [Taf. 66, H 17: Ba] 14 (Nr. 9 A) 64 (Nr. 374 A)
Balta Verde 38
Banka 33
Bánov [Taf. 66, G 16: Bv] 18 (Nr. 27) 25. 27. 62f. (Nr. 366. 367) 72
Barca [Taf. 67, J 11] 3. 13. 51. 62. 64 (Nr. 375) 66
Beba Veche 15f.
Benczúrfalva-Szécény (Dolányi) 46. 50f.
Bernolákovo [Taf. 66, C 15] 64 (Nr. 374)
Biala Wielka 54
Bilvaneşti 38f.
Blučina 49
Bodrogkeresztúr 50
Bosca 29
Borsodgeszt 50
Boskovštejn 24
Bošáca [Taf. 66, F 10] 36 (Nr. 280) 38
Branč [Taf. 66, G 14: Br] 15 (Nr. 17) 16. 63 (Nr. 373)
Bratislava [Taf. 66, B 15: B] 22 (Nr. 229) 23. 33 (Nr. 270) 35. 38
–, Umgebung 19 (Nr. 46–56) 21f. (Nr. 87–196. 220–227) 23f. 27
–, ehem. Komitat 22 (Nr. 228)
Broos, Umgebung 39
Brza Palanka 29
Budmerice [Taf. 66, C/D 13] 14 (Nr. 9 C)
Bükkaranyos 34
Bükkszentlászló-Nagysánc 34
Bušovce [Taf. 67, E 6] 22 (Nr. 198) 23. 72
Byblos 11

Cabaj-Čápor [Taf. 66, F/G 14] 32 (Nr. 262)
Center 64f.
Chabžany [Taf. 67, H 10] 45 (Nr. 335) 46
Chotín [Taf. 66, H 18: Ch] 3f. 7. 31 (Nr. 244–248. 251. 252. 256) 32 (Nr. 259) 33–35. 40 (Nr. 288. 289. 297) 41 (Nr. 298–308. 321. 322) 42f. 70 (Nr. 387) 71
Coldau 34
Cuprensi 71
Częstochowa-Rabów 51
Čachtice [Taf. 66, E/F 10] 48 (Nr. 341) 49. 52
Čierna Voda [Taf. 66, E 16] 64 (Nr. 374 B)
Čierny Brod [Taf. 66, E 15: CB] 14 (Nr. 9–11) 15f.

Debrecén-Látókép 29f.
Decea Muresului 6. 11f. 15
Dedinka [Taf. 66, J 16: De] 3–5. 7. 42f. (Nr. 329) 44. 63. 64 (Nr. 377)
Dětkovice 16
Dipsa 29
Diviaky nad Nitricou [Taf. 66, L 10] 36 (Nr. 278) 37
Dobšiná [Taf. 67, D 10: Do] 1. 52 (Nr. 344) 53–57 (Nr. 356) 58–60
Dolný Kubín [Taf. 66, P 6: DK] 7. 53 (Nr. 345) 55f. (Nr. 349) 57f.
Domamyslice 33
Domaníky [Taf. 66, M 14/15] 32 (Nr. 264) 35
Dratów 49
Dreveník 10
Dupljaja 59
Dvorníky [Taf. 66, M 15] 32 (Nr. 263 B)
Dvory nad Žitavou [Taf. 66, H 17: DZ] 18 (Nr. 33 A) 19 (Nr. 63) 25

Emöd 11
Elsterwalda 65

Felsödobsza 49
Fenyeslitke 11

Gajary [Taf. 66, A 12/13: Ga] 22 (Nr. 216–219) 24
Gedersdorf 3. 65
Gemeinlebarn 3

Gemer [Taf. 67, D 13: Ge] 17 (Nr. 21) 18 (Nr. 28) 19 (Nr. 57) 21 (Nr. 74–81) 22 (Nr. 82–84) 23. 25–27. 33. 36 (Nr. 279 A) 37. 70 (Nr. 390) 72
–, ehem. Komitat 31 (Nr. 250) 32 (Nr. 258) 33
Gemer-Gau 53
Gemerský Lipovec [Taf. 67, B 12: GL] 70 (Nr. 381. 382)
Gorodnica 2f. 11. 64
Grottamare 71

Hirschkogel bei Mödling 10
Hlohovec, Umgebung [Taf. 66, E/F 13: H] 4. 33 (Nr. 267–269) 35f.
Hloža [Taf. 66, J 8] 18 (Nr. 26) 25. 27
Hluboká nad Vltavou 65
Hluboká 3
Hodejov [Taf. 67, B 14] 3. 19 (Nr. 43) 25. 27. 72
Hodonín 23. 24
Homolka 10
Hosť 3
Hostě 65
Hradisko 49
Húl 65
Hulín 49
Hunedoara 29
Hurbanovo [Taf. 66, H 18: Hu] 14 (Nr. 12–14) 15f. 18 (Nr. 29) 27. 63 (Nr. 368. 369) 67
Hurvín 59

Ilava [Taf. 66, H 8: I] 40 (Nr. 295) 41 (Nr. 311. 312)
Irlich 37
Istebné-Hrádok [Taf. 66, N 7: IH] 53–56. (Nr. 346. 347) 57 (Nr. 351–354) 58–70 (Nr. 386) 71
Istenmezöje 68

Jalovec [Taf. 66, P 7/8] 32 (Nr. 263 A)
Janíky [Taf. 66, C/D 15] 40 (Nr. 293) 42
Jasenica [Taf. 66, J 7] 41 (Nr. 310)
Jelka [Taf. 66, D 15] 20 (Nr. 71) 25. 27
Jenišovice 37
Jiříkovice 16

Kamenný Most [Taf. 66, K 17] 31 (Nr. 249) 34f.
Kamýk 3
Kateřinky 51
Kék 29
Kľačany [Taf. 66, G 12] 22 (Nr. 208)
Kneževac 15f.
Kláštor pod Znievom [Taf. 66, L 9] 20 (Nr. 73)
Komjatice 12
Kolodnoje 29
Kopčany [Taf. 67, M 12] 28 (Nr. 240 A)
Koruncutepe 13
Košice [Taf. 67, J 11: K] 70 (Nr. 391. 392)

Kotešová [Taf. 66, K 6] 41 (Nr. 309)
Krásna Hôrka [Taf. 66, P 6: KH] 52 (Nr. 342. 343) 53–55
Krásna Ves [Taf. 66, H 9] 41 (Nr. 323 A)
Krivoklát 60
Križovany nad Dudváhom [Taf. 66, D 14] 32 (Nr. 265) 34

Legnice 30
Leobersdorf 6. 10. 13
Lichtenwörth 6. 10. 13
Litoměřice 60
Lužany [Taf. 66, G 12/13] 40 (Nr. 284) 42f.

Maćkówka 49
Maikop 2
Malatiny [Taf. 66, P 8] 56 (Nr. 348)
Malé Kršteňany [Taf. 66, H 12] 3. 64 (Nr. 376)
Marcelová [Taf. 66, H 18] 70 (Nr. 388)
Marchete 71
Matúškovo [Taf. 66, F 16] 20 (Nr. 70) 25. 72
Medvedzie [Taf. 66, P 5/6: M] 44. 60 (Nr. 358. 359) 61
Moigrad 11
Mokrin 2
Mosonmagyaróvár 23

Nagybátony 5. 68f.
Nagyhalász-Szolöhegy 11
Neckenmarkt 49
Niedzieliska 29
Niechmirów 50–52
Nitriansky Hrádok [Taf. 66, G 16: NH] 64 (Nr. 375 A–B)
Nižná Myšľa 66
Nyiregyháza 69

Očová [Taf. 66, N 12] 38 (Nr. 282) 39
Olesno 51f.
Opatovce nad Nitrou [Taf. 66, J 11: ON] 36 (Nr. 279) 37. 40 (Nr. 290. 291) 42
Opatów 51
Oradea 38
Orastie (Szászvároszek) 39
Orava 22 (Nr. 200–202) 26
Orechów 54
Osterburken 29
Ostslowakei 26

Plavecké Podhradie [Taf. 66, C 12] 5. 40 (Nr. 292) 42
Počúvadlo-Sitno [Taf. 66, L 13: Po] 31 (Nr. 253. 254. 254 A. B) 32 (Nr. 266 A) 34–36 (Nr. 271–273. 275) 38 (Nr. 281. 281 A) 39. 47 (Nr. 336)
Podgorjany 29
Podolí 44
Považie 22 (Nr. 203–207) 23. 72

Praszka 51
Prašník [Taf. 66, E 11] 32 (Nr. 266) 35
Pravčice 44. 66
Púchov [Taf. 66, H/J 7: Pu] 28 (Nr. 238. 239. 241. 243) 30

Rače 39
Rad 30
Rájec-Jestřabí 37. 51
Ras Schamra (Ugarit) 11 f.
Rastislavice [Taf. 66, G 16: R] 18 (Nr. 24. 25) 25–27. 72
Rebešovice 65
Rimavská Sobota [Taf. 67, B 14] 5, 37. 67 (Nr. 379) 68 f.
Rusovce [Taf. 66, B 16] 20 (Nr. 64) 27

Sebeslavce (Blatnica) [Taf. 66, L 9: S] 20 (Nr. 68) 54. 57 (Nr. 355) 59
Sinošević 39
Siofók 39
Sion 34
Skalica [Taf. 66, C 9/10] 22 (Nr. 86) 23 f.
Slatinice 49 f. 52
Sliača [Taf. 66, O 8: Sl] 44 (Nr. 330) 60 (Nr. 360. 361) 61 f. 69
Slovensko 70 (Nr. 383)
Spišská Belá 9
Spišská Teplica [Taf. 67, C 8] 22 (Nr. 199) 23. 72
Spitz 3. 65
Straubing 3. 65
Stupava [Taf. 66, B 14: St] 3 f. 18 (Nr. 37–42) 22 (Nr. 209) 25. 27 (Nr. 231) 28. 72
Sudoměřice 16
Supramarittima 71
Svodín [Taf. 66, J 17] 68 (Nr. 380)
Szczonów 54
Szentendre-Szigetmonostor 34
Šarengrad 38 f.
Šarišké Lužianky [Taf. 67, H 9] 45 (Nr. 331) 46. 51
Šarovce [Taf. 66, K 16] 47 (Nr. 337) 48
Štramberk-Kotouč 37
Šurany [Taf. 66, G 16] 17 (Nr. 22) 25. 27. 72

Trenčianske Biskupice 25
Trenčianske Bohuslavice [Taf. 66, F 10: TB] 3. 32 (Nr. 263) 35. 40 (Nr. 294)

Troja 11
Turčianka [Taf. 66, H 12] 41 (Nr. 323 B)
Turdas 38
Tyniec 51

Uioara de Sus 29
Unterwölbling 3
Uny 10

Vácszentlászló 68 f.
Vaidei 38 f.
Várvölgy 48
Včelínce [Taf. 67, D 14: V] 31 f. (Nr. 260) 33. 36 (Nr. 277)
Velikije Lučki 29
Vel'ká Lomnica [Taf. 67, C/D 7: VL] 2 f. 9 (Nr. 1–8) 10 f. 62 (Nr. 362) 64 f. 72
Velké Žernoseky 60 f.
Vel'ký Grob [Taf. 66, D 14: VG] 14 (Nr. 15) 15–17 (Nr. 18–20) 19 (Nr. 58) 24. 26 f. 40 (Nr. 285) 42–44. 63 (Nr. 370) 72
Vel'ký Slavkov [Taf. 67, C 8] 18 (Nr. 33) 29. 33. 54. 72
Velvary 10
Villafranca bei Verona 10
Viničky [Taf. 67, L 13: Vi] 27 (Nr. 232) 28 (Nr. 233. 234) 29 f. 40 (Nr. 286. 287) 42. 50
Vinodol [Taf. 66, H 15] 6. 17 (Nr. 23) 25. 27
Vint 38
Vlčany [Taf. 66, F 16] 20 (Nr. 67)
Vörs 3. 64 f.
Vukovar 2. 64
Výčapy-Opatovce [Taf. 66, G 13: VO] 62 (Nr. 363) 63 (Nr. 364. 365)

Wakijów 54
Wiesbaden, Umgebung 34

Zagreb 38
Zemianske Podhradie [Taf. 66, F 9: ZP] 28 (Nr. 236. 237. 242) 30
Žilina [Taf. 66, K 6: Z] 48 (Nr. 338–340) 49. 51 f. 61
Žírany [Taf. 66, G/H 13] 31 f. (Nr. 261) 33
Žitný ostrov (Insel Schütt) 20 (Nr. 69) 36 (Nr. 274) 37 f.

TAFELN

Kupferzeitliche Halsringbarren (1–7)   TAFEL 1

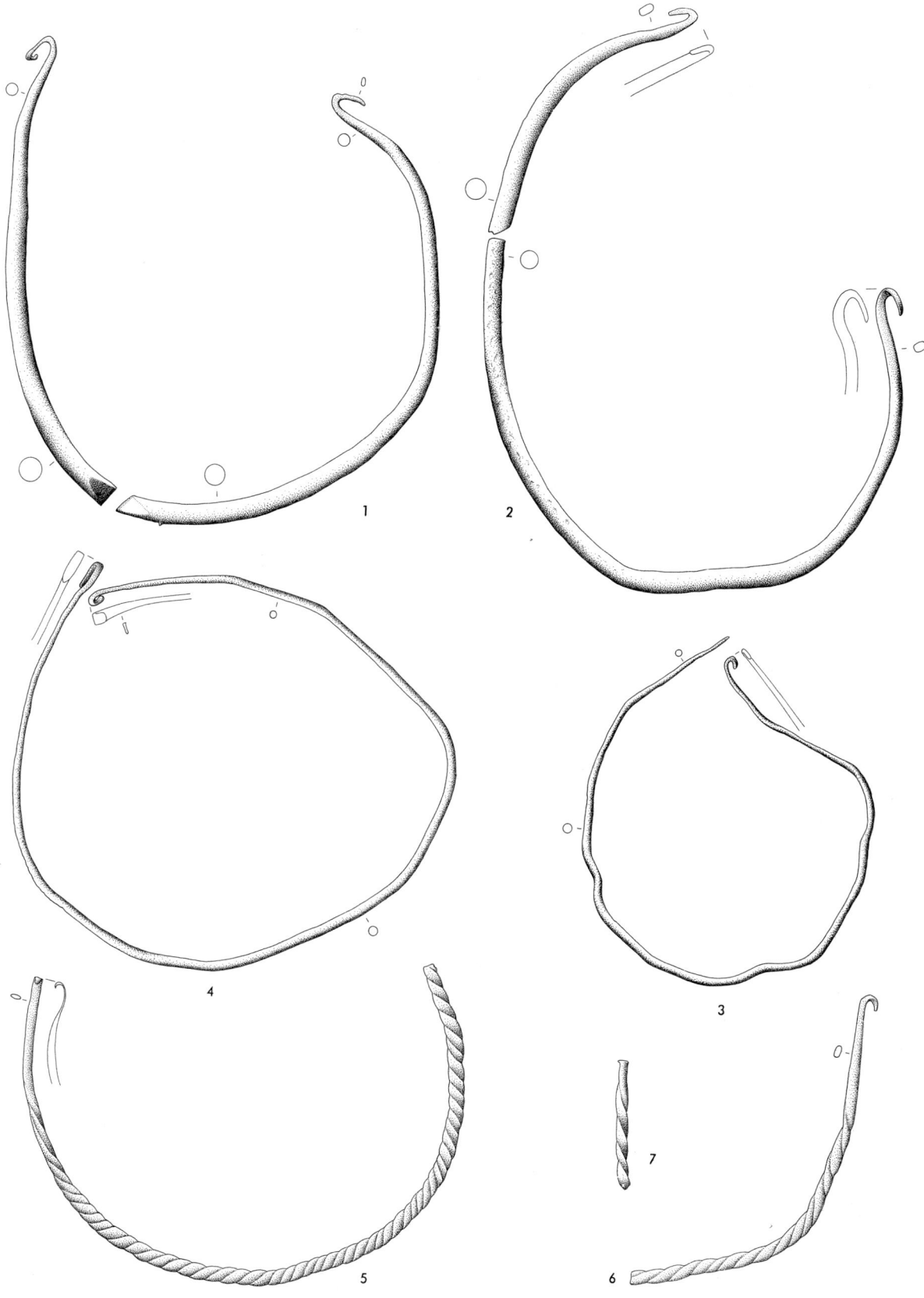

1–7 Vel'ká Lomnica (s. auch Taf. 72, A).
M. 1:2

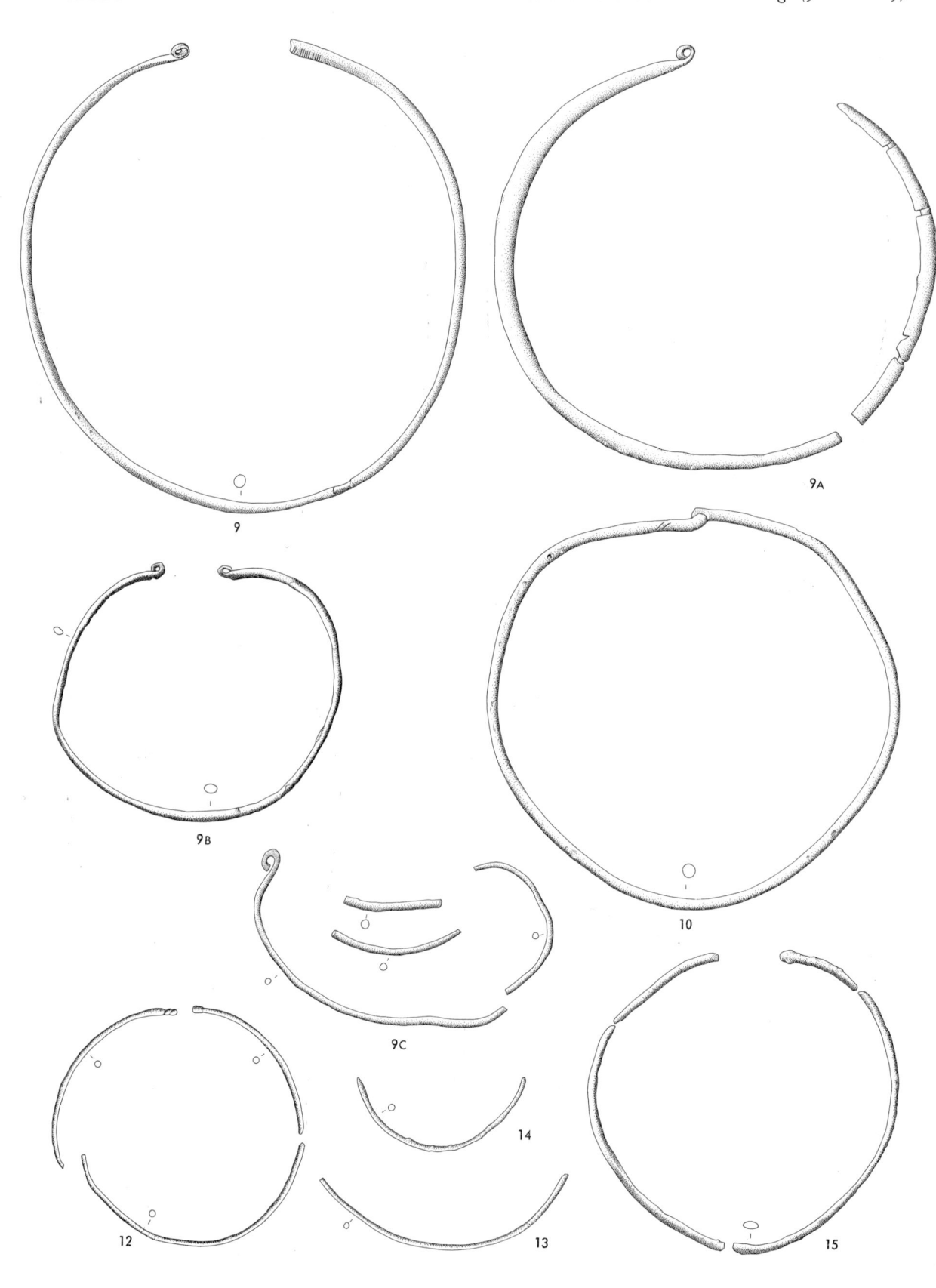

TAFEL 2　　　　　　　　　　　　　　　　　　　　　　　　*Älterbronzezeitliche Drahthalsringe (9–10. 12–15)*

9. 10 Čierny Brod. – 9 A Bajč (s. auch Taf. 75, B). – 9 B Fundort unbekannt. – 9 C Budmerice. – 12–14 Hurbanovo (zu 13 s. auch Taf. 72, B). – 15 Veľký Grob (s. auch Taf. 72, C). – (9 A nach Točík).

M. 1:2

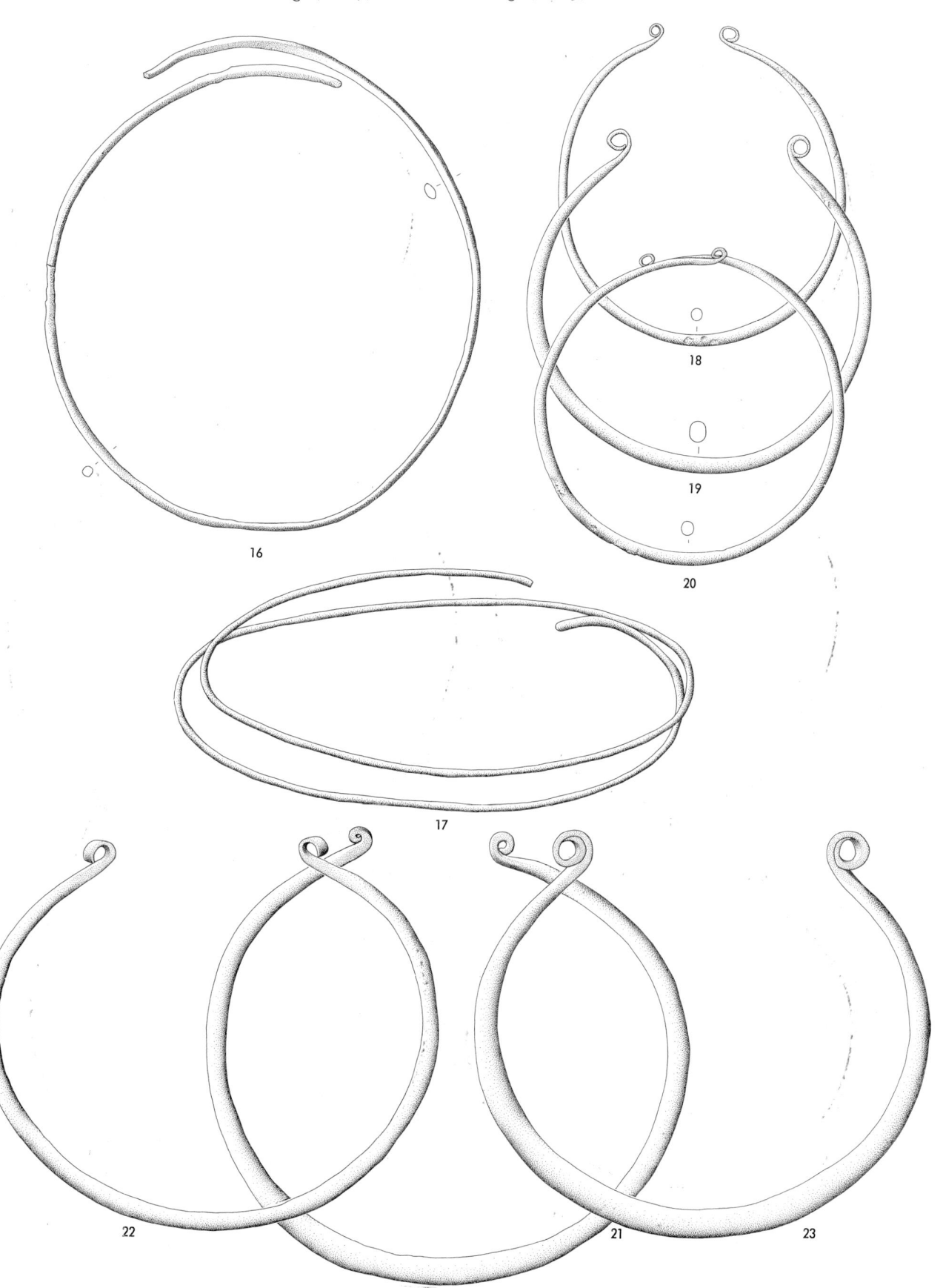

Älterbronzezeitliche Drahthalsringe *(16. 17)* und Ösenhalsringe *(18–23)* TAFEL 3

16. 18–20 Vel'ký Grob (zu 16 s. auch Taf. 73, C; zu 20 s. auch Taf. 74, A). – 17 Branč (s. auch Taf. 75, D). – 21 Gemer. – 22 Šurany (s. auch Taf. 74, B). – 23 Vinodol. – (16 nach Chropovský; 17 nach Vladár: 21 nach Eisner; 22. 23 nach Točík).

M. 1:2

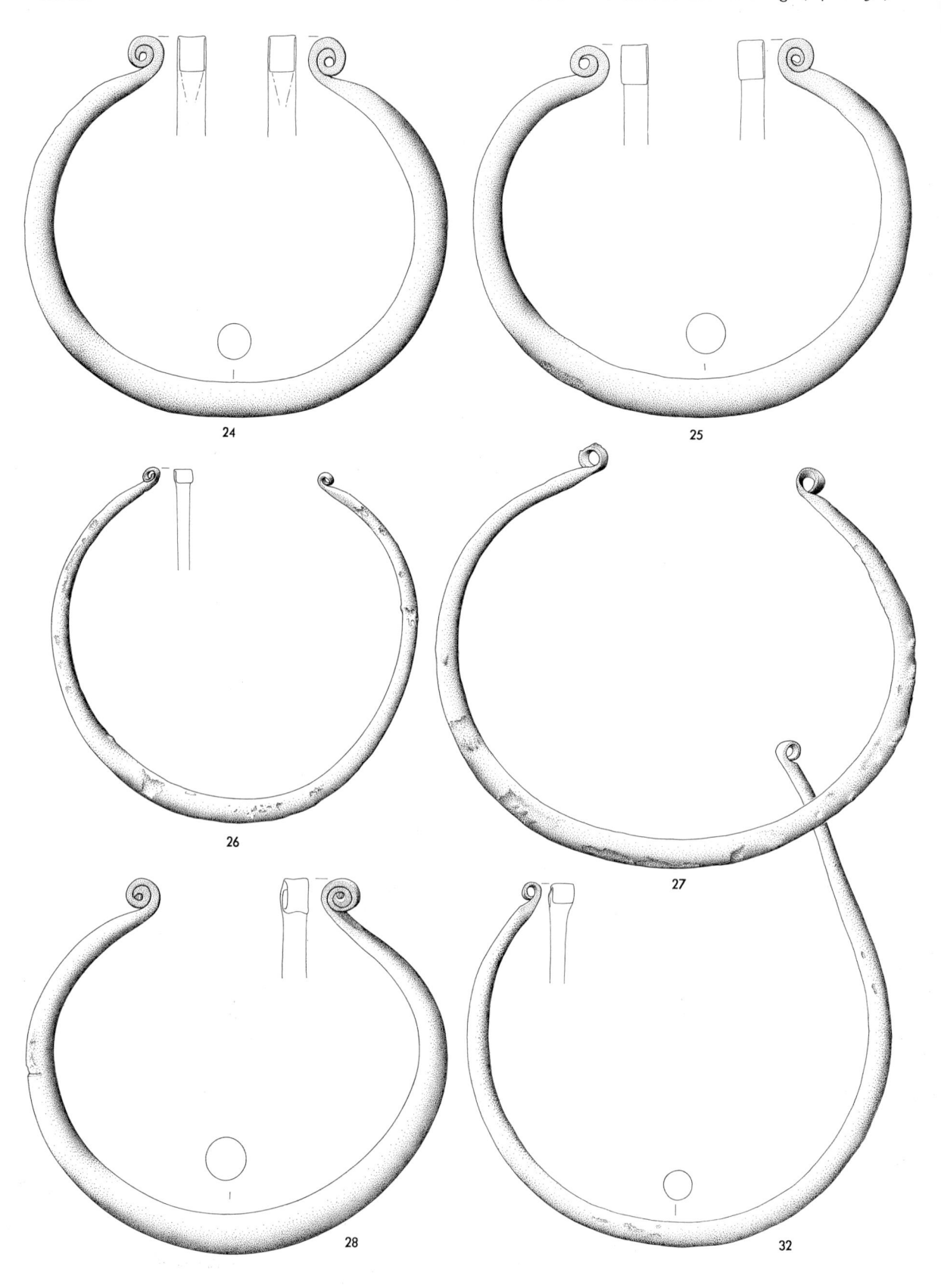

TAFEL 4 Älterbronzezeitliche Ösenhalsringe (24–28. 32)

24. 25 Rastislavice. – 26 Hloža. – 27 Bánov (s. auch Taf. 74, D). – 28 Gemer. – 32 Fundort unbekannt. – (24. 25 nach Paulík).
M. 1:2

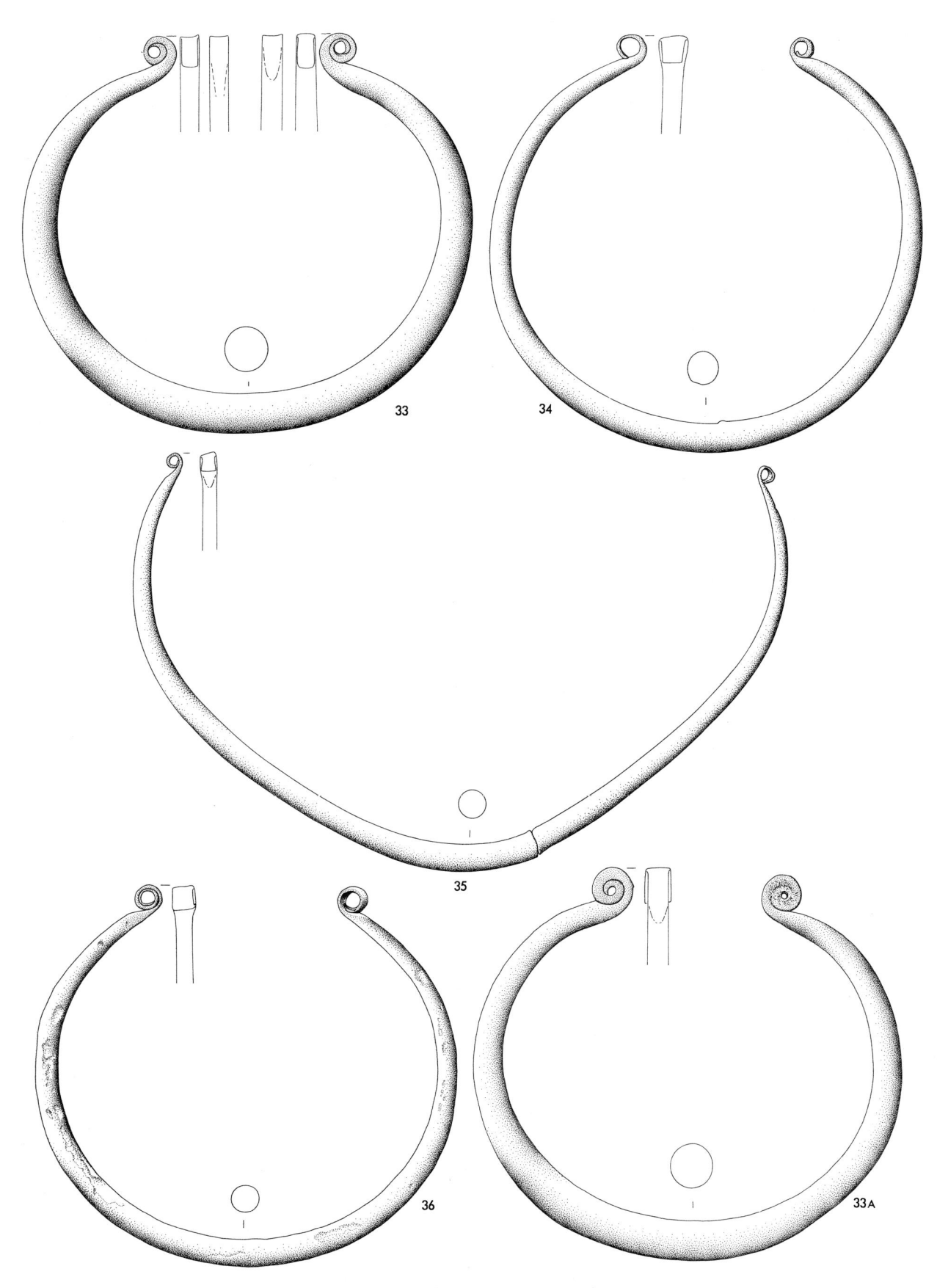

Älterbronzezeitliche Ösenhalsringe (33–36) TAFEL 5

33 Veľký Slavkov. – 33 A Dvory nad Žitavou. – 34–36 Fundort unbekannt.
M. 1:2

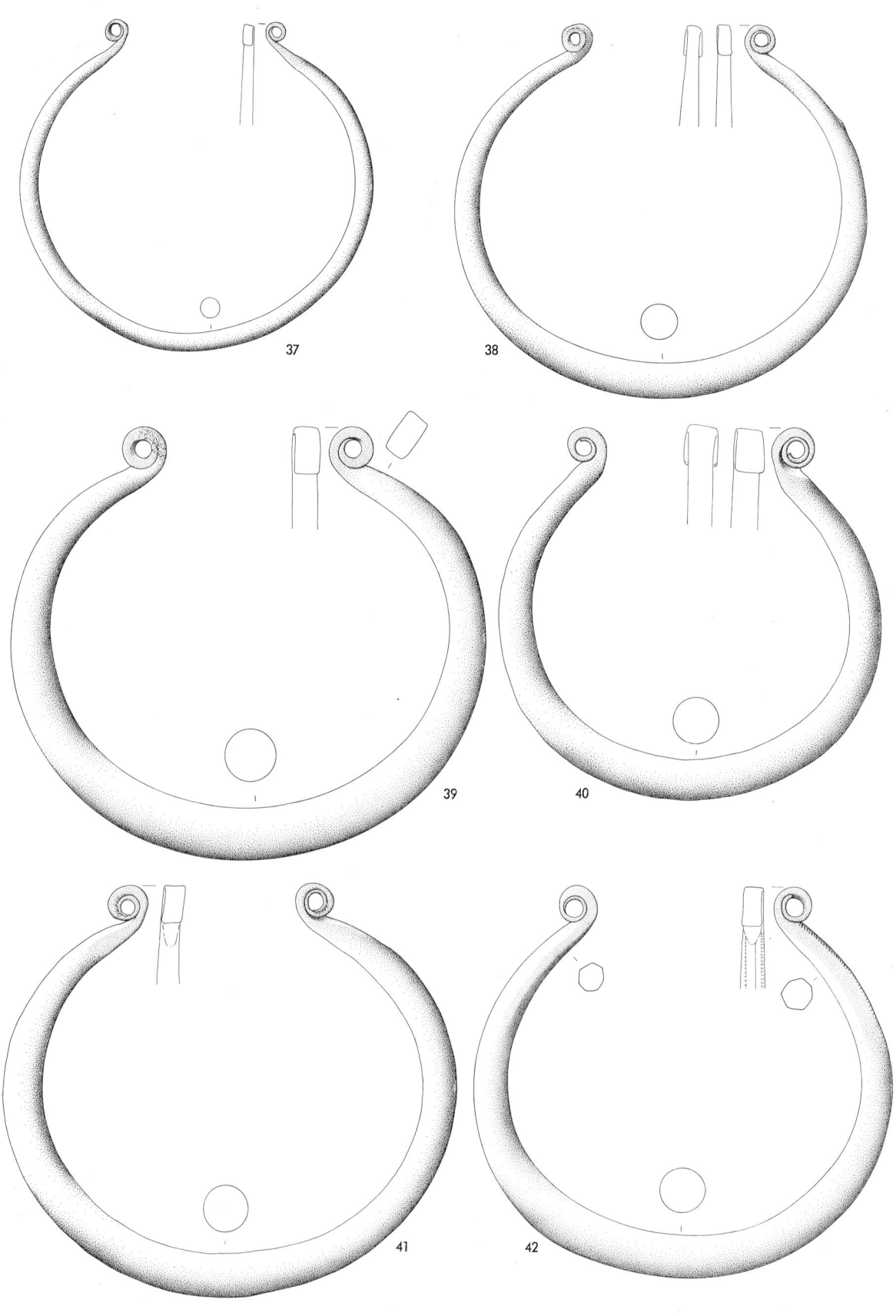

TAFEL 6　　　　　　　　　　　　　　　　　　　　　　　　*Älterbronzezeitliche Ösenhalsringe (37–42)*

37–42 Stupava.
M. 1:2

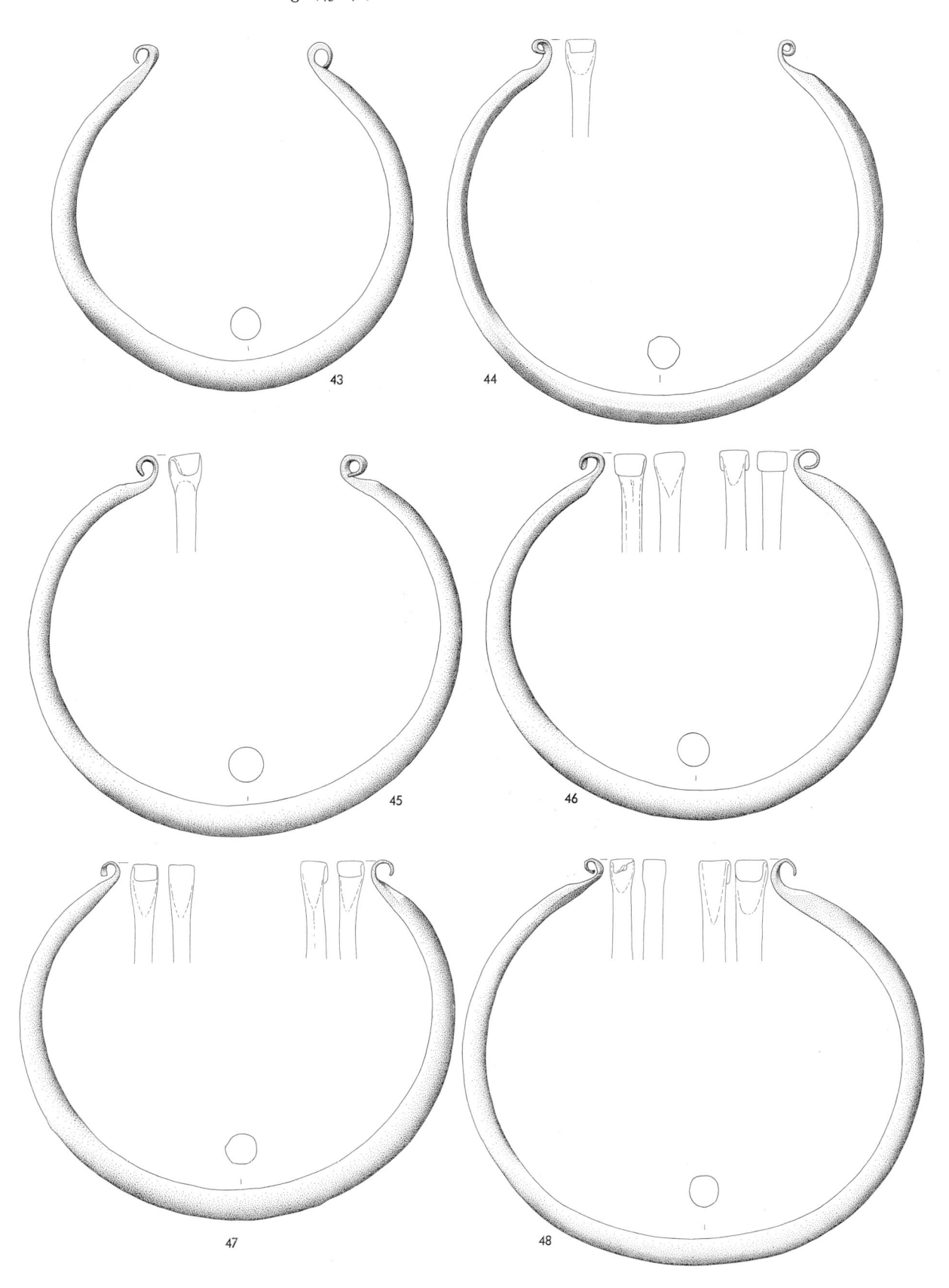

Älterbronzezeitliche Ösenhalsringe (43–48) TAFEL 7

43 Hodejov. – 44. 45 Fundort unbekannt. – 46–48 Bratislava, Umgebung.
M. 1:2

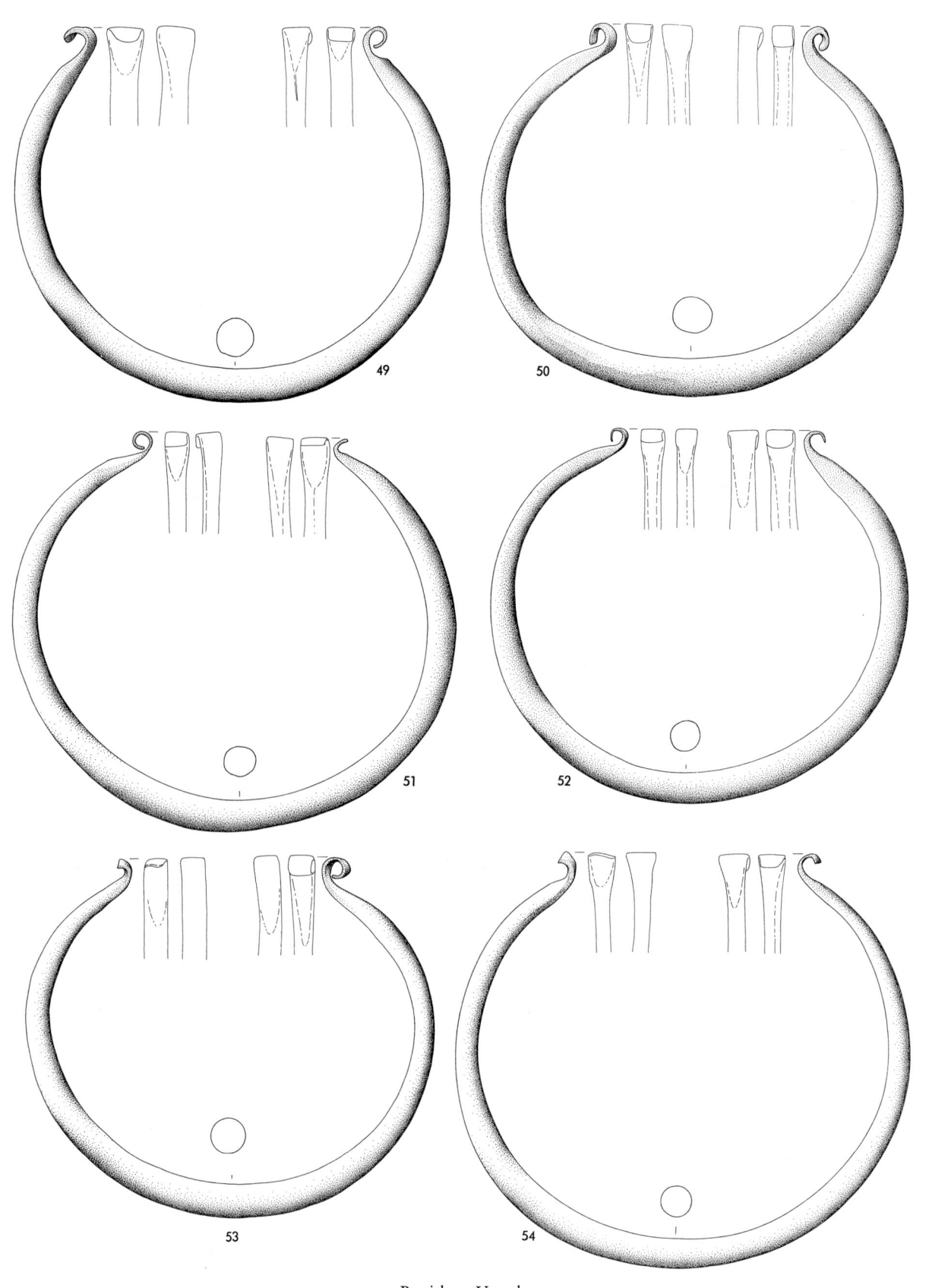

TAFEL 8
Älterbronzezeitliche Ösenhalsringe (49–54)

49–54 Bratislava, Umgebung.
M. 1:2

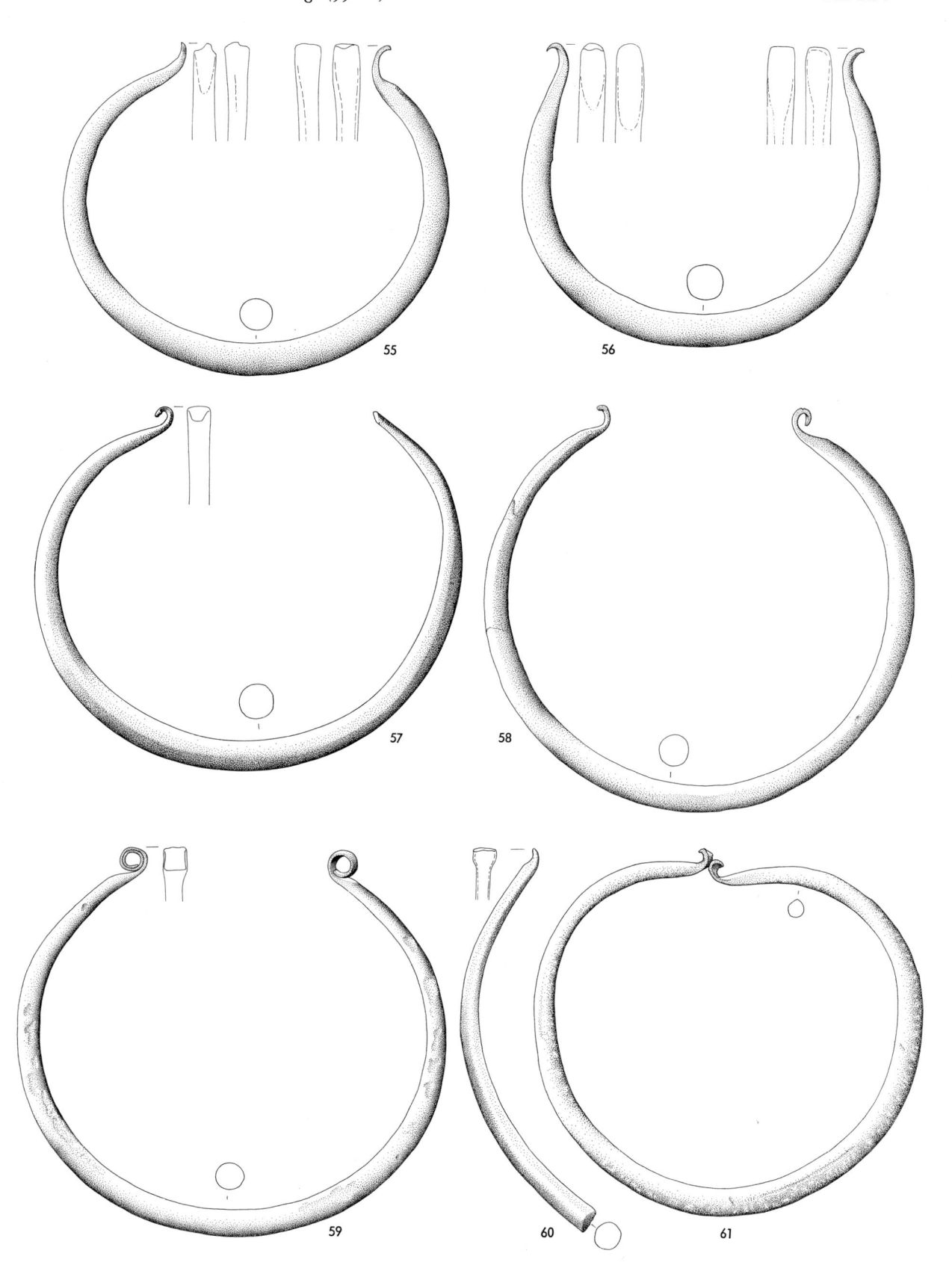

Älterbronzezeitliche Ösenhalsringe (55–61) TAFEL 9

55. 56 Bratislava, Umgebung. – 57 Gemer. – 58 Veľký Grob (s. auch Taf. 73, B). – 59–61 Fundort unbekannt. – (58 nach Chropovský).

M. 1:2

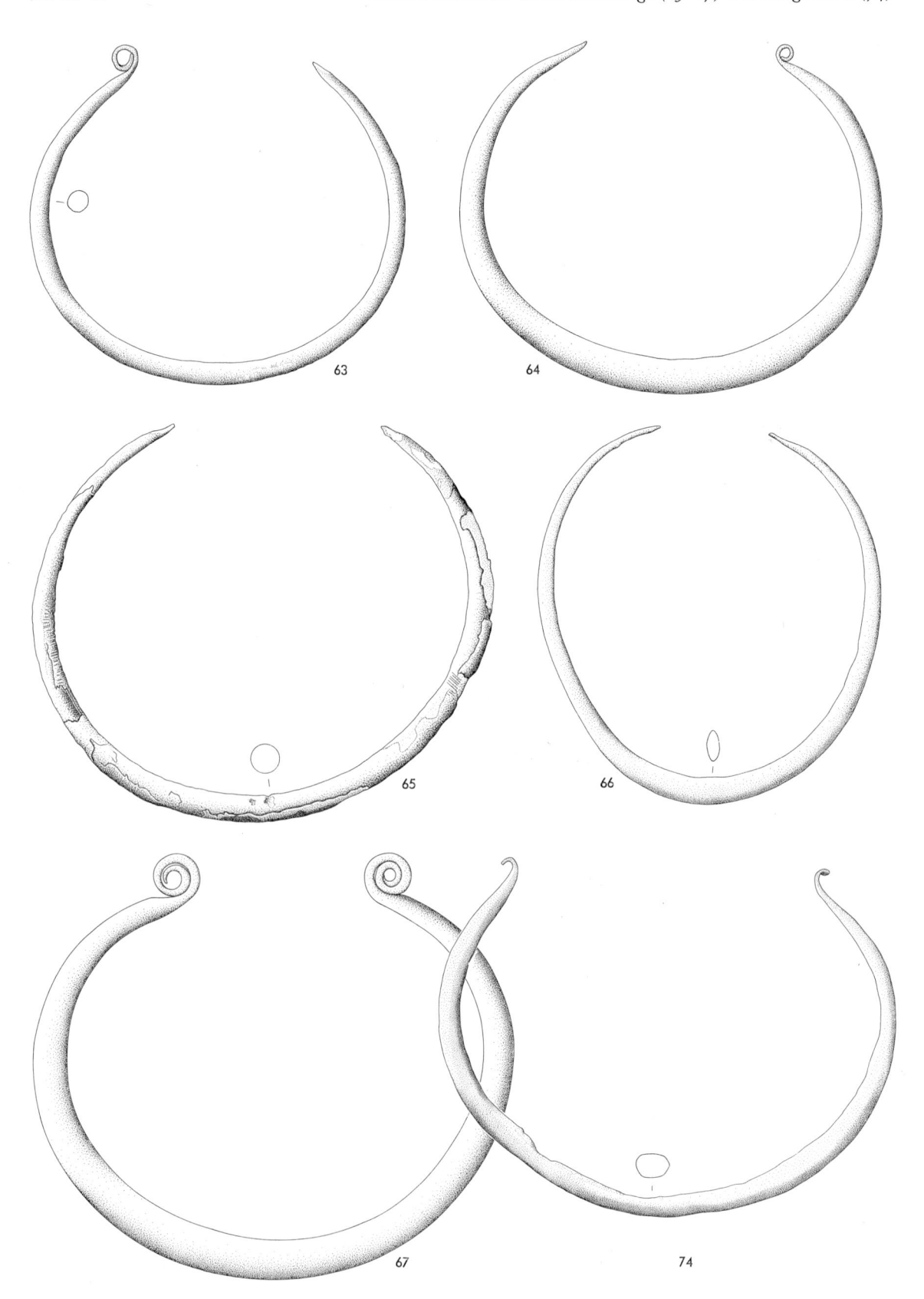

TAFEL 10   *Älterbronzezeitliche Ösenhalsringe (63–67) und Ringbarren (74)*

63 Dvory nad Žitavou. – 64 Rusovce (s. auch Taf. 76, B). – 65. 66 Fundort unbekannt. – 67 Vlčany. – 74 Gemer. – (64 nach Köszegi; 67 nach Hampel).

M. 1 : 2

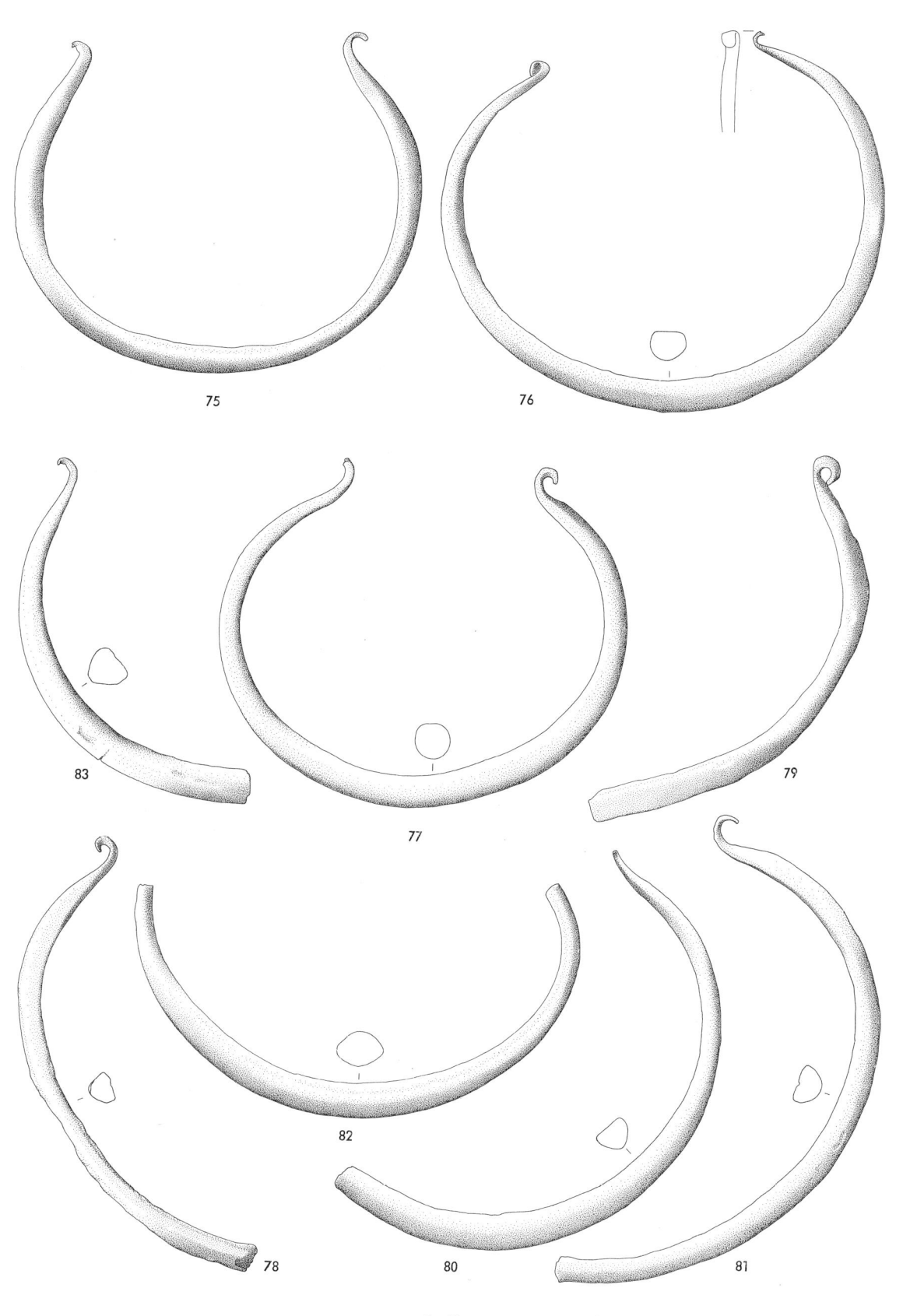

Älterbronzezeitliche Ringbarren (75–83) TAFEL 11

75–83 Gemer.
M. 1:2

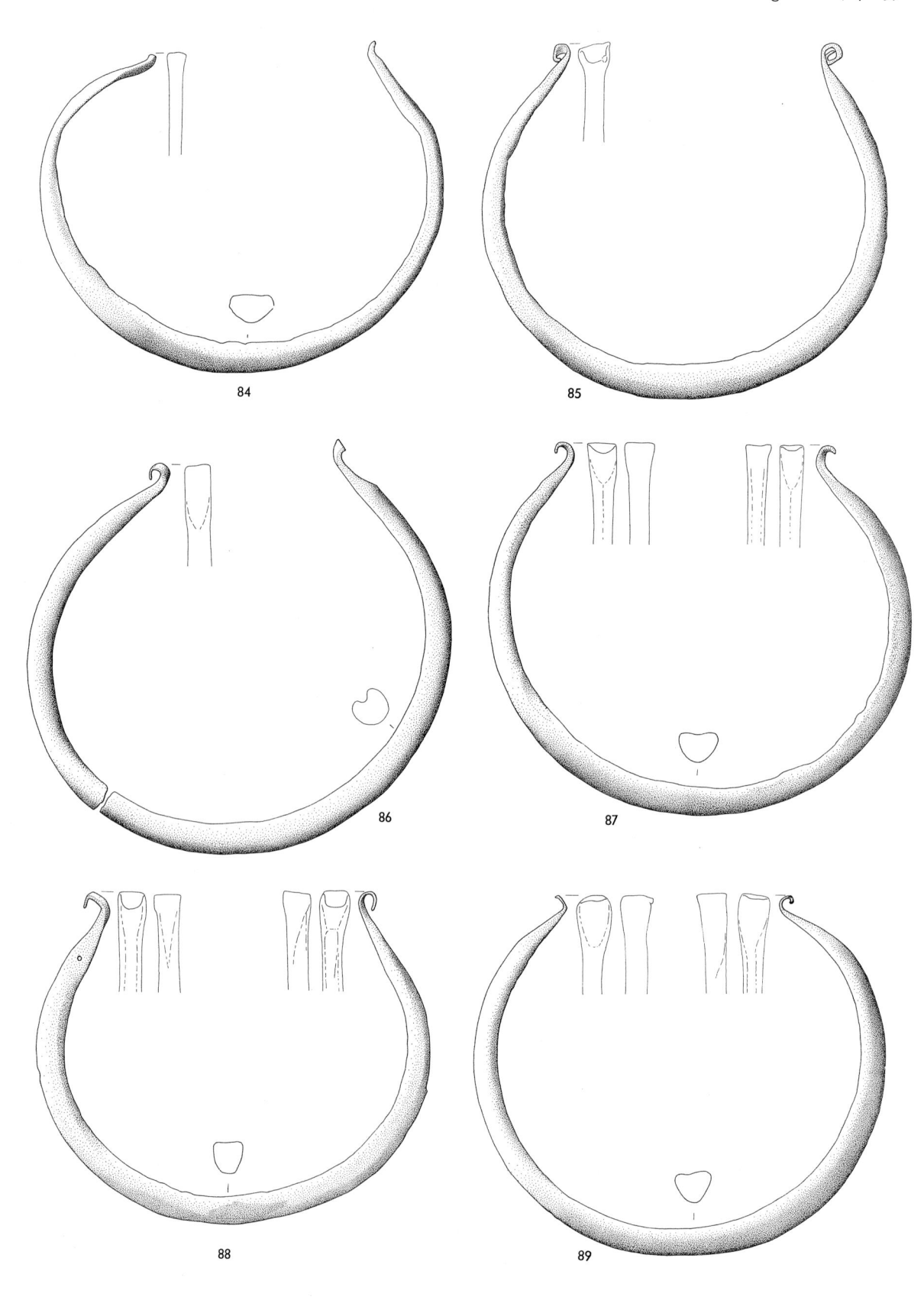

TAFEL 12　　　　　　　　　　　　　　　　　　　　　　　　*Älterbronzezeitliche Ringbarren (84–89)*

84. 85 Gemer. – 86 Skalica. – 87–89 Bratislava, Umgebung.

M. 1:2

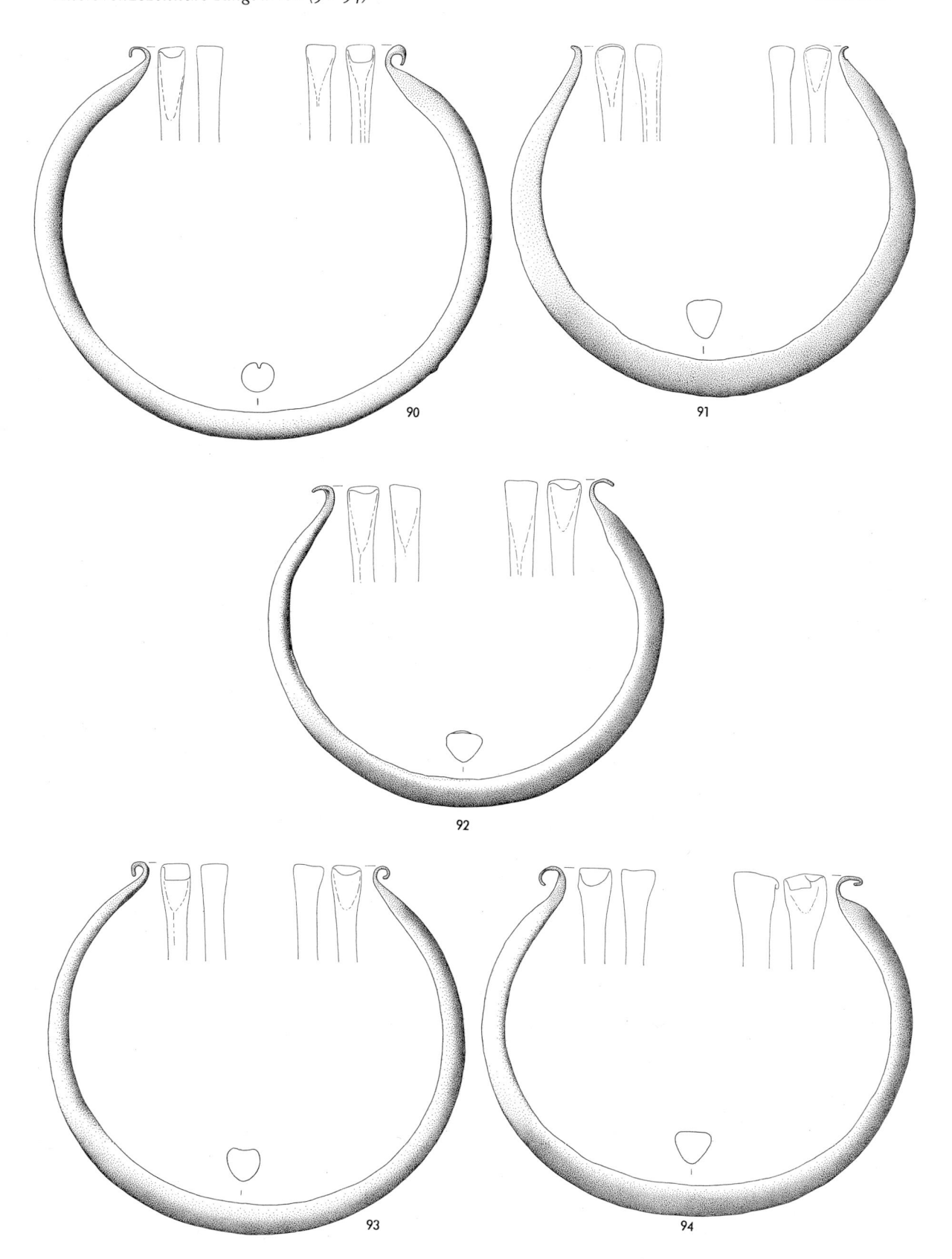

Älterbronzezeitliche Ringbarren (90–94) TAFEL 13

90–94 Bratislava, Umgebung.
M. 1:2

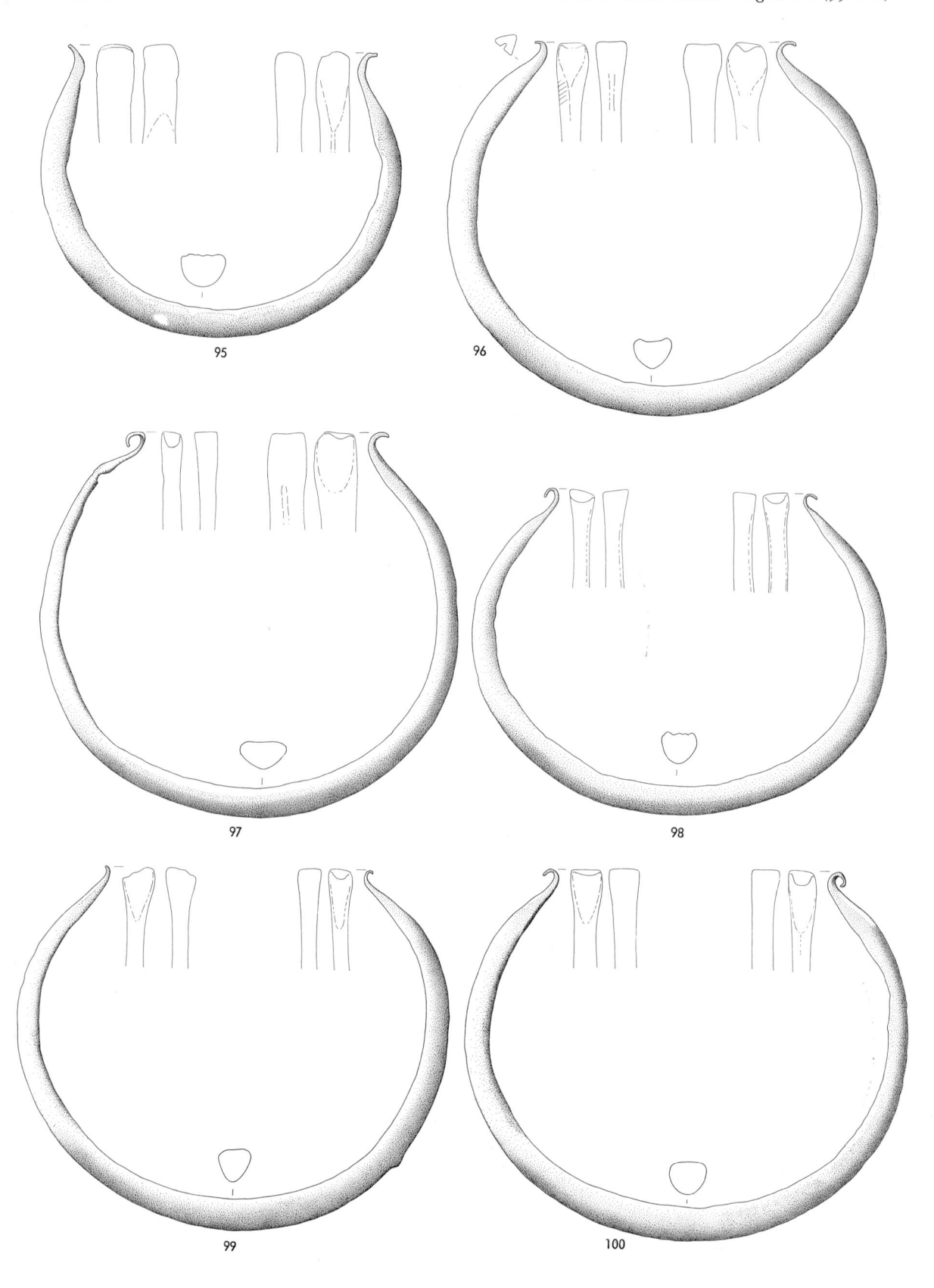

TAFEL 14   *Älterbronzezeitliche Ringbarren (95–100)*

95–100 Bratislava, Umgebung.
M. 1:2

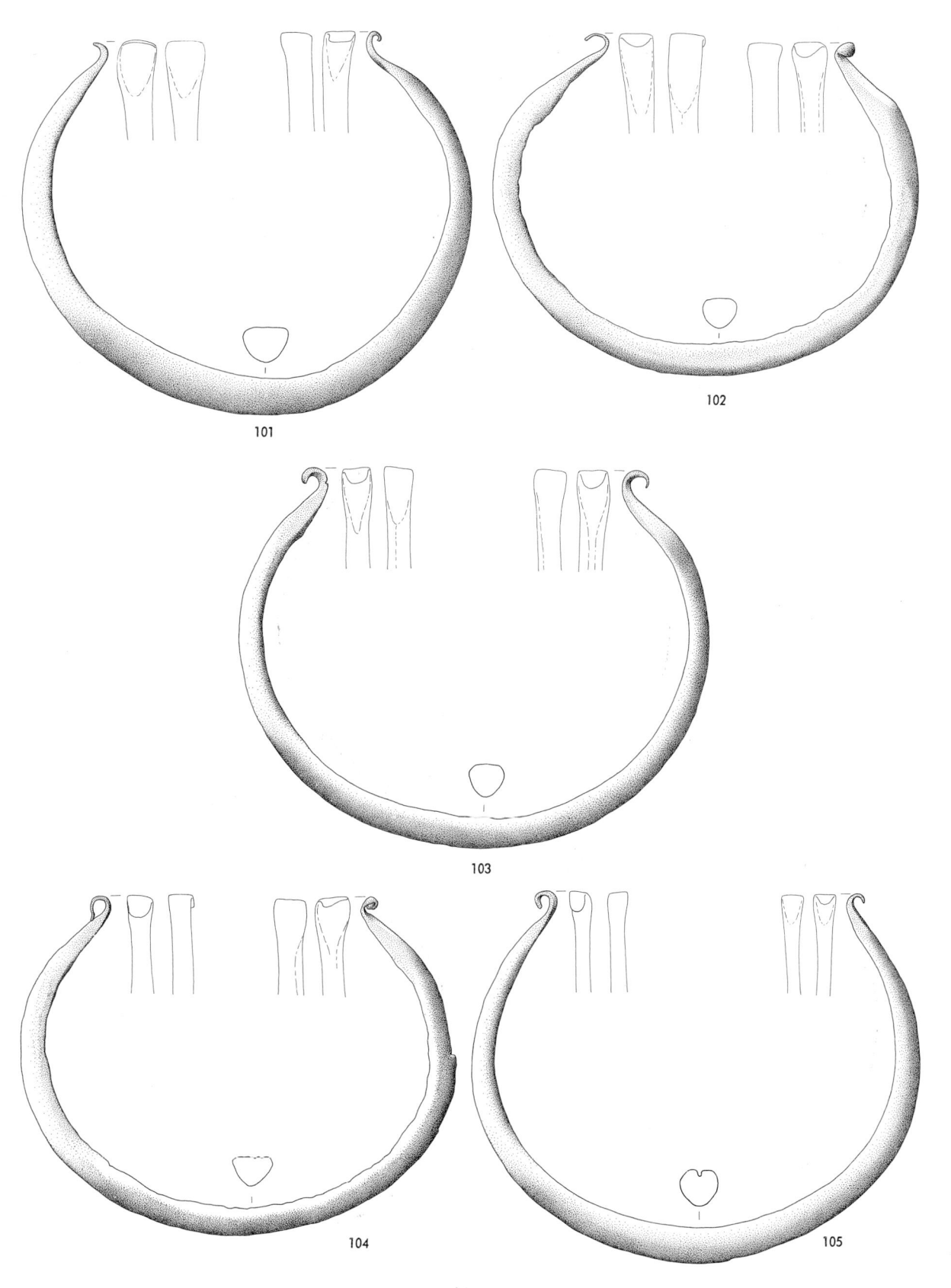

Älterbronzezeitliche Ringbarren (101–105) TAFEL 15

101–105 Bratislava, Umgebung.
M. 1:2

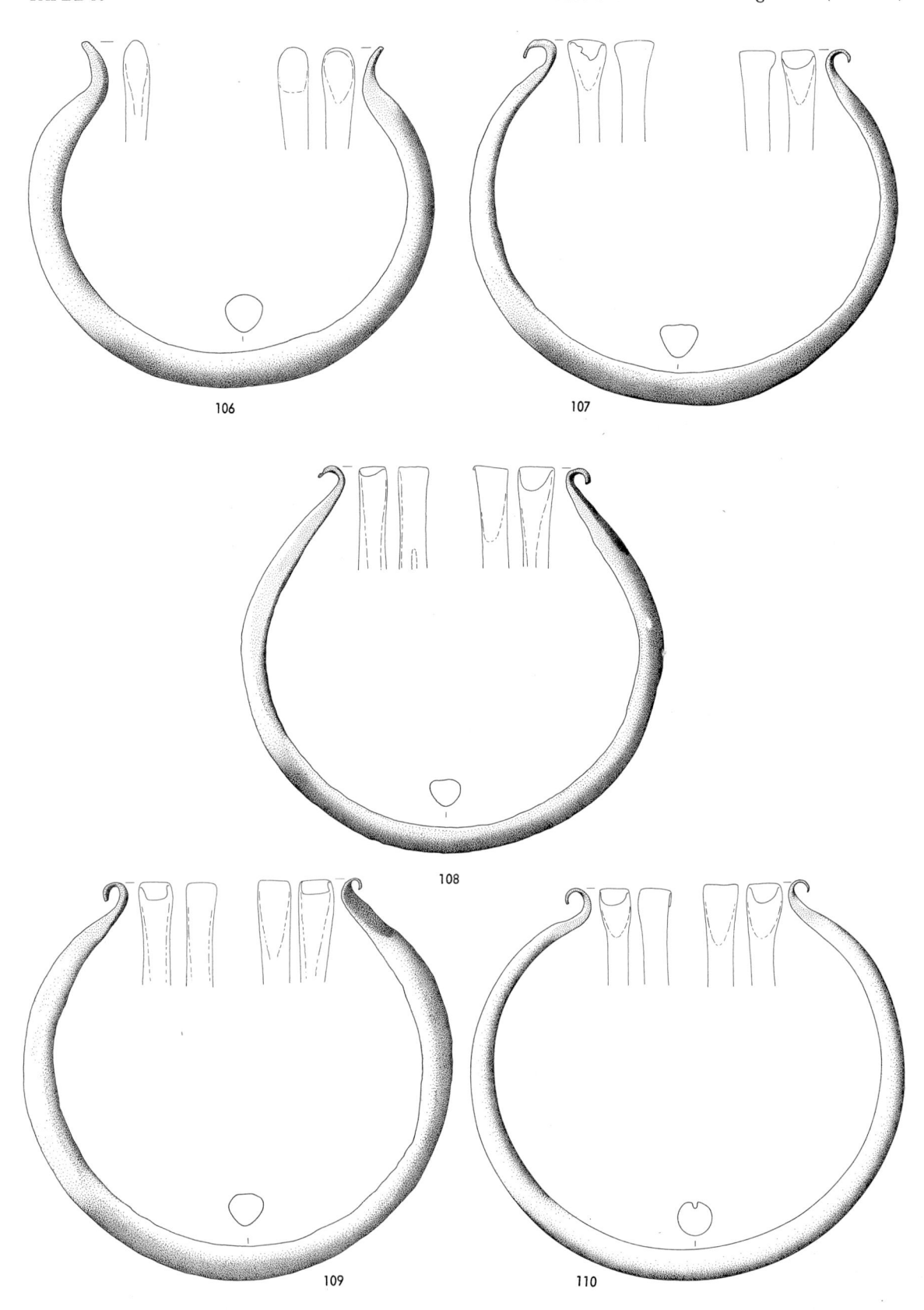

TAFEL 16 *Älterbronzezeitliche Ringbarren (106–110)*

106–110 Bratislava, Umgebung.
M. 1:2

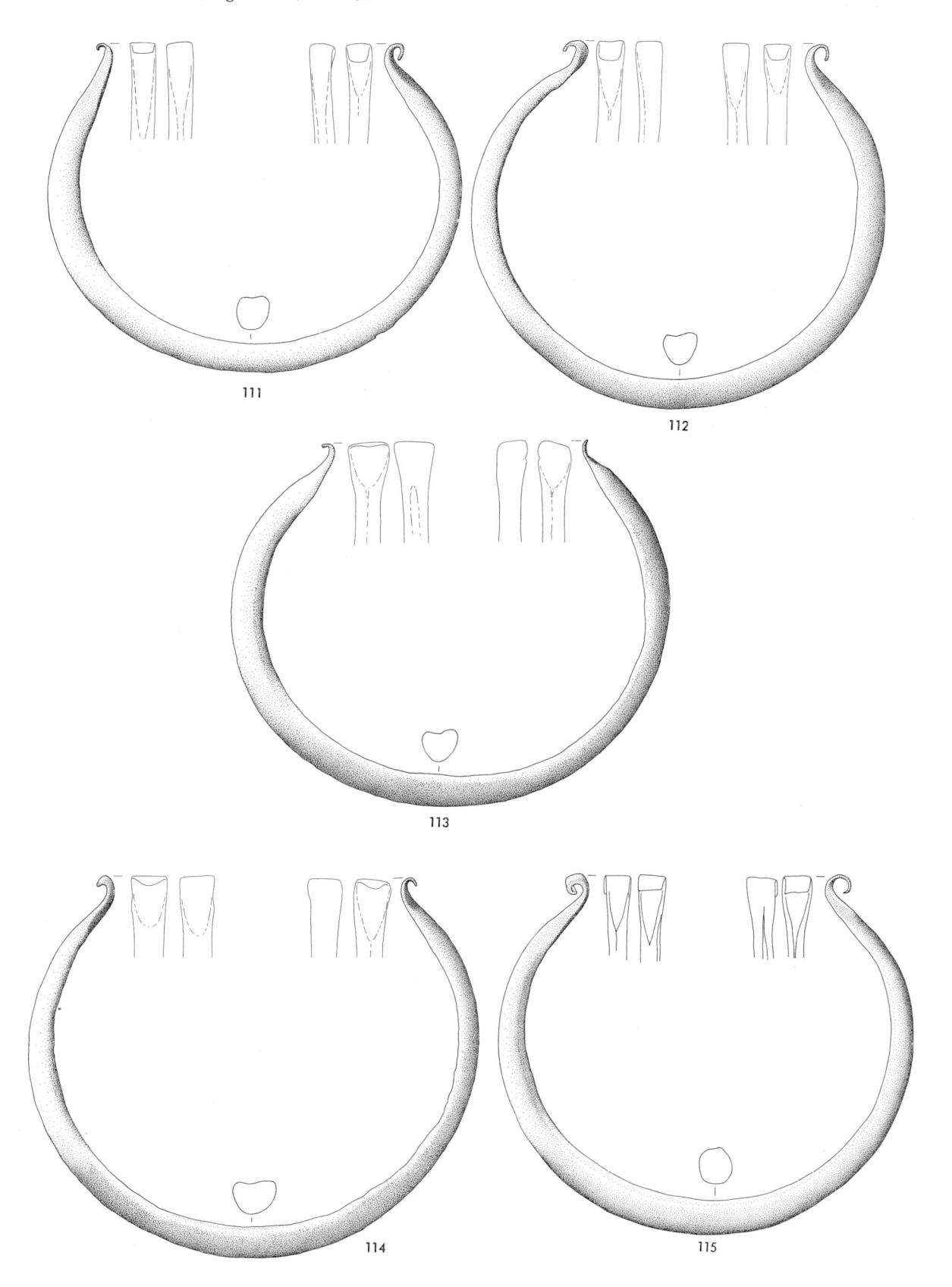

Älterbronzezeitliche Ringbarren (111–115) TAFEL 17

111

112

113

114

115

111–115 Bratislava, Umgebung.
M. 1:2

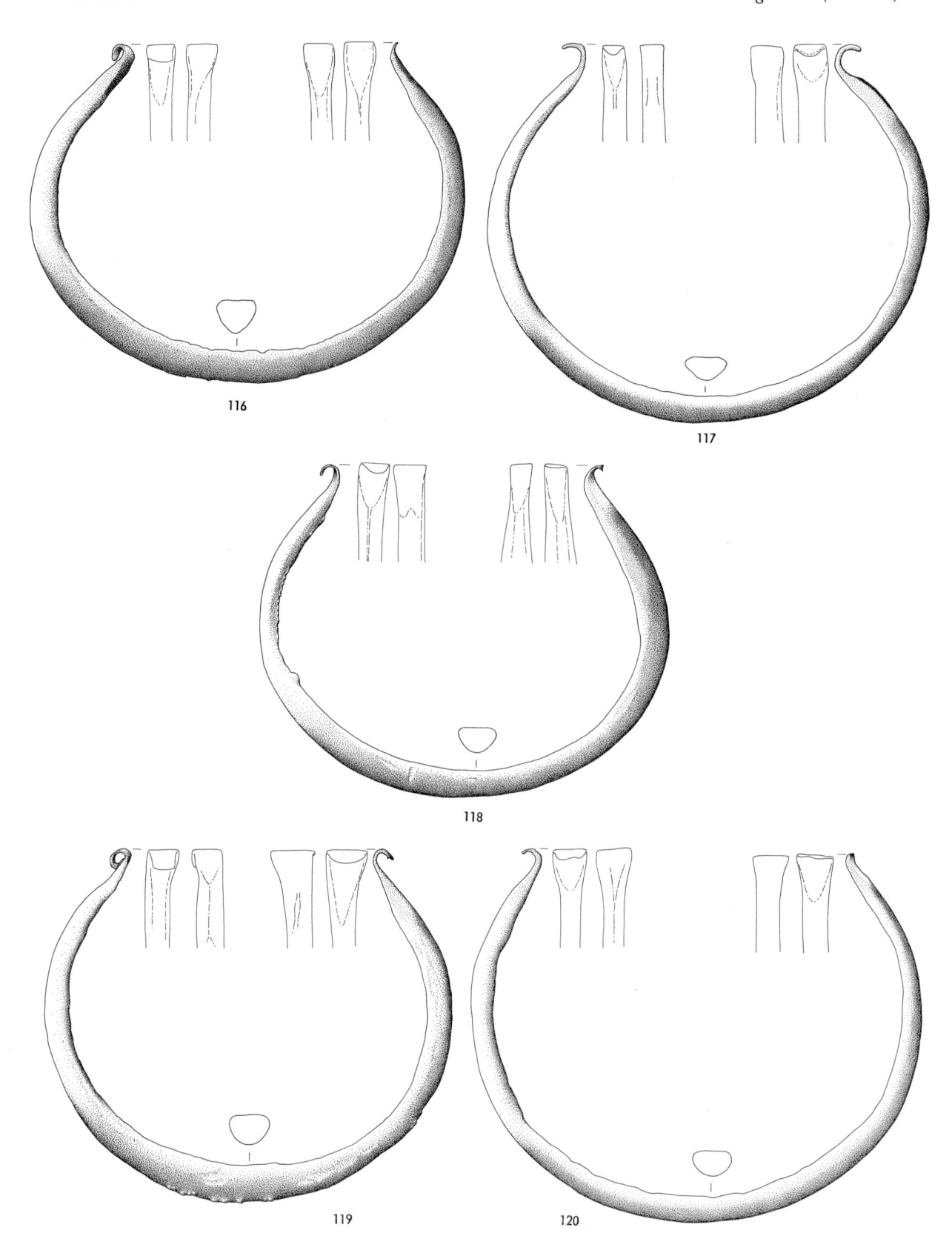

TAFEL 18　　　　　　　　　　　　　　　　　　　　　　　*Älterbronzezeitliche Ringbarren (116–120)*

116

117

118

119　　　120

116–120 Bratislava, Umgebung.
M. 1:2

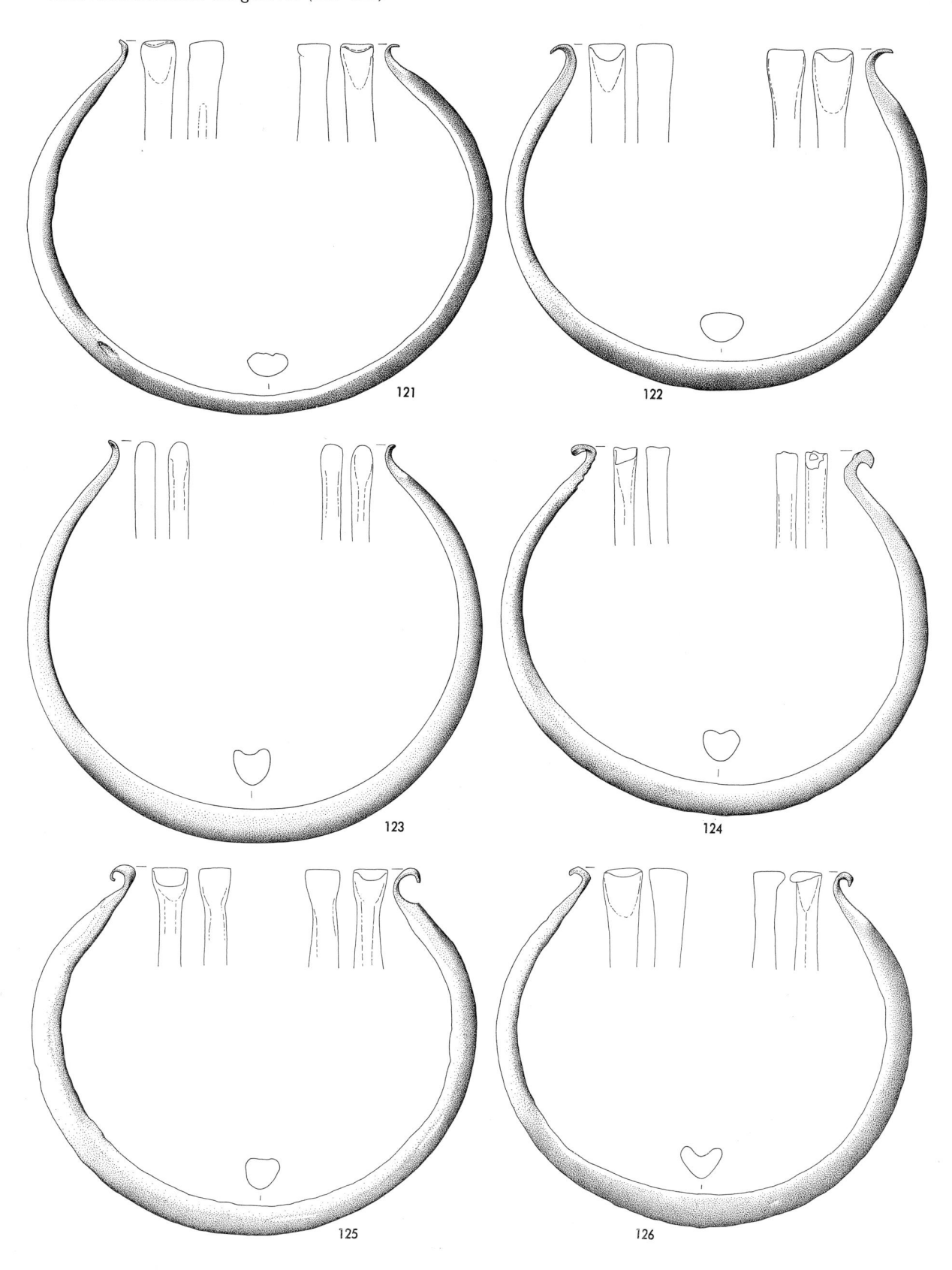

Älterbronzezeitliche Ringbarren (121–126) TAFEL 19

121–126 Bratislava, Umgebung.
M. 1:2

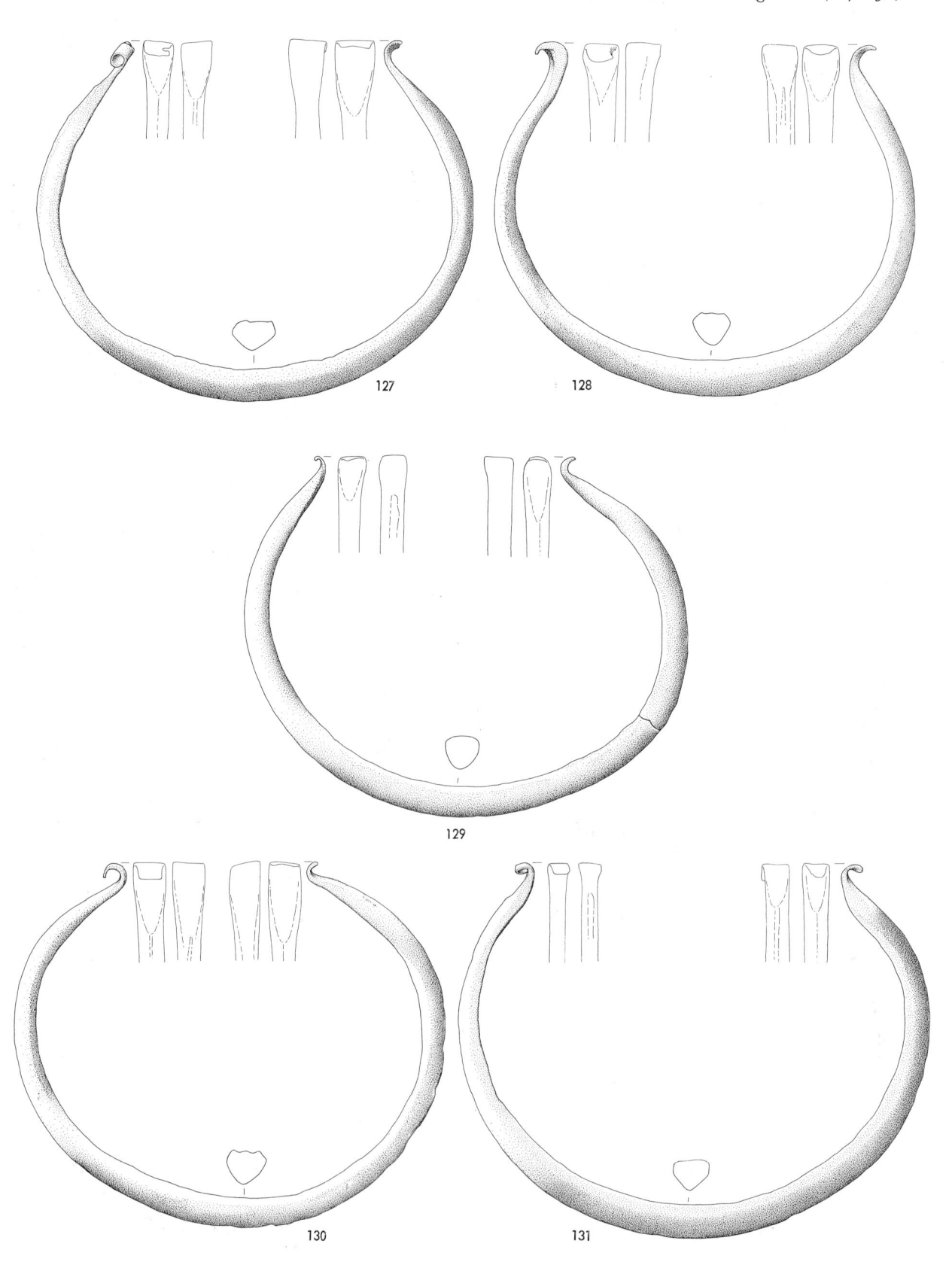

TAFEL 20   *Älterbronzezeitliche Ringbarren (127–131)*

127–131 Bratislava, Umgebung.
M. 1:2

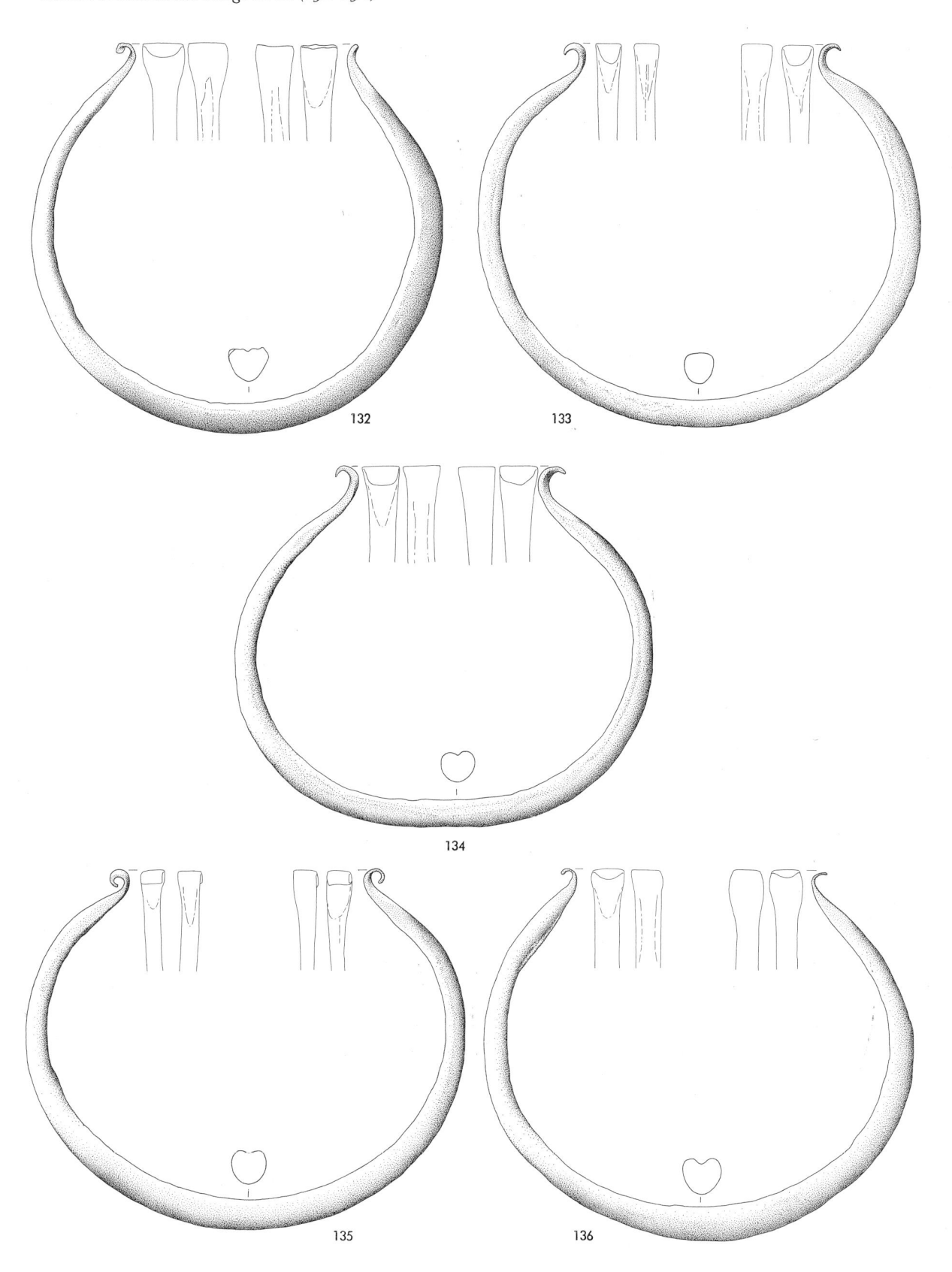

Älterbronzezeitliche Ringbarren (132–136) TAFEL 21

132   133

134

135   136

132–136 Bratislava, Umgebung.
M. 1:2

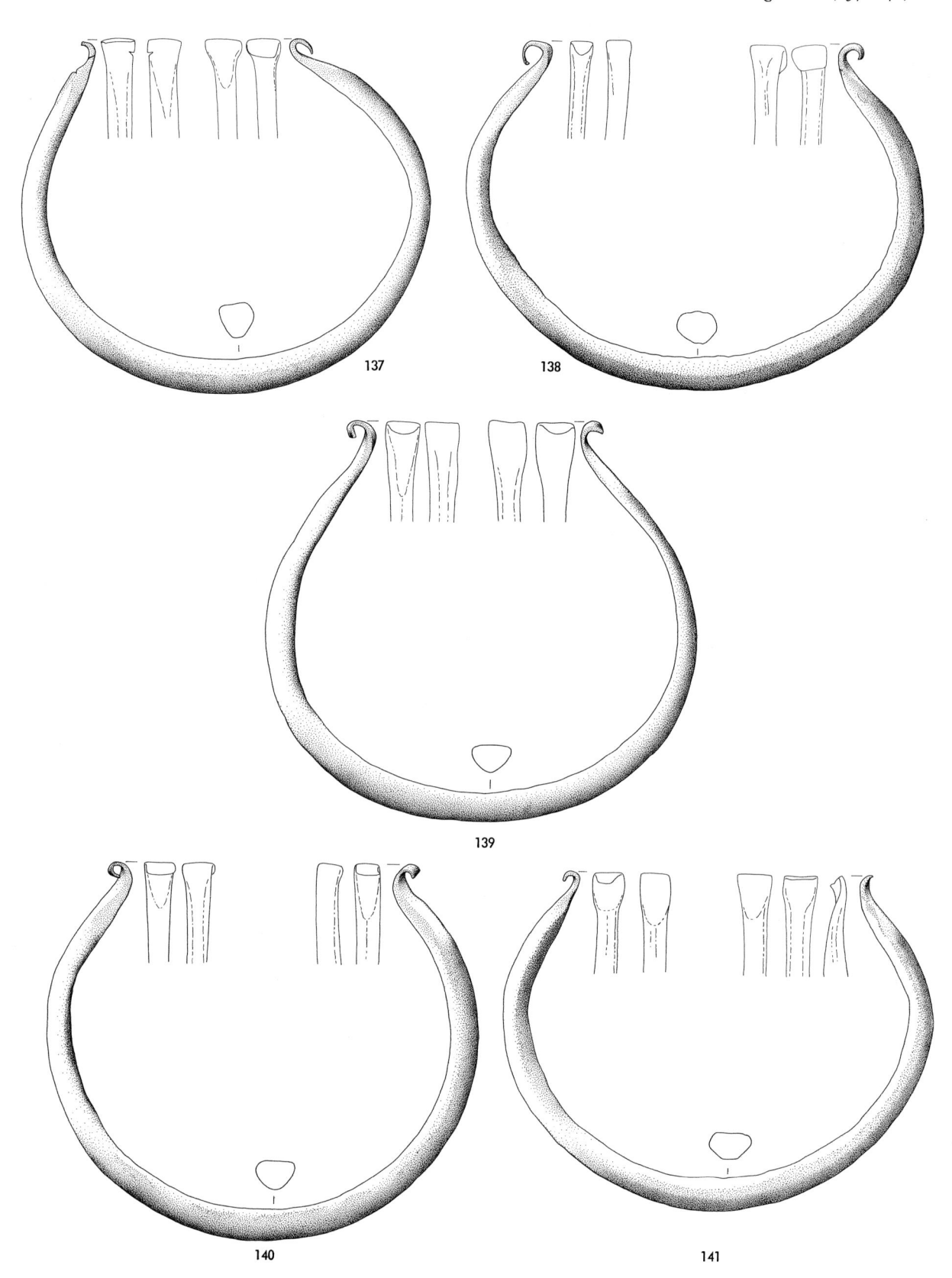

TAFEL 22   *Älterbronzezeitliche Ringbarren (137–141)*

137–141 Bratislava, Umgebung.
M. 1:2

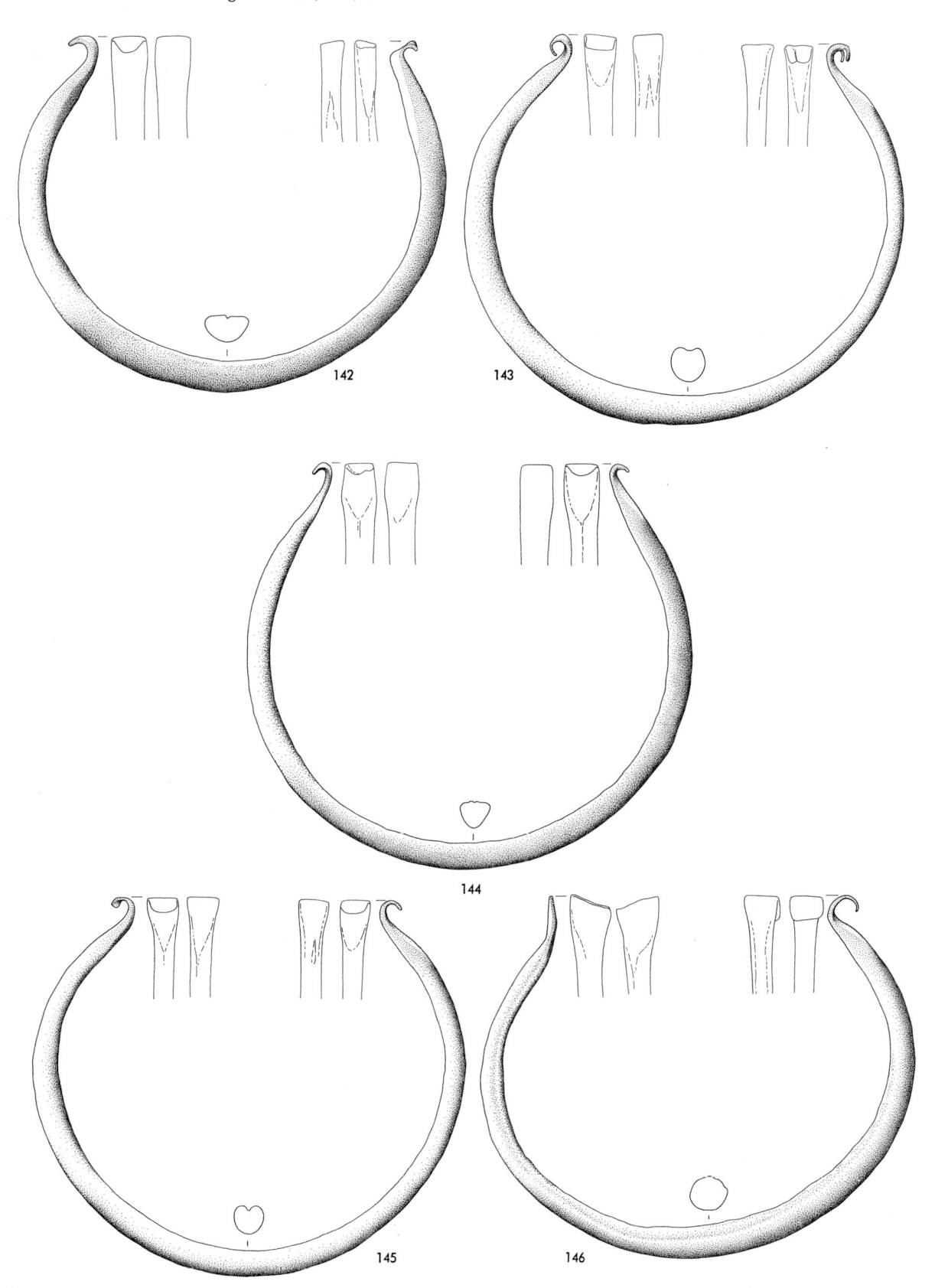

Älterbronzezeitliche Ringbarren (142–146) TAFEL 23

142–146 Bratislava, Umgebung.
M. 1:2

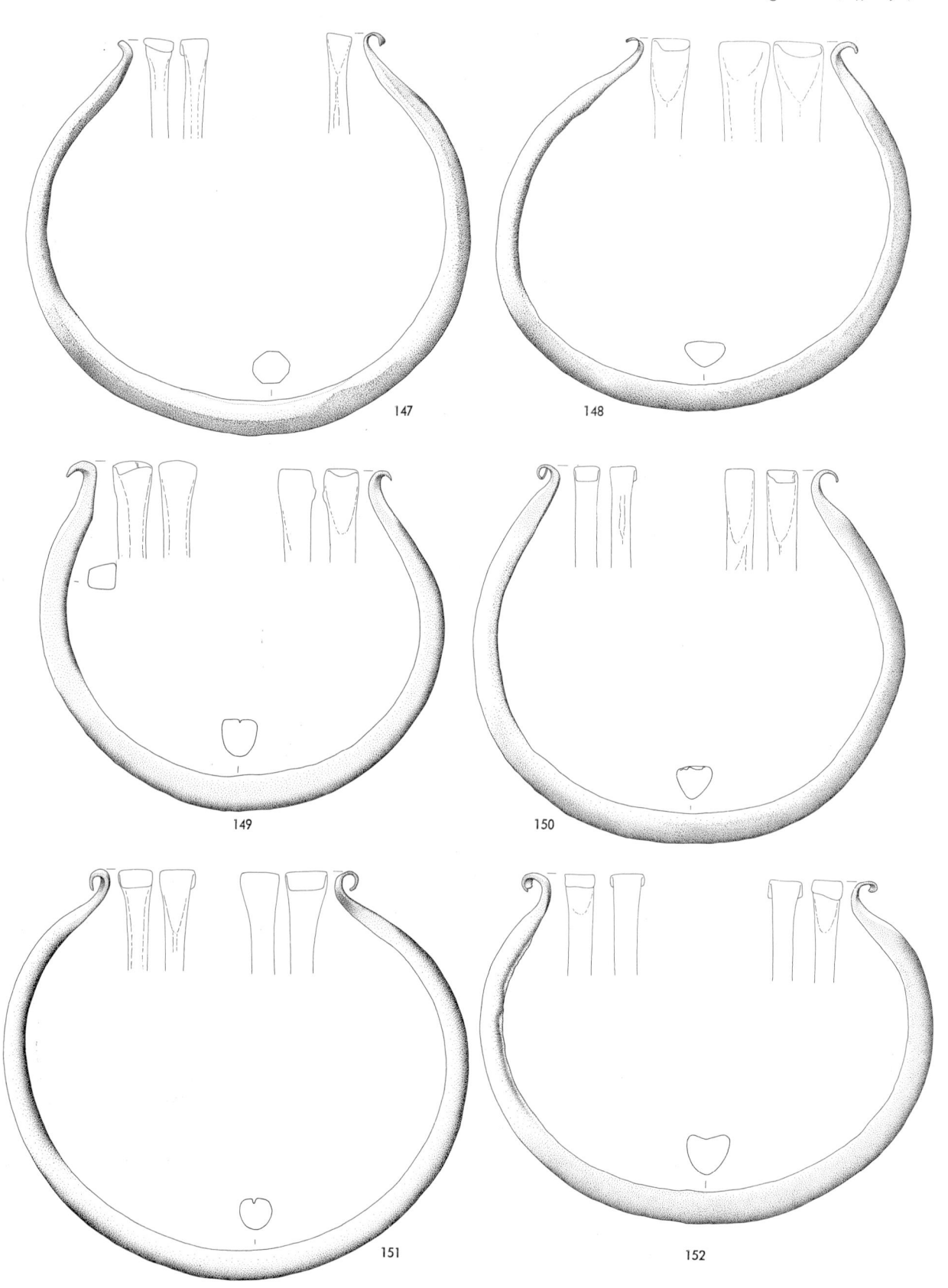

TAFEL 24
Älterbronzezeitliche Ringbarren (147–152)

147

148

149

150

151

152

147–152 Bratislava, Umgebung.
M. 1:2

Älterbronzezeitliche Ringbarren (153–158) TAFEL 25

153

154

155

156

157

158

153–158 Bratislava, Umgebung.
M. 1:2

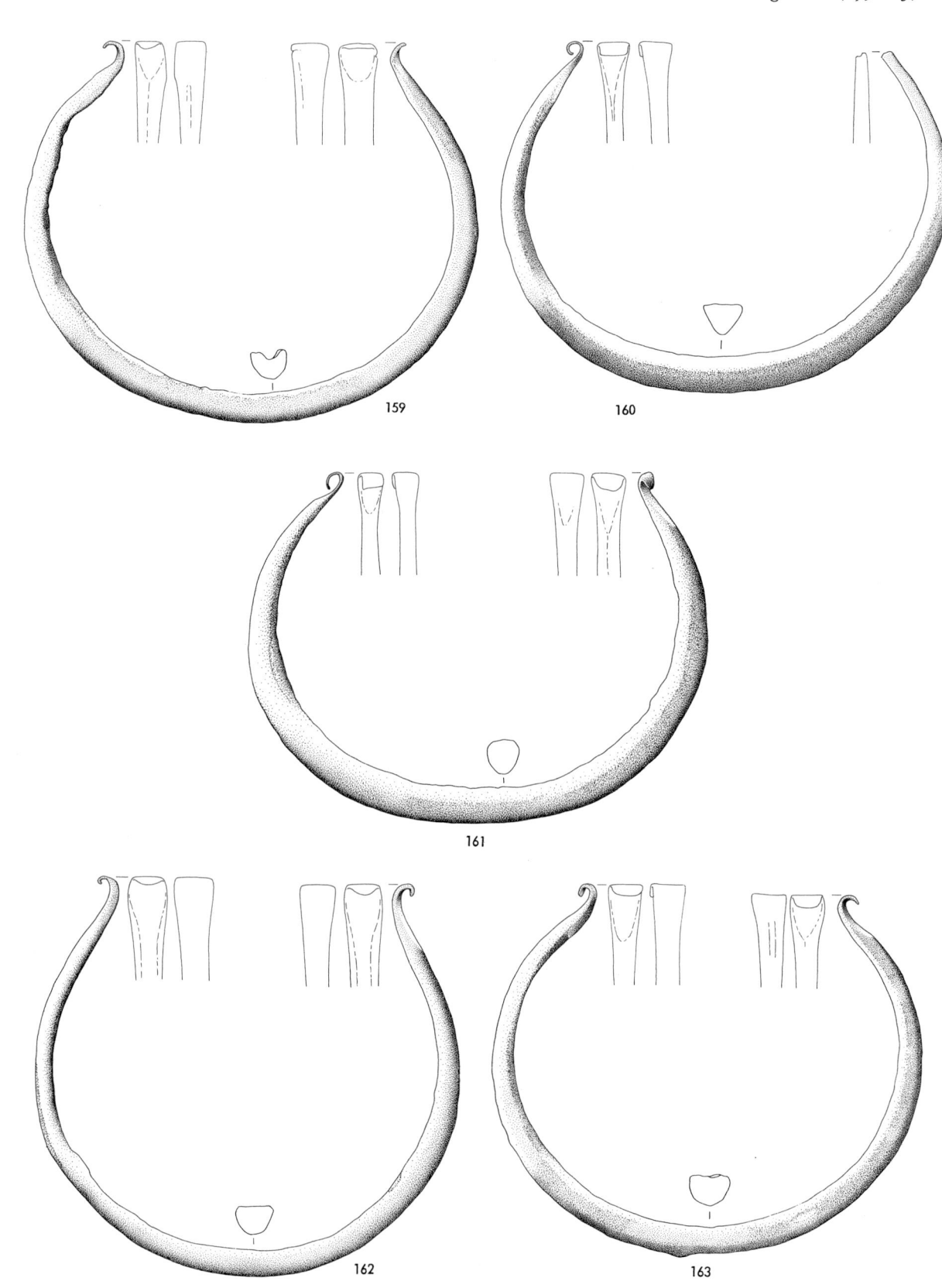

TAFEL 26 Älterbronzezeitliche Ringbarren (159–163)

159

160

161

162

163

159–163 Bratislava, Umgebung.
M. 1:2

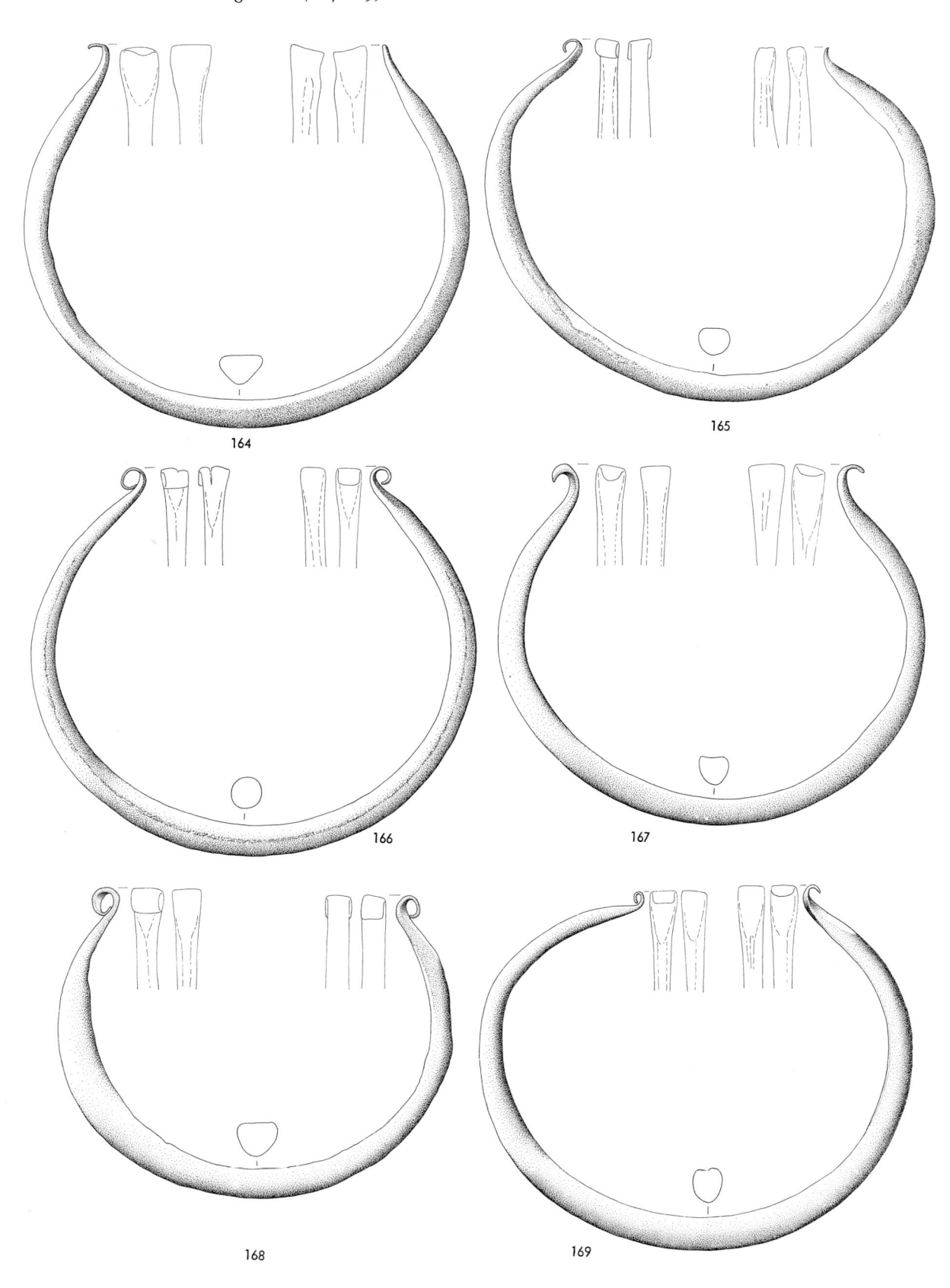

Älterbronzezeitliche Ringbarren (164–169) TAFEL 27

164

165

166

167

168

169

164–169 Bratislava, Umgebung.
M. 1:2

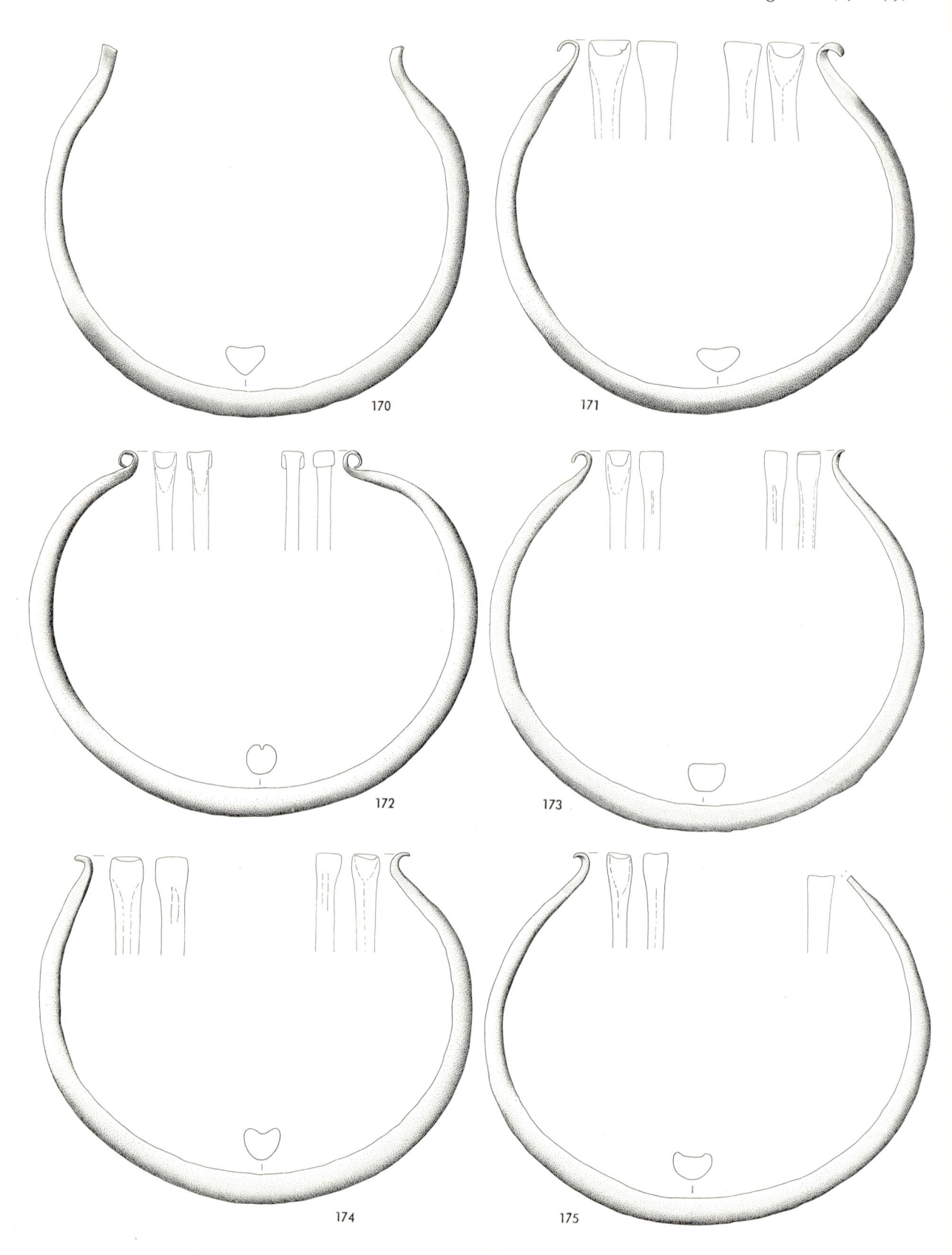

TAFEL 28 Älterbronzezeitliche Ringbarren (170–175)

170–175 Bratislava, Umgebung.
M. 1:2

Älterbronzezeitliche Ringbarren (176–181) TAFEL 29

176
177
178
179
180
181

176–181 Bratislava, Umgebung.
M. 1:2

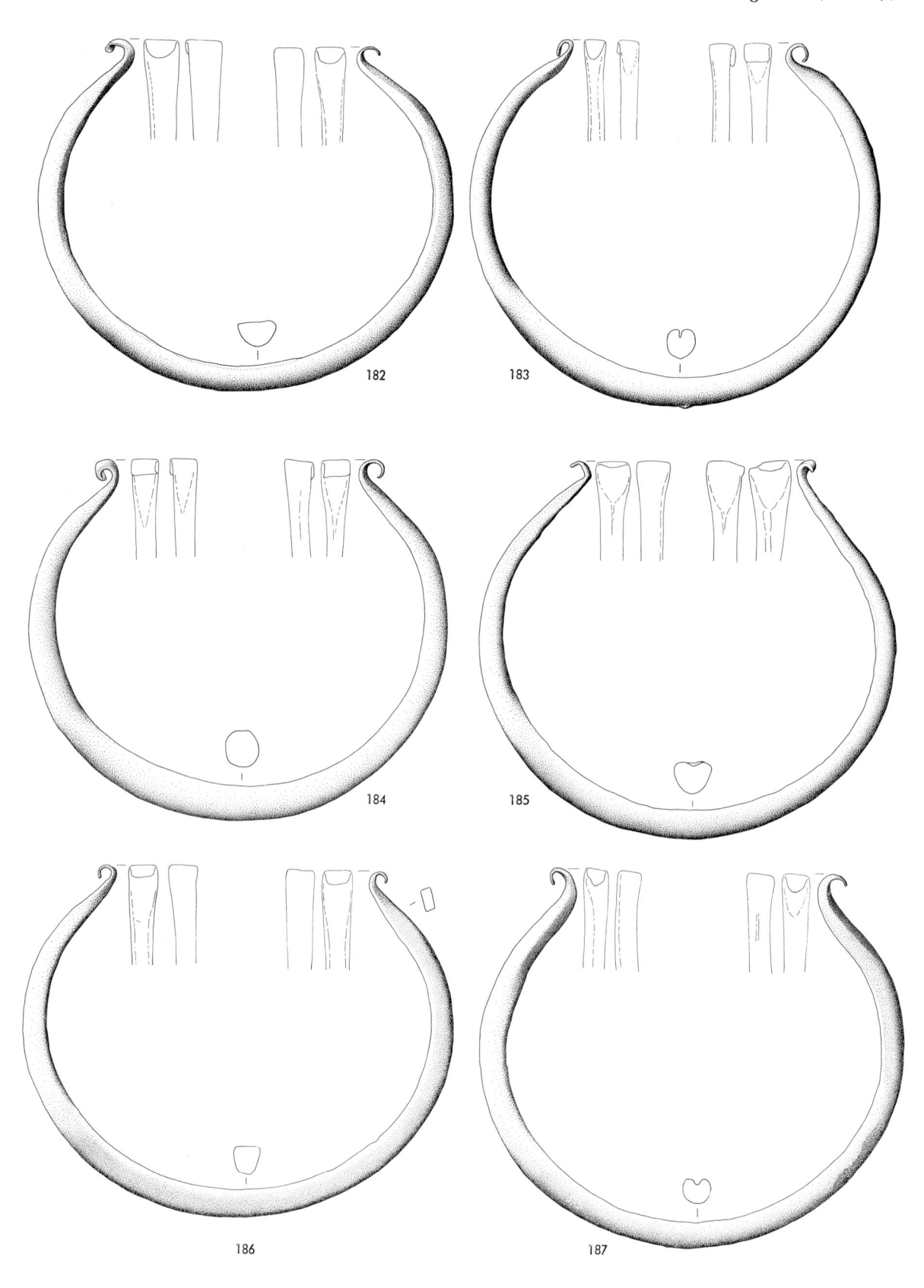

TAFEL 30   *Älterbronzezeitliche Ringbarren (182–187)*

182–187 Bratislava, Umgebung.
M. 1:2

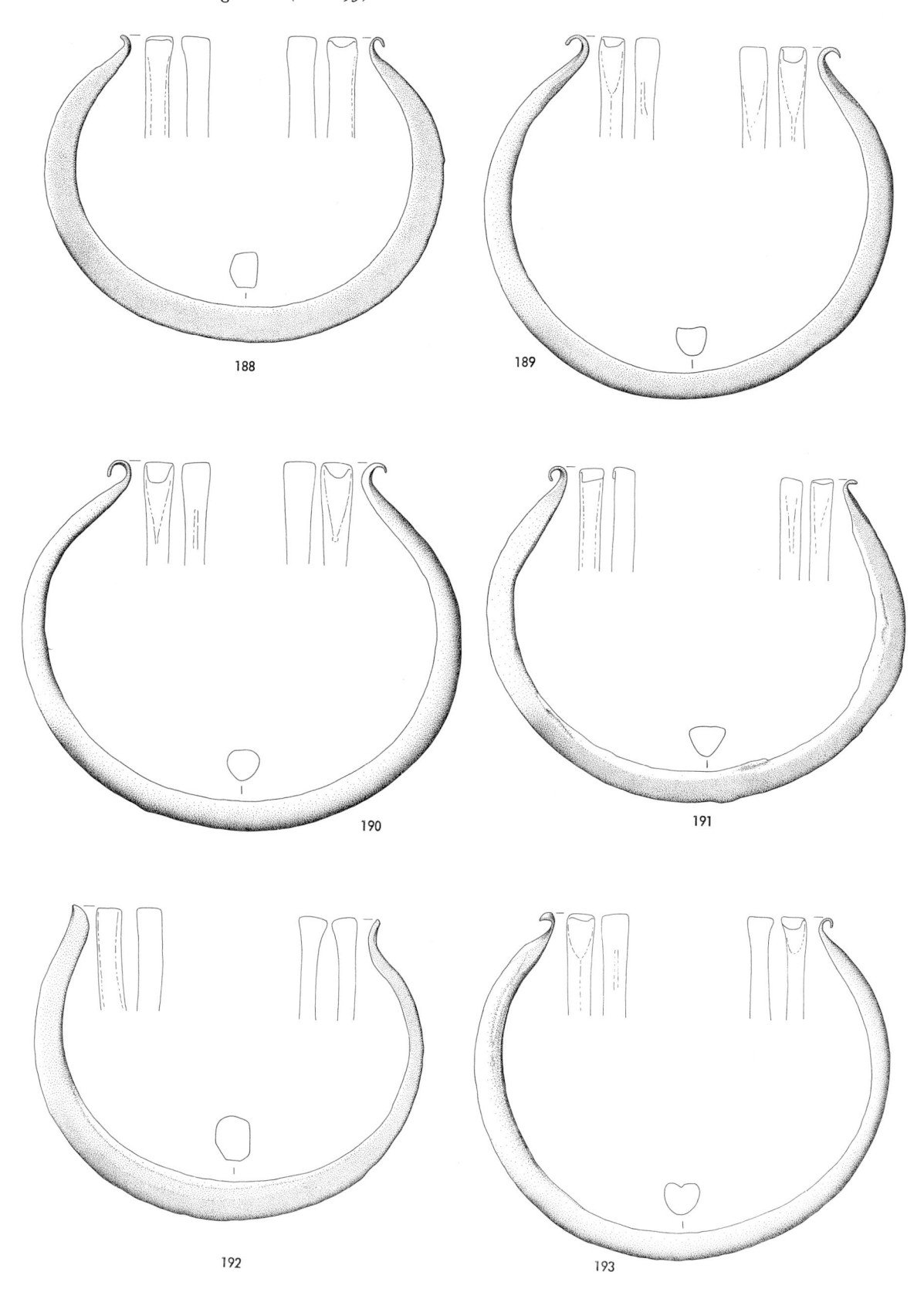

Älterbronzezeitliche Ringbarren (188–193) TAFEL 31

188
189
190
191
192
193

188–193 Bratislava, Umgebung.
M. 1:2

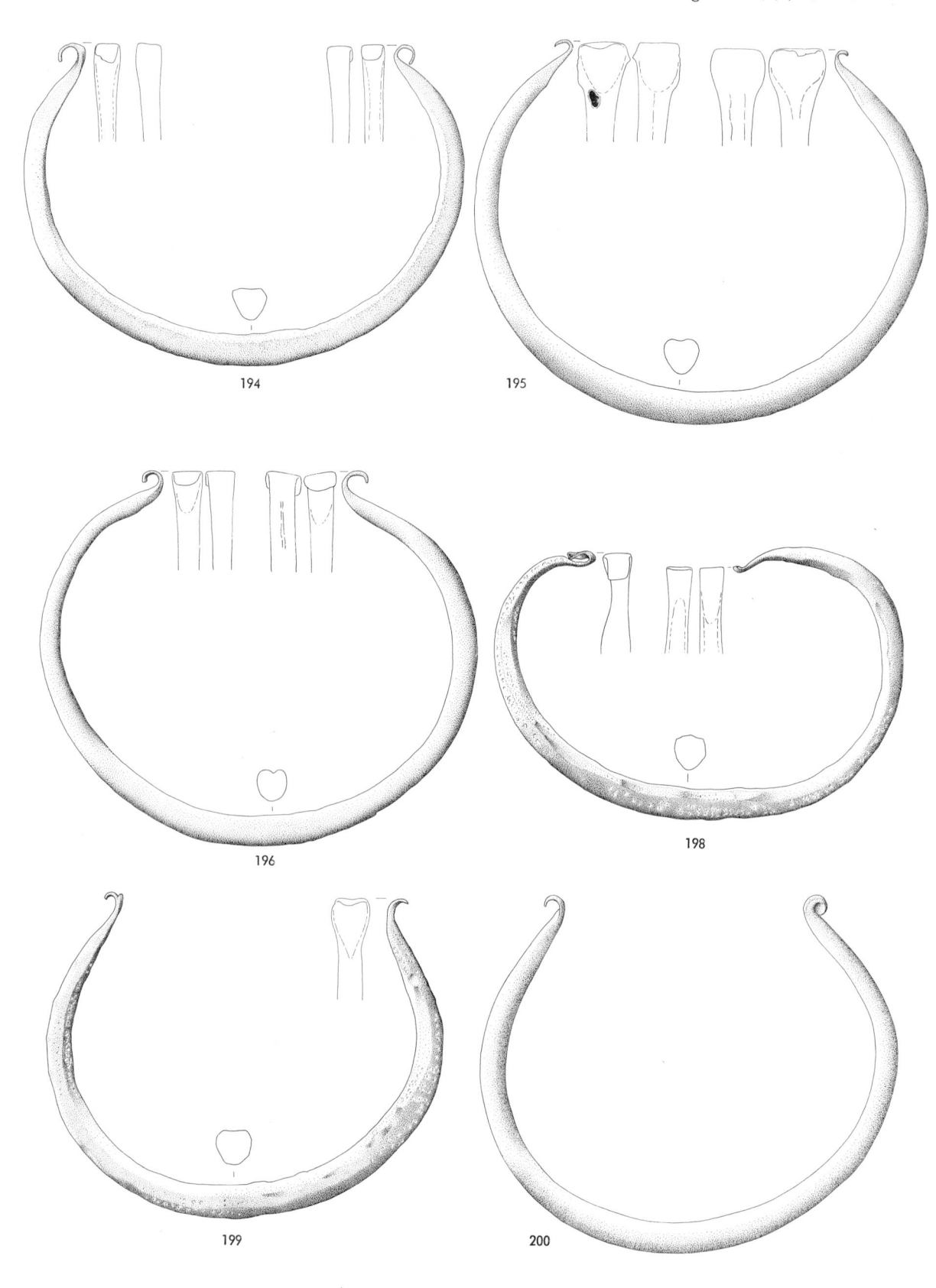

TAFEL 32　　　　　　　　　　　　　　　　　　　　　　　　*Älterbronzezeitliche Ringbarren (194–196. 198–200)*

194–196 Bratislava, Umgebung. – 198 Bušovce. – 199 Spišská Teplica. – 200 Orava. – (200 nach Mus. Foto).
M. 1:2

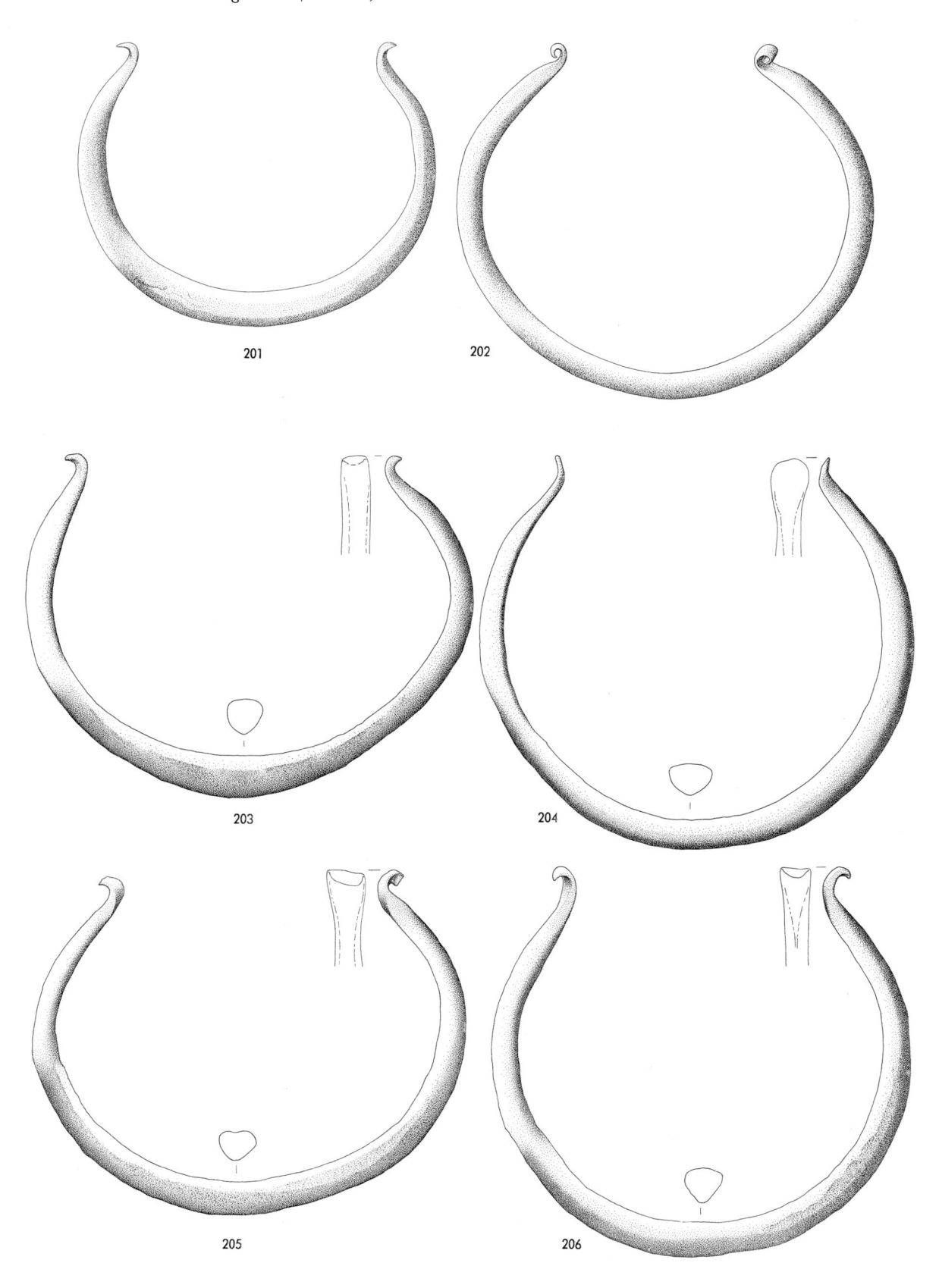

Älterbronzezeitliche Ringbarren (201–206) TAFEL 33

201. 202 Orava. – 203–206 Považie. – (201. 202 nach Mus. Foto).
M. 1 : 2

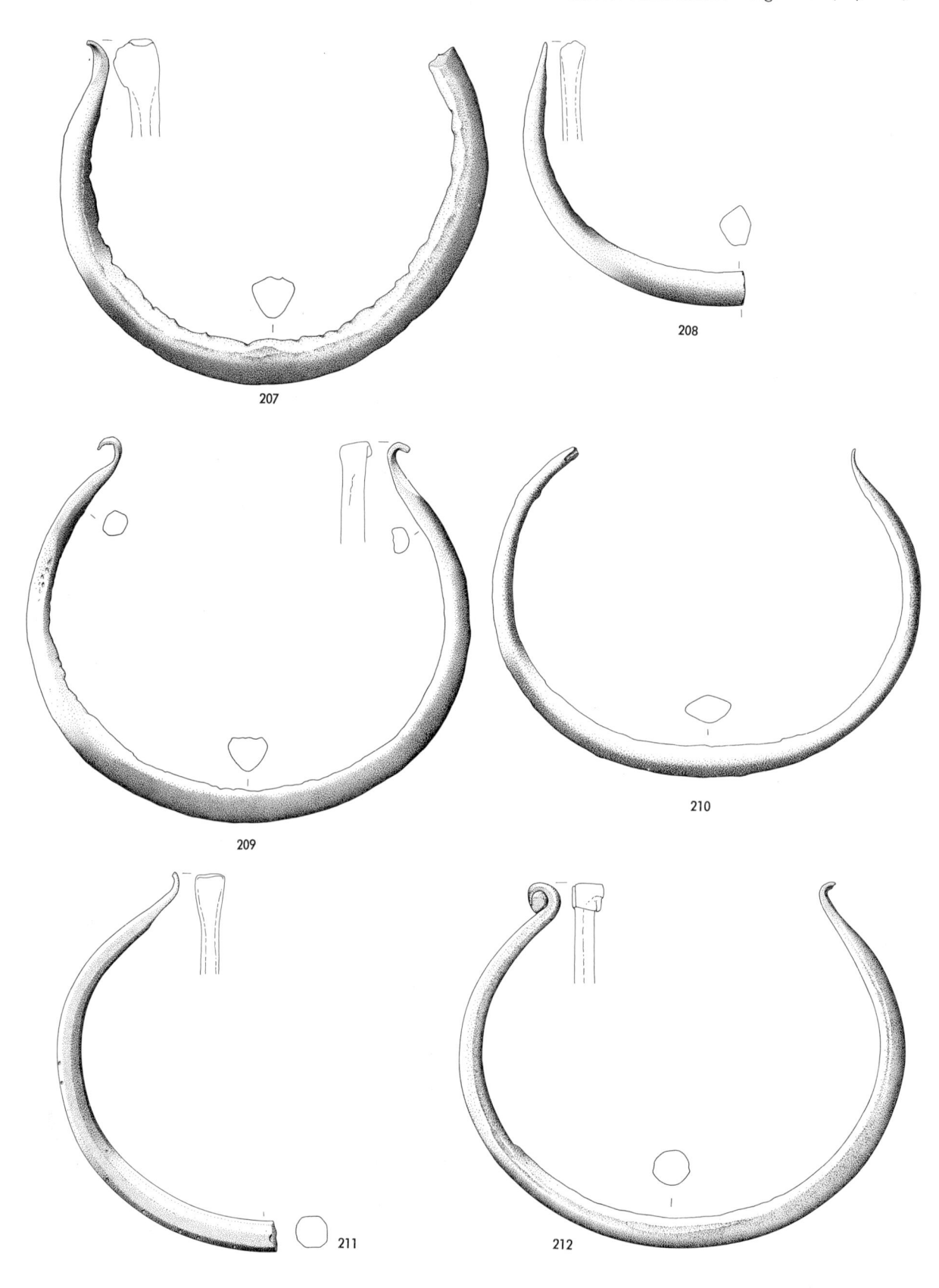

TAFEL 34   Älterbronzezeitliche Ringbarren (207–212)

207 Považie. – 208 Kl'ačany. – 209 Stupava. – 210–212 Fundort unbekannt.
M. 1:2

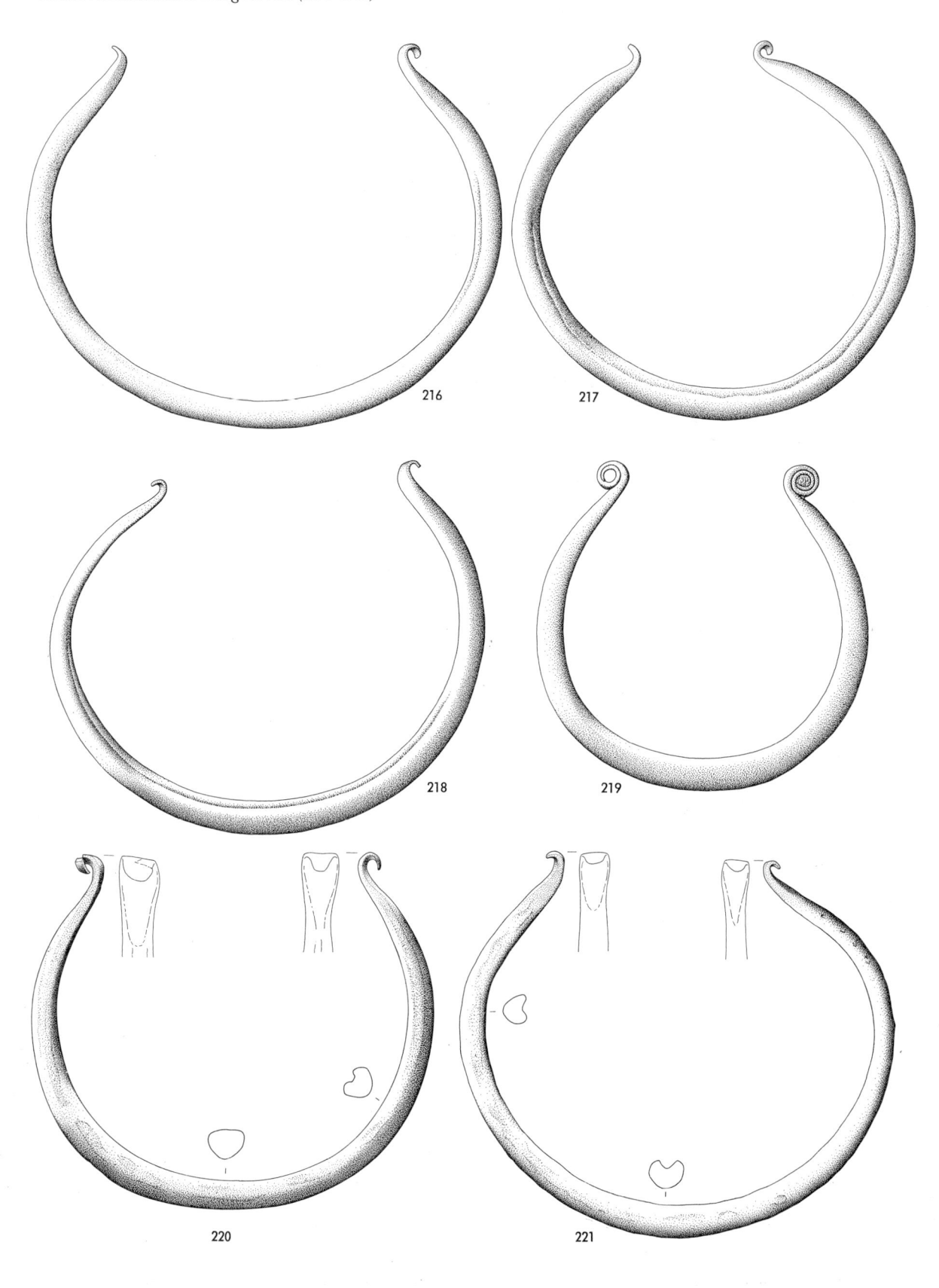

Älterbronzezeitliche Ringbarren (216–221) TAFEL 35

216–219 Gajary. – 220. 221 Bratislava, Umgebung. – (216–219 nach Eisner).
M. 1:2

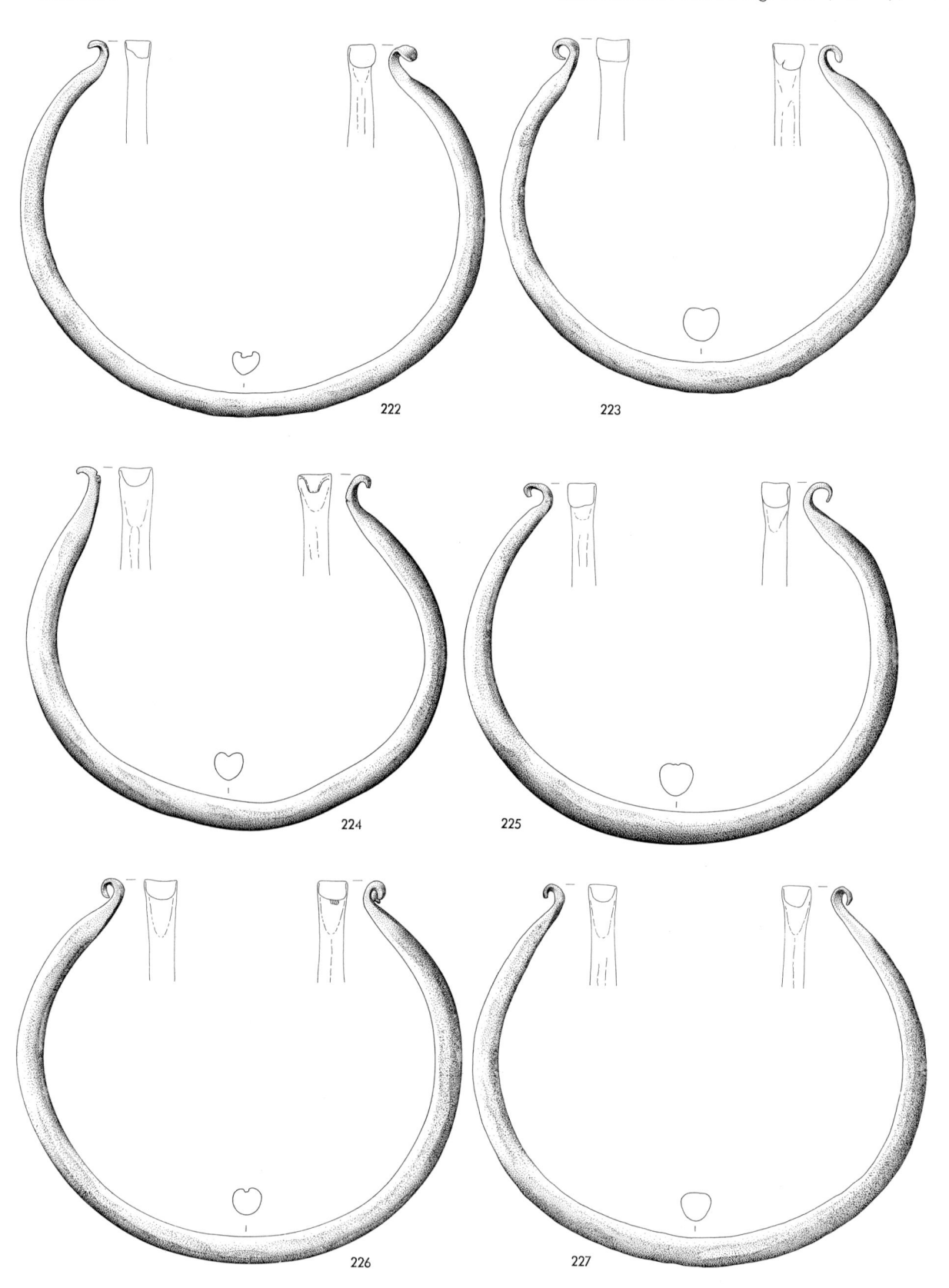

TAFEL 36   *Älterbronzezeitliche Ringbarren (222–227)*

222

223

224

225

226

227

222–227 Bratislava, Umgebung.
M. 1:2

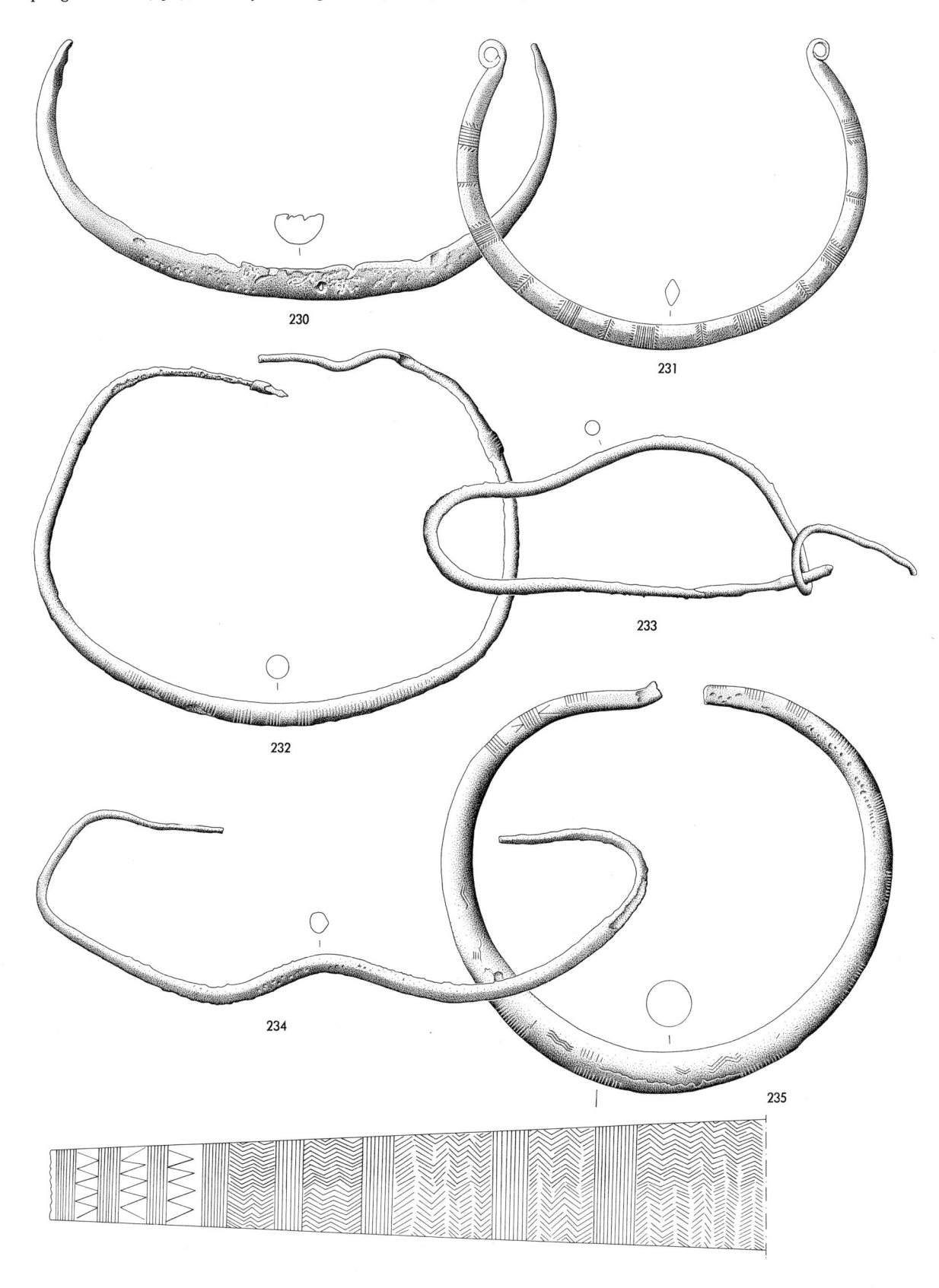

Spangenbarren (230); Sonderformen glattstabförmiger Halsringe (231–235) TAFEL 37

230. 235 Fundort unbekannt. – 231 Stupava. – 232–234 Vinička.
M. 1:2

TAFEL 38　　　　　　　　　　　　　*Sonderformen glattstabförmiger Halsringe (236. 238. 240. 243);*
　　　　　　　　　　　　　　　　　Tordierte dünnstabige Ösenhalsringe mit unverzierten Endzonen (244. 245)

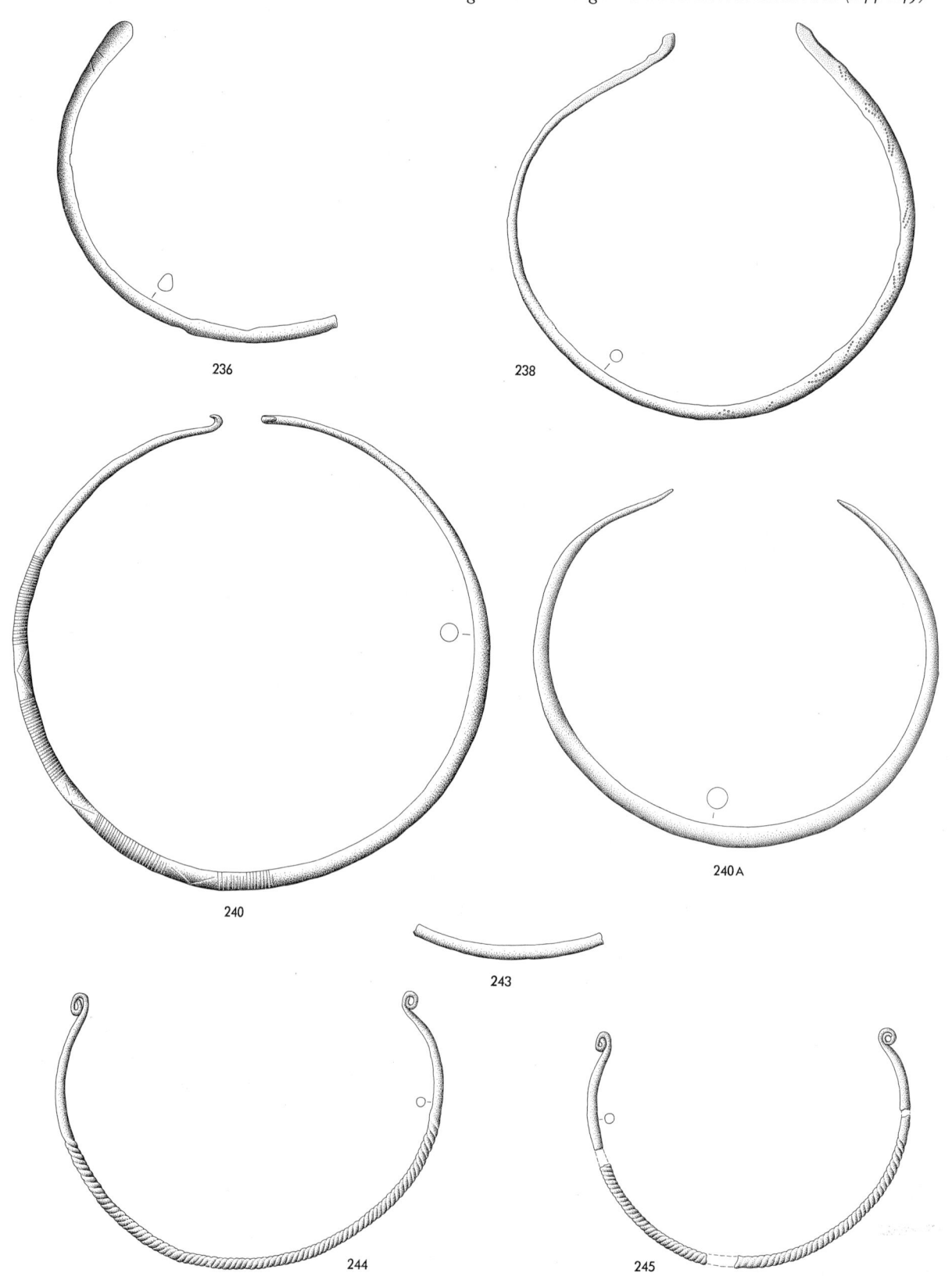

236 Zemianske Podhradie. – 238. 243 Púchov. – 240 Fundort unbekannt. – 240 A Kopčany (s. auch Taf. 77, D; 78). – 244. 245 Chotín. – (244. 245 nach Paulík).

M. 1:2

Tordierte dünnstabige Ösenhalsringe mit unverzierten Endzonen (246–254) TAFEL 39

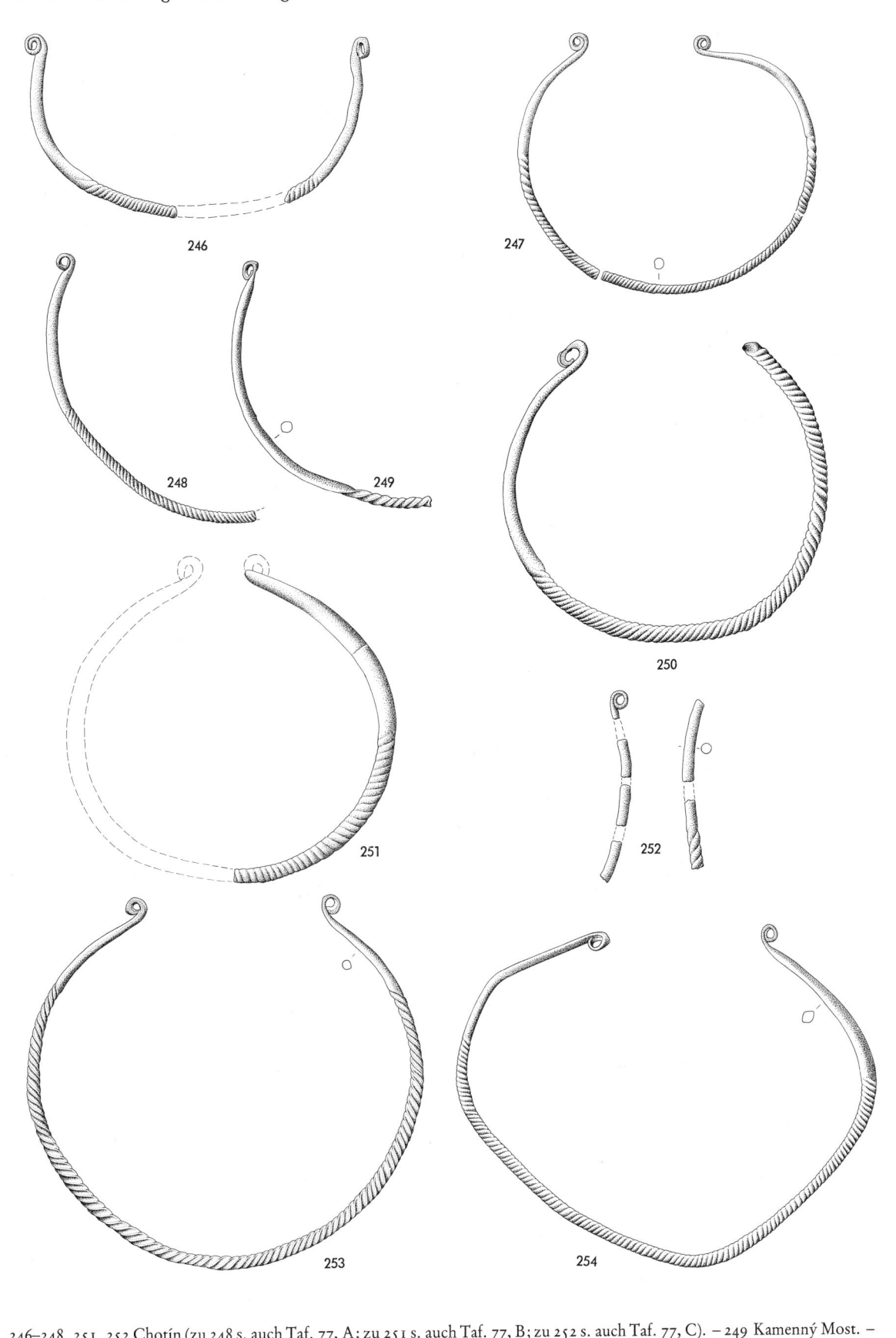

246–248. 251. 252 Chotín (zu 248 s. auch Taf. 77, A; zu 251 s. auch Taf. 77, B; zu 252 s. auch Taf. 77, C). – 249 Kamenný Most. – 250 Ehem. Komitat Gemer. – 253. 254 Počúvadlo. – (248 nach Paulík).

M. 1:2

TAFEL 40　　　　　*Tordierte dünnstabige Ösenhalsringe mit unverzierten Endzonen (254A–257),
mit verzierten Endzonen (258–261) und mit tordierten Endzonen (262. 263)*

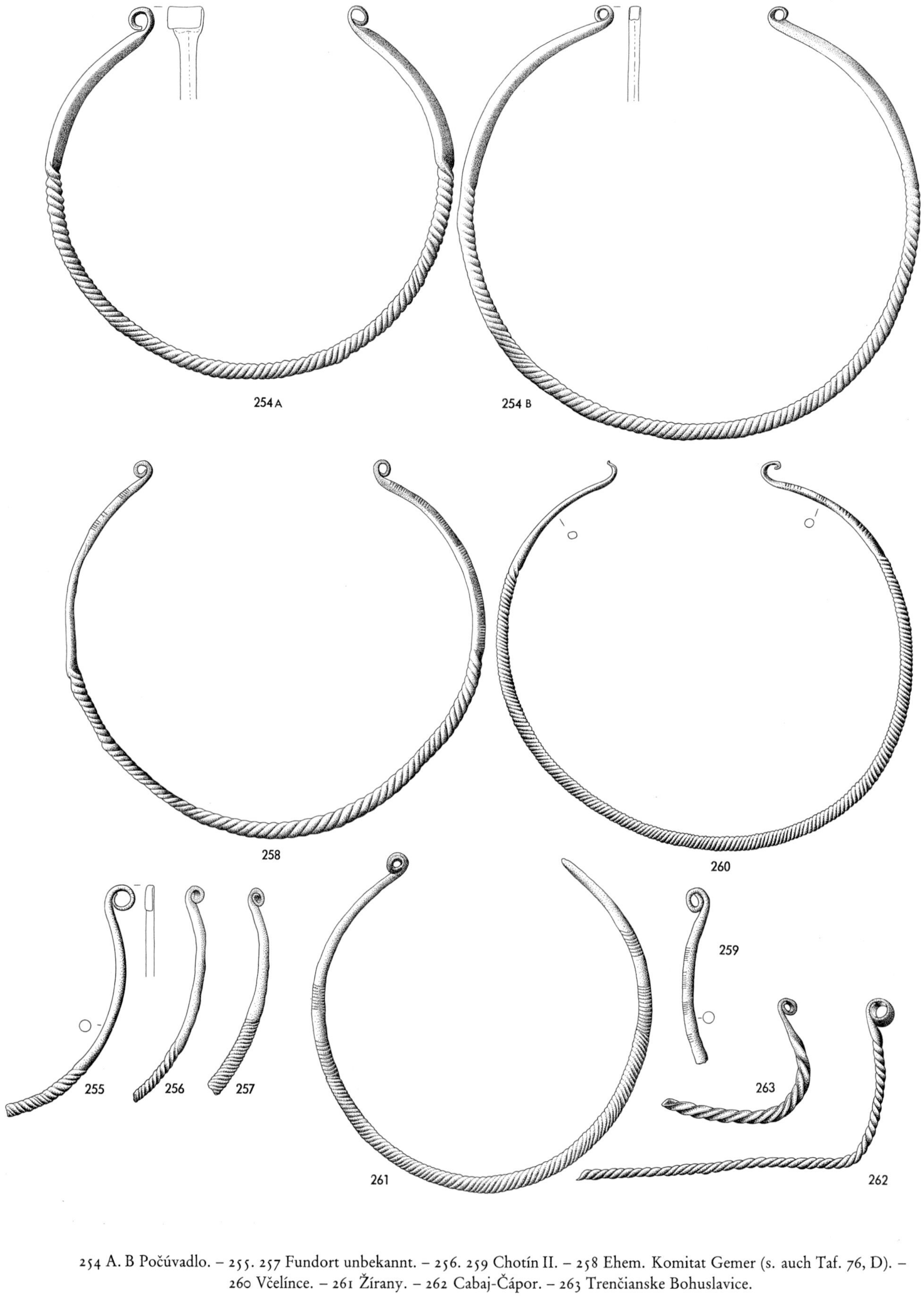

254 A. B Počúvadlo. – 255. 257 Fundort unbekannt. – 256. 259 Chotín II. – 258 Ehem. Komitat Gemer (s. auch Taf. 76, D). – 260 Včelínce. – 261 Žírany. – 262 Cabaj-Čápor. – 263 Trenčianske Bohuslavice.

M. 1:2

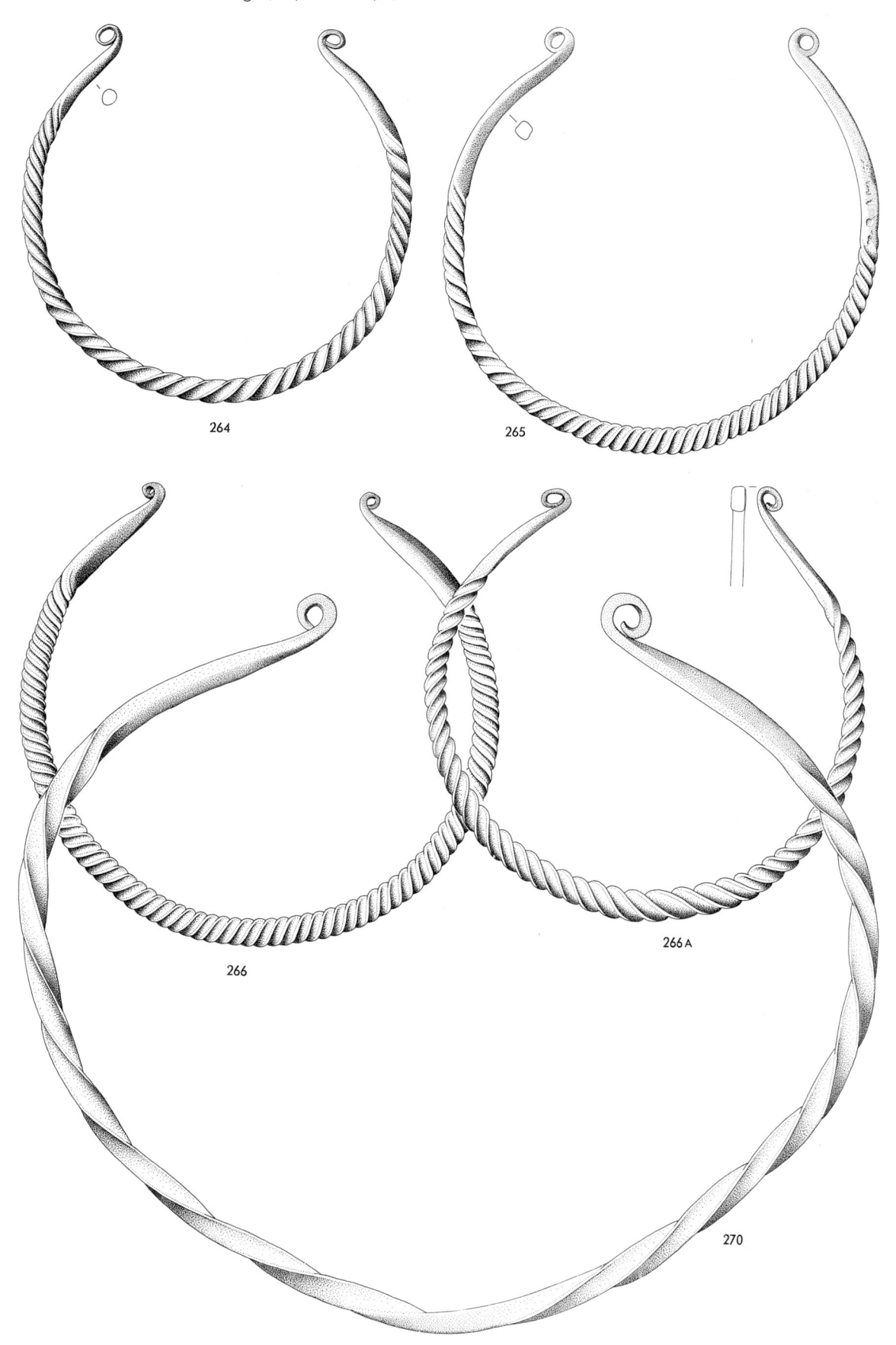

Massive tordierte Ösenhalsringe (264–266 A. 270) TAFEL 41

264 Domaníky. – 265 Križovany nad Dudváhom. – 266 Prašník. – 266 A Počúvadlo. – 270 Bratislava.

M. 1:2

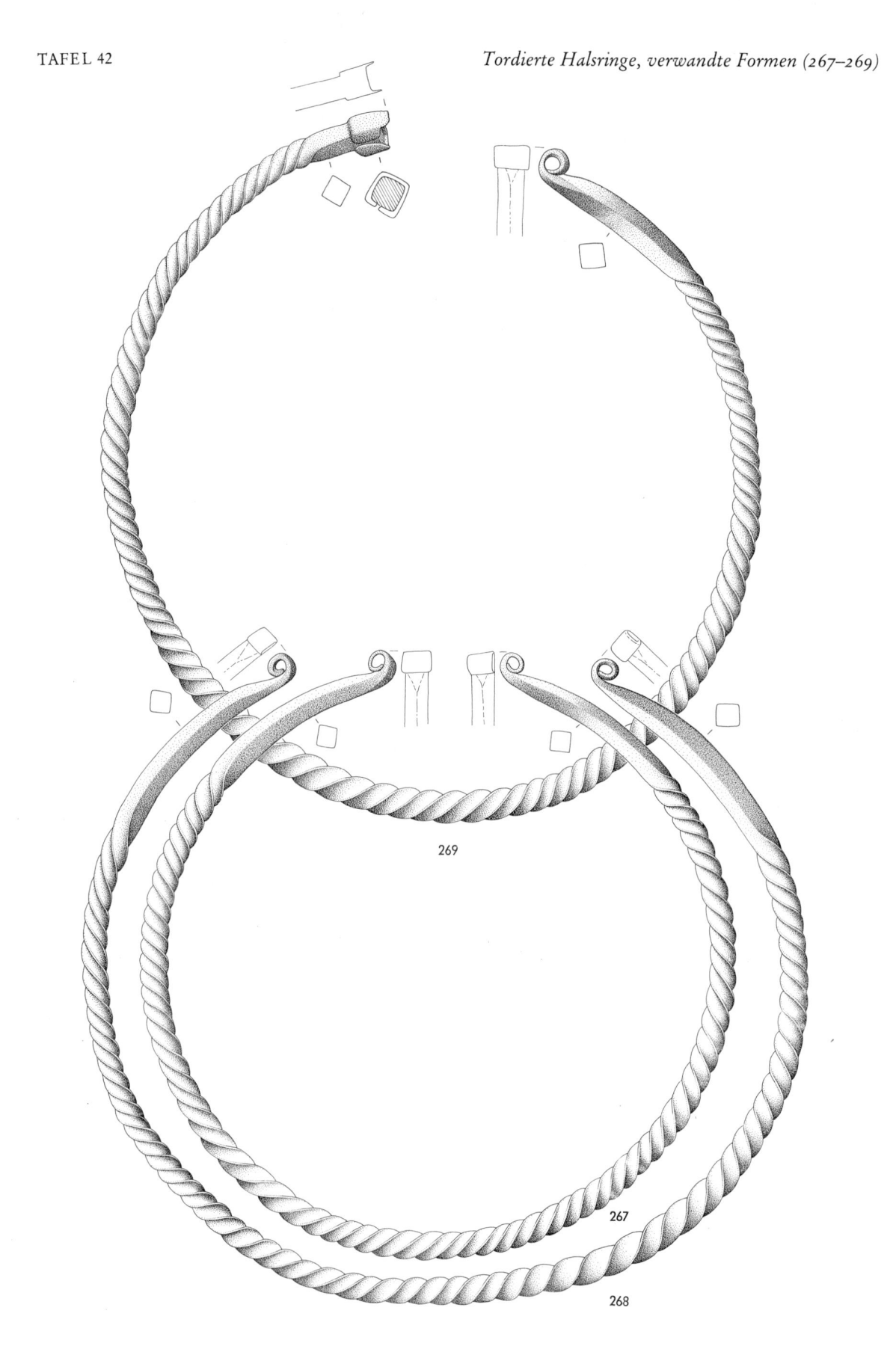

TAFEL 42　　　　　　　　　　　　　　　　　　　*Tordierte Halsringe, verwandte Formen (267–269)*

267–269 Hlohovec, Umgebung.
M. 1:2

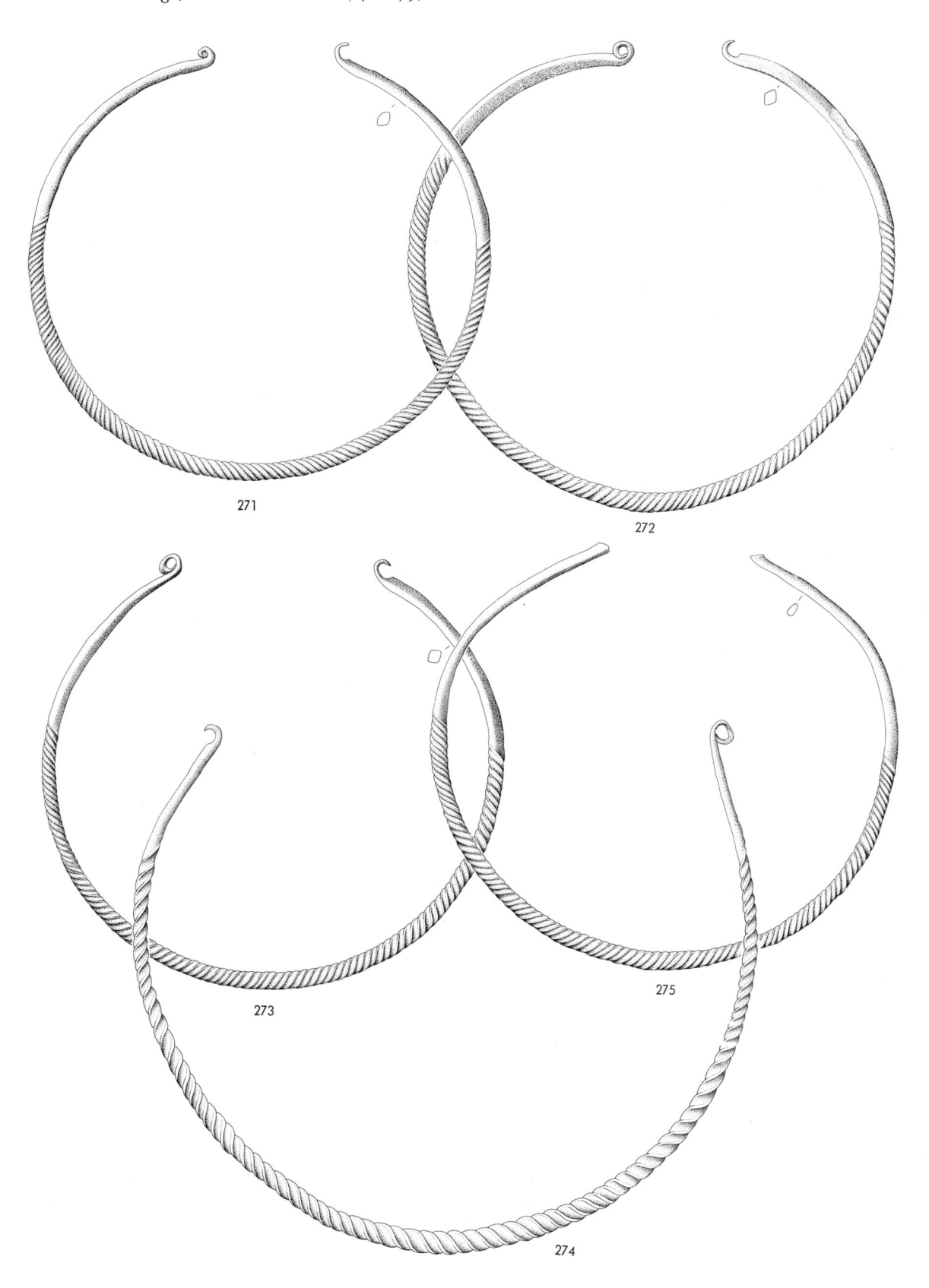

Tordierte Halsringe, verwandte Formen (271–275) TAFEL 43

271

272

273

275

274

271–273. 275 Počúvadlo. – 274 Žitný ostrov.
M. 1:2

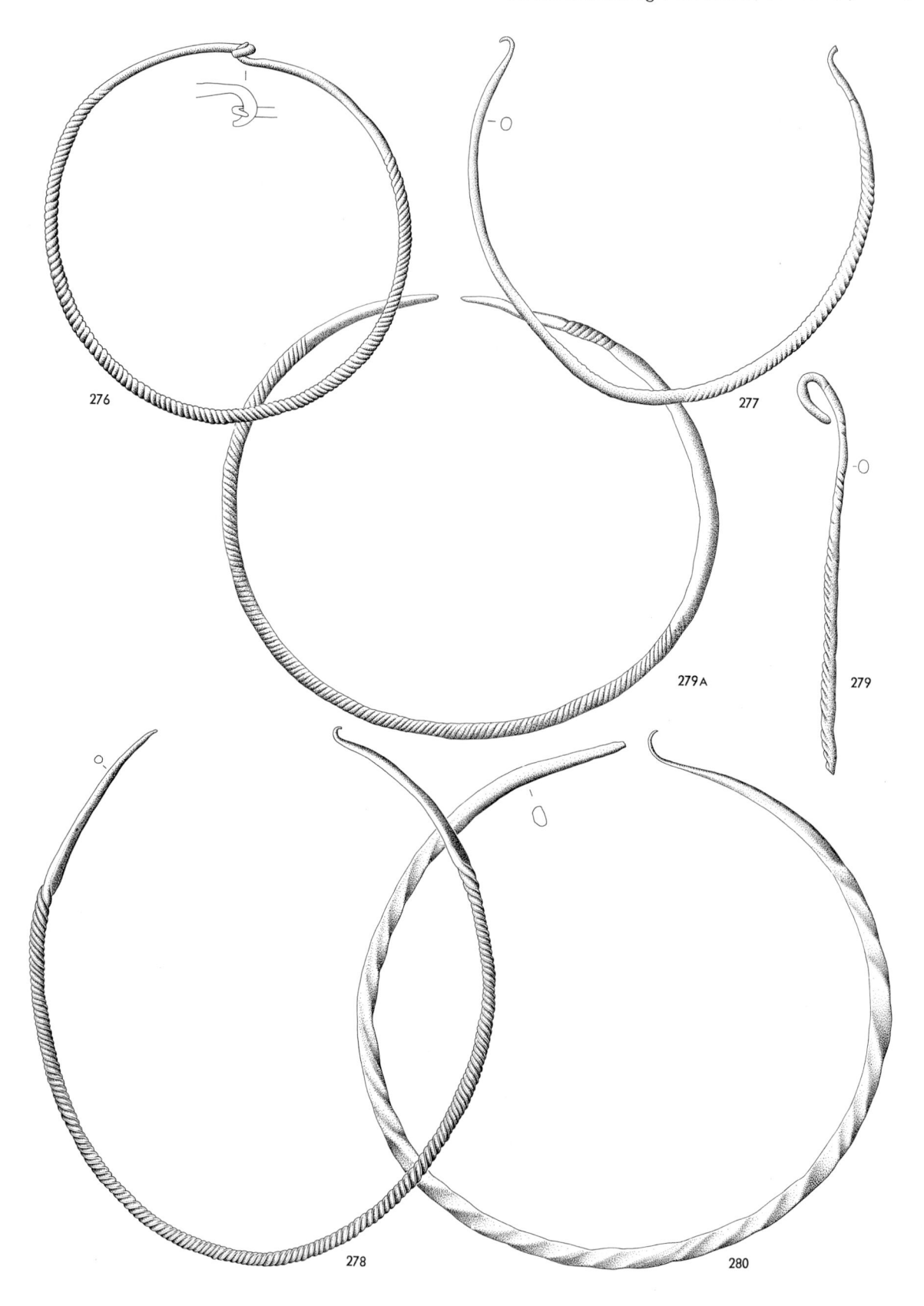

TAFEL 44	*Tordierte Halsringe, verwandte Formen (276–280)*

276 Fundort unbekannt. – 277 Včelínce. – 278 Diviaky nad Nitricou. – 279 Opatovce nad Nitrou. – 279 A Gemer. – 280 Bošáca. – (279 nach Remiášová; 279 A nach Hampel).
M. 1 : 2

Tordierte Halsringe, Einzelformen (281–283);
unbestimmbare tordierte Halsringfragmente (284. 285)

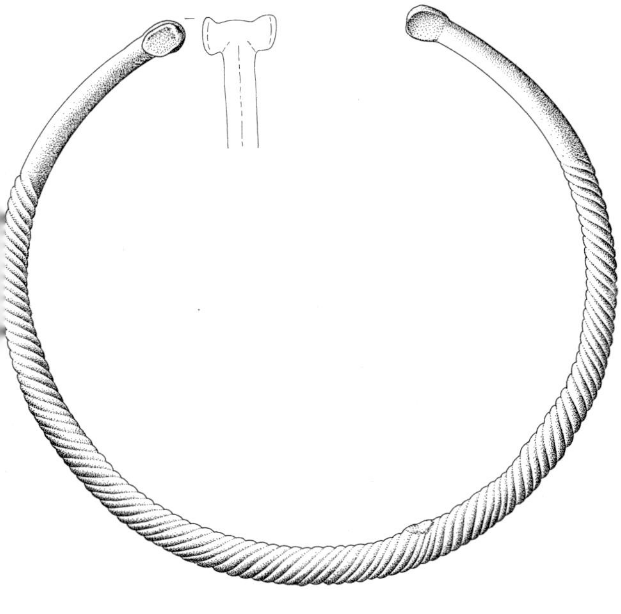

TAFEL 45

281
281A
282
283 
284 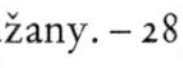
285 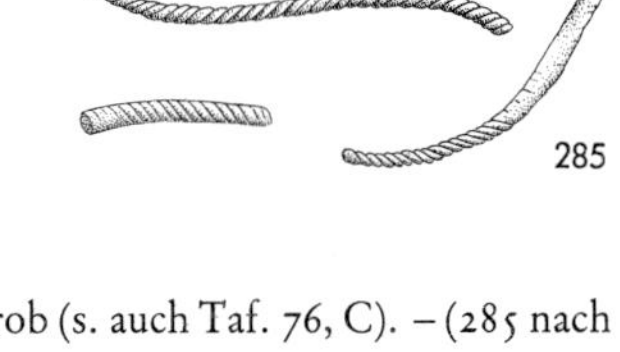

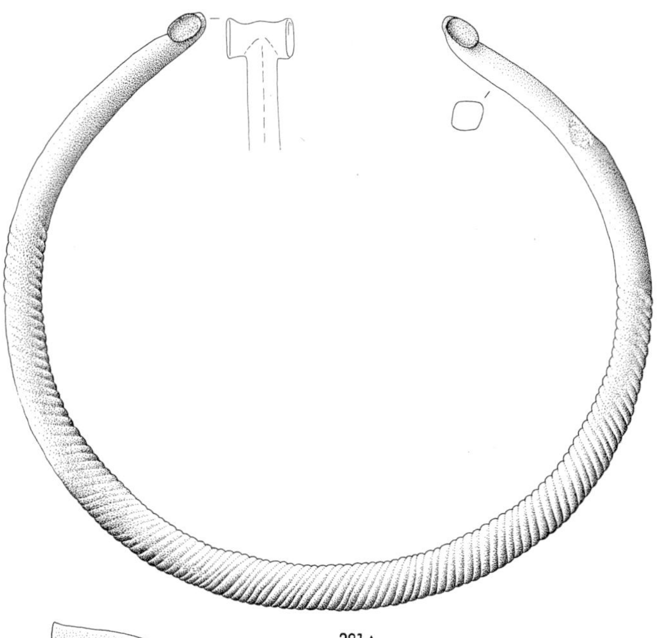

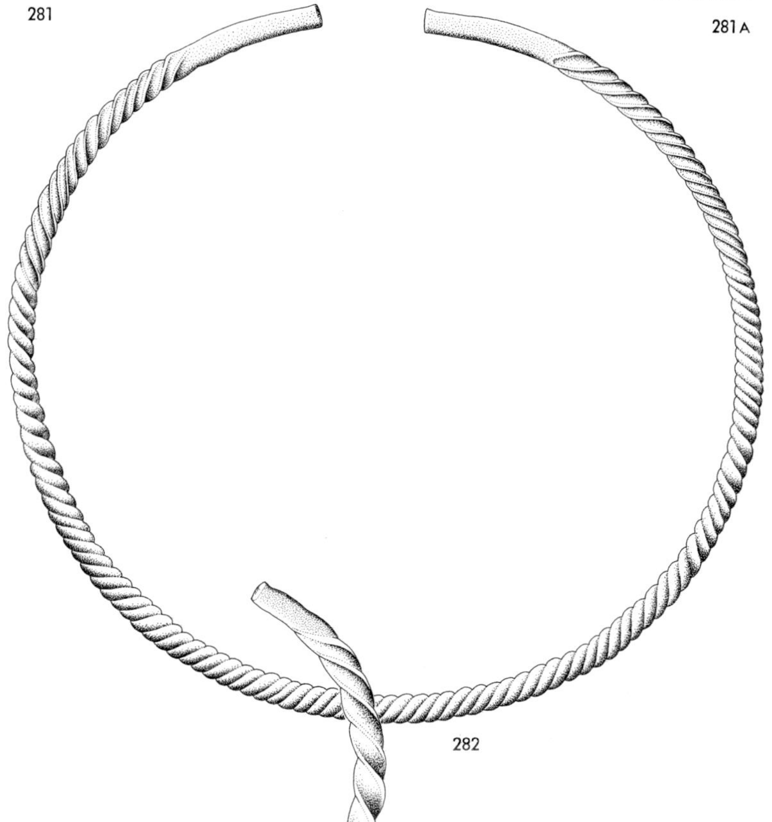

281. 281 A Počúvadlo. – 282 Očová. – 283 Fundort unbekannt. – 284 Lužany. – 285 Veľký Grob (s. auch Taf. 76, C). – (285 nach Paulík/Chropovský).

M. 1:2

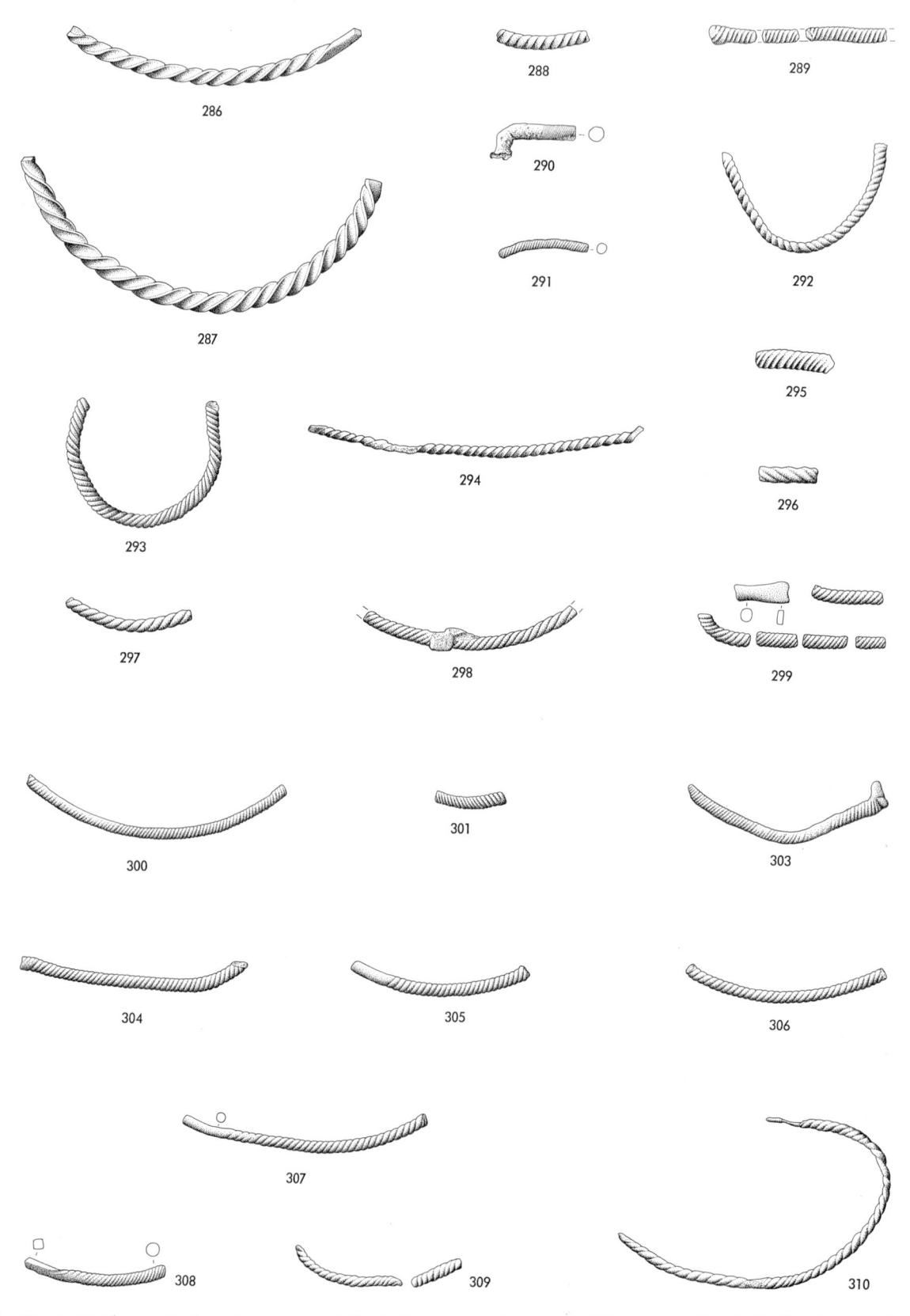

TAFEL 46 *Unbestimmbare tordierte Halsringfragmente (286–301. 303–310)*

286. 287 Viničky. – 288. 289. 296–301. 303–308 Chotín II. – 290. 291 Opatovce nad Nitrou. – 292 Plavecké Podhradie. – 293 Janíky. – 294 Trenčianske Bohuslavice. – 295 Ilava. – 309 Kotešová. – 310 Jasenica. – (280. 289. 296–301. 303–308 nach Paulík; 290. 291 nach Remiášová).

M. 1:2

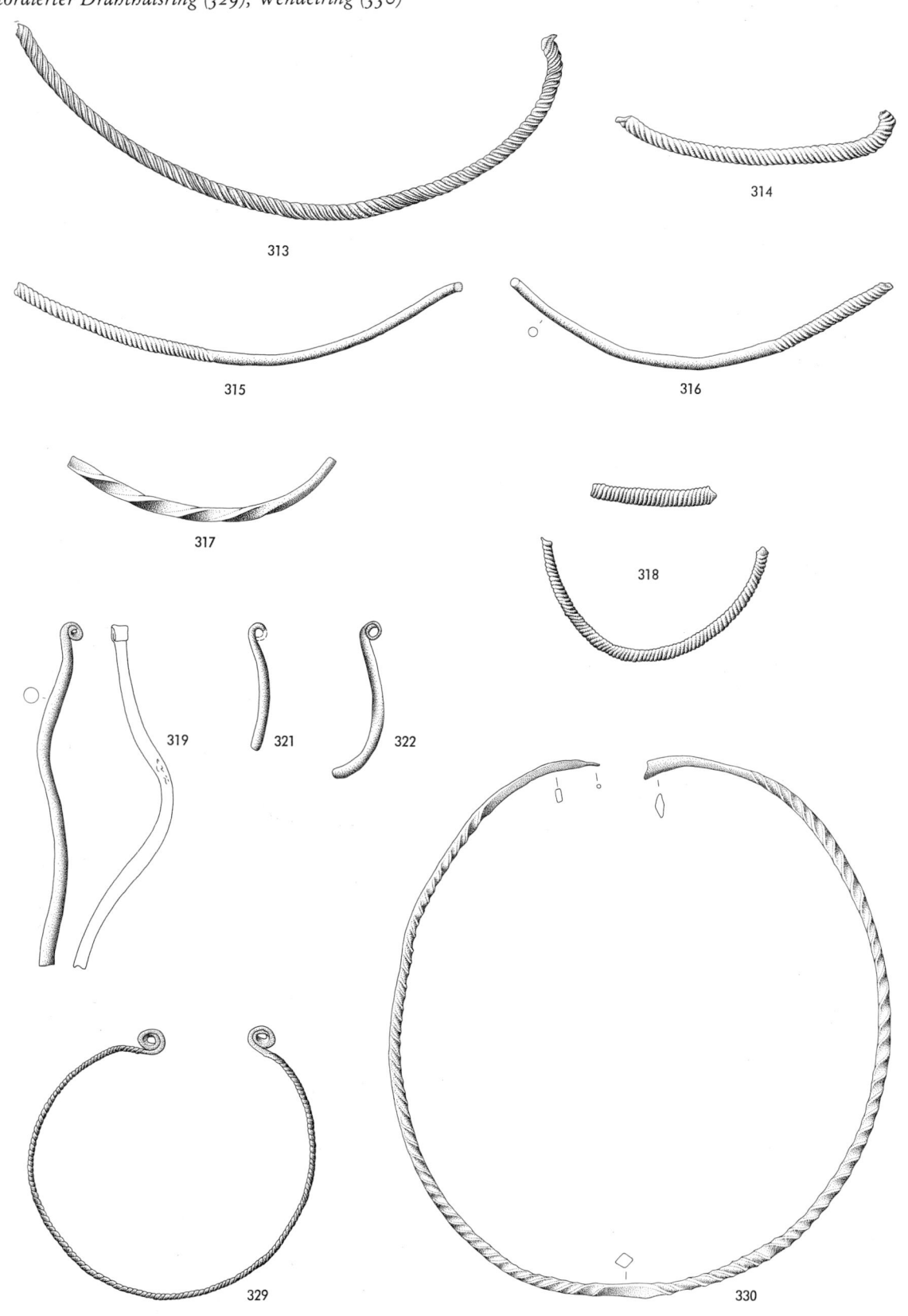

Unbestimmbare tordierte Halsringfragmente (313–319. 321. 322)
tordierter Drahthalsring (329); Wendelring (330)
TAFEL 47

313–319 Fundort unbekannt. – 321. 322 Chotín II. – 329 Dedinka. – 330 Sliače. – (321. 322 nach Paulík).
M. 1:2

TAFEL 48 — *Große tordierte Doppelringe (331. 332)*

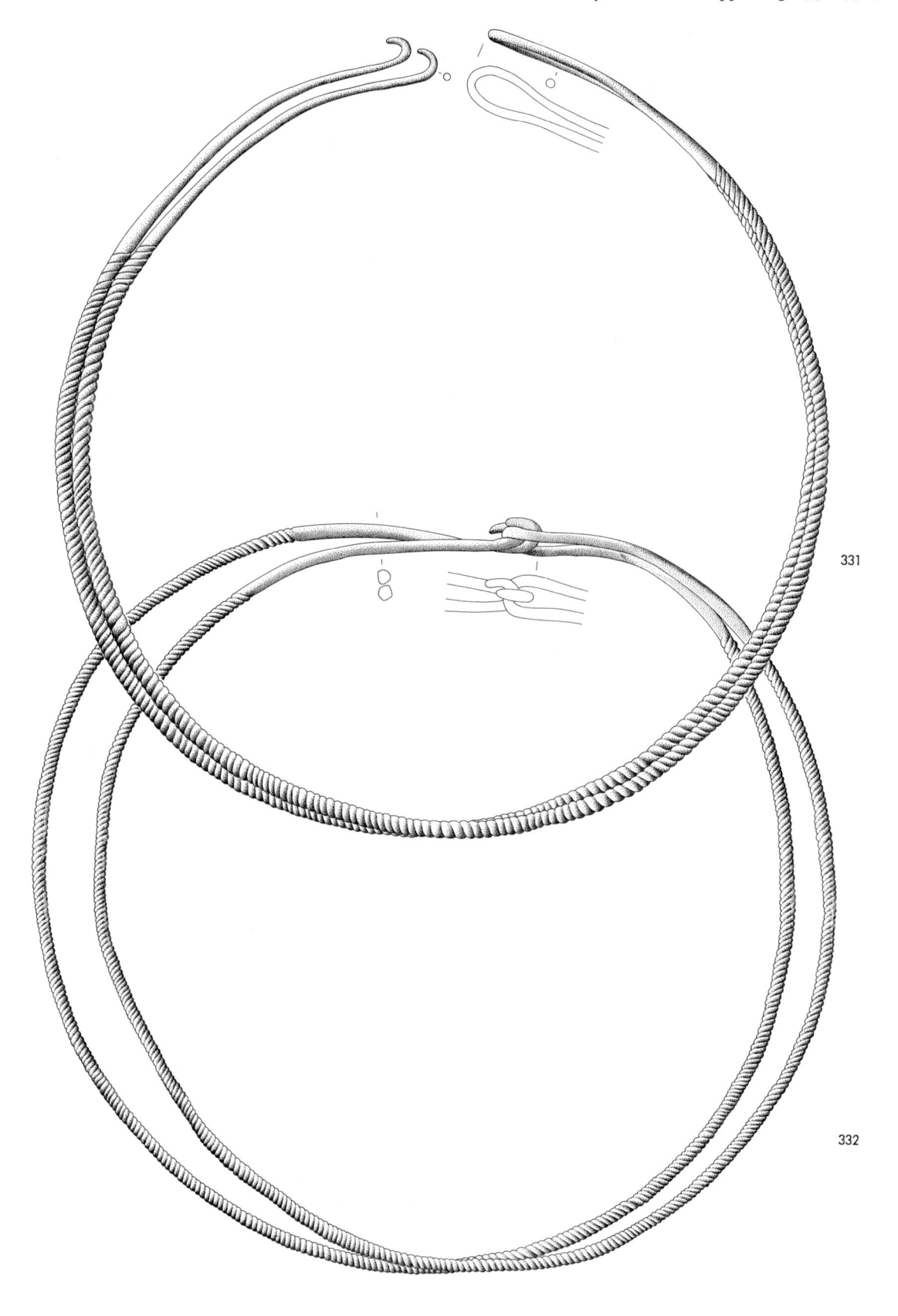

331
332

331 Šarišské Lužianky. – 332 Fundort unbekannt.
M. 1:2

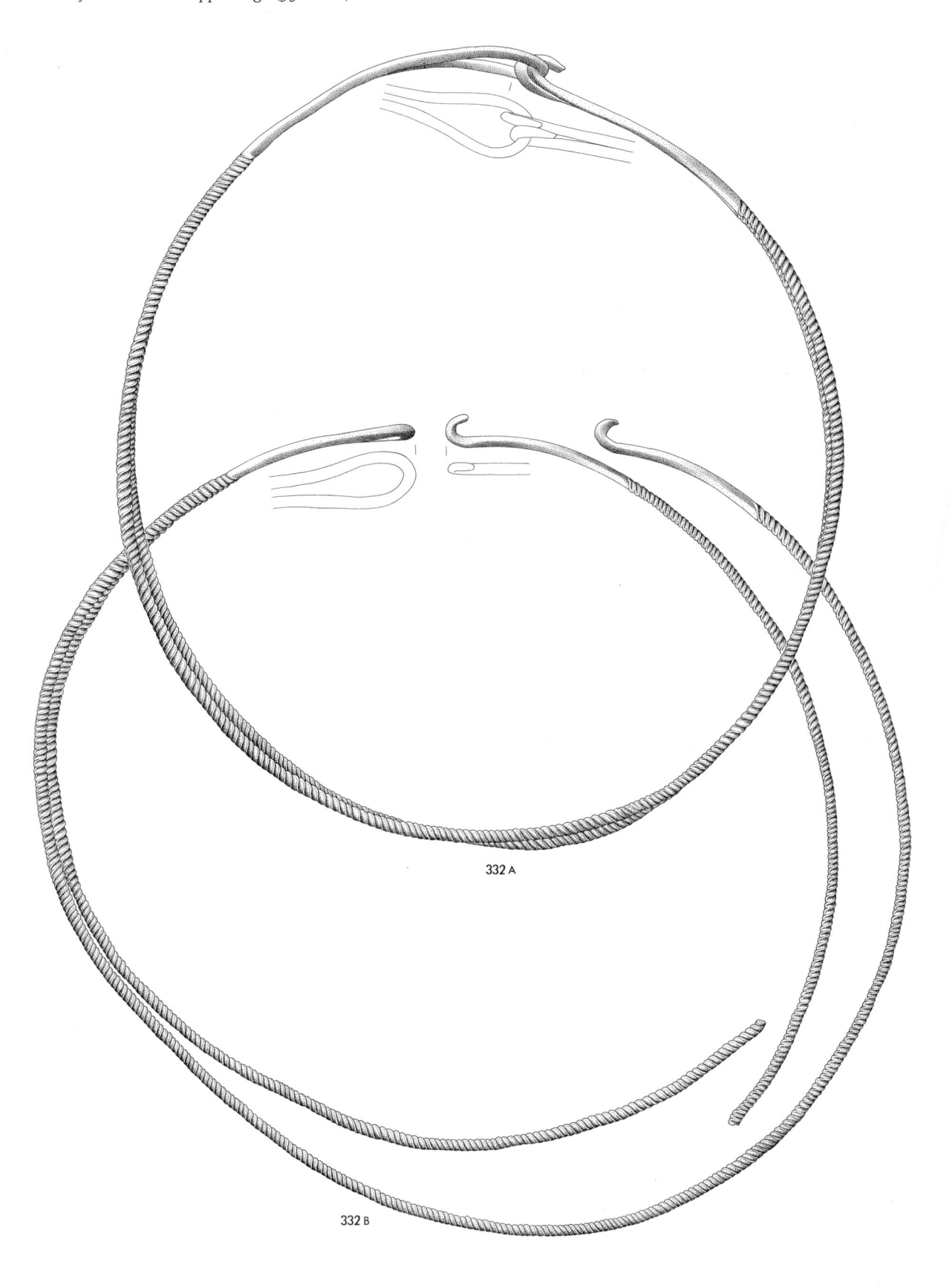

Große tordierte Doppelringe (332 A. B) TAFEL 49

332 A

332 B

332 A. B Fundort unbekannt.
M. 1:2

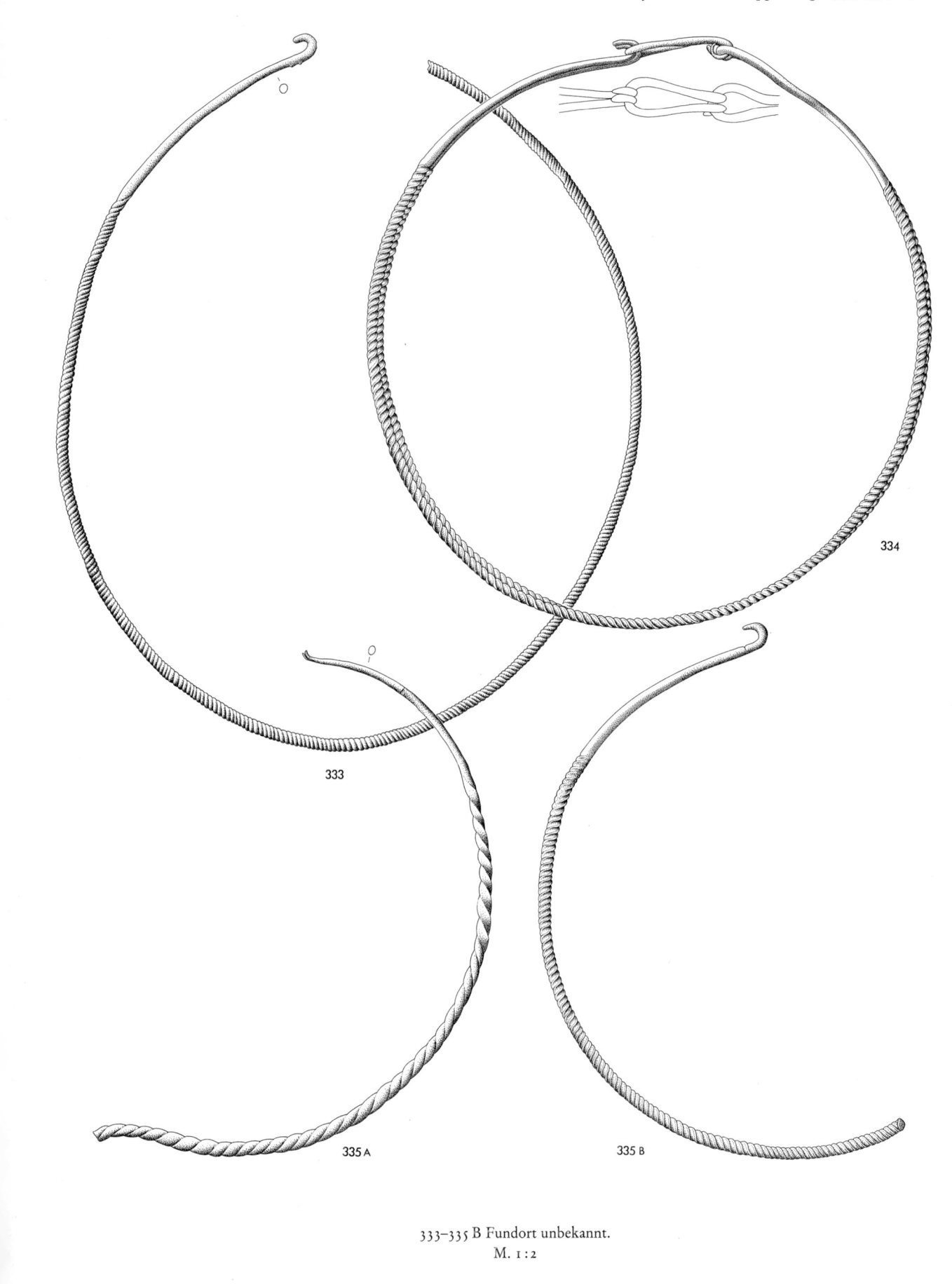

TAFEL 50　　　　　　　　　　　　　　　　　　　　　　　　　　　*Große tordierte Doppelringe (333–335 B)*

334

333

335 A　　　　　　　335 B

333–335 B Fundort unbekannt.
M. 1 : 2

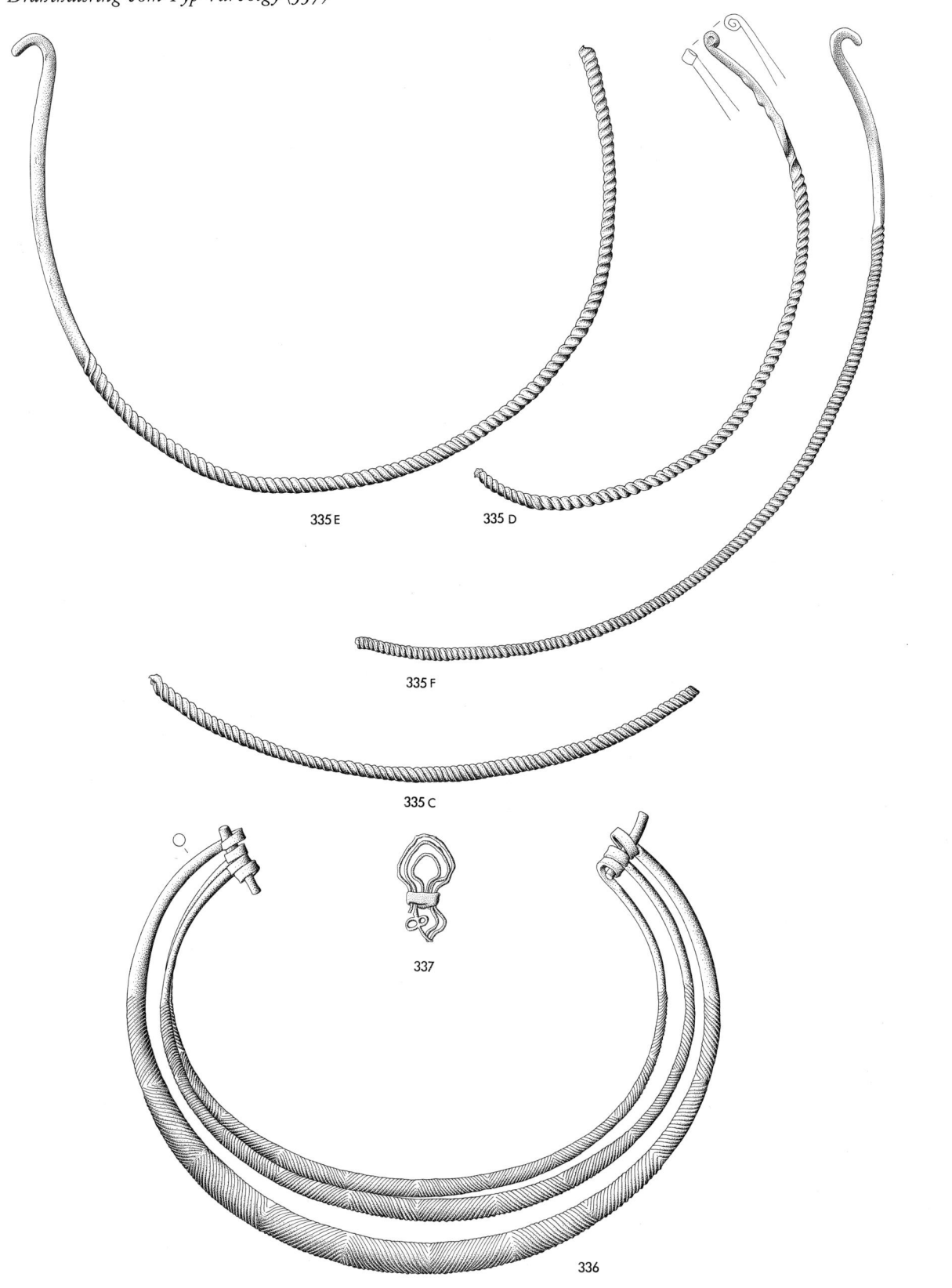

Große tordierte Doppelringe (335 C–F); Ringhalskragen (336);
Drahthalsring vom Typ Várvölgy (337) TAFEL 51

335 C–F Fundort unbekannt. – 336 Počúvadlo. – 337 Šarovce.

M. 1:2

TAFEL 52
Posamenteriekolliers (338–341)

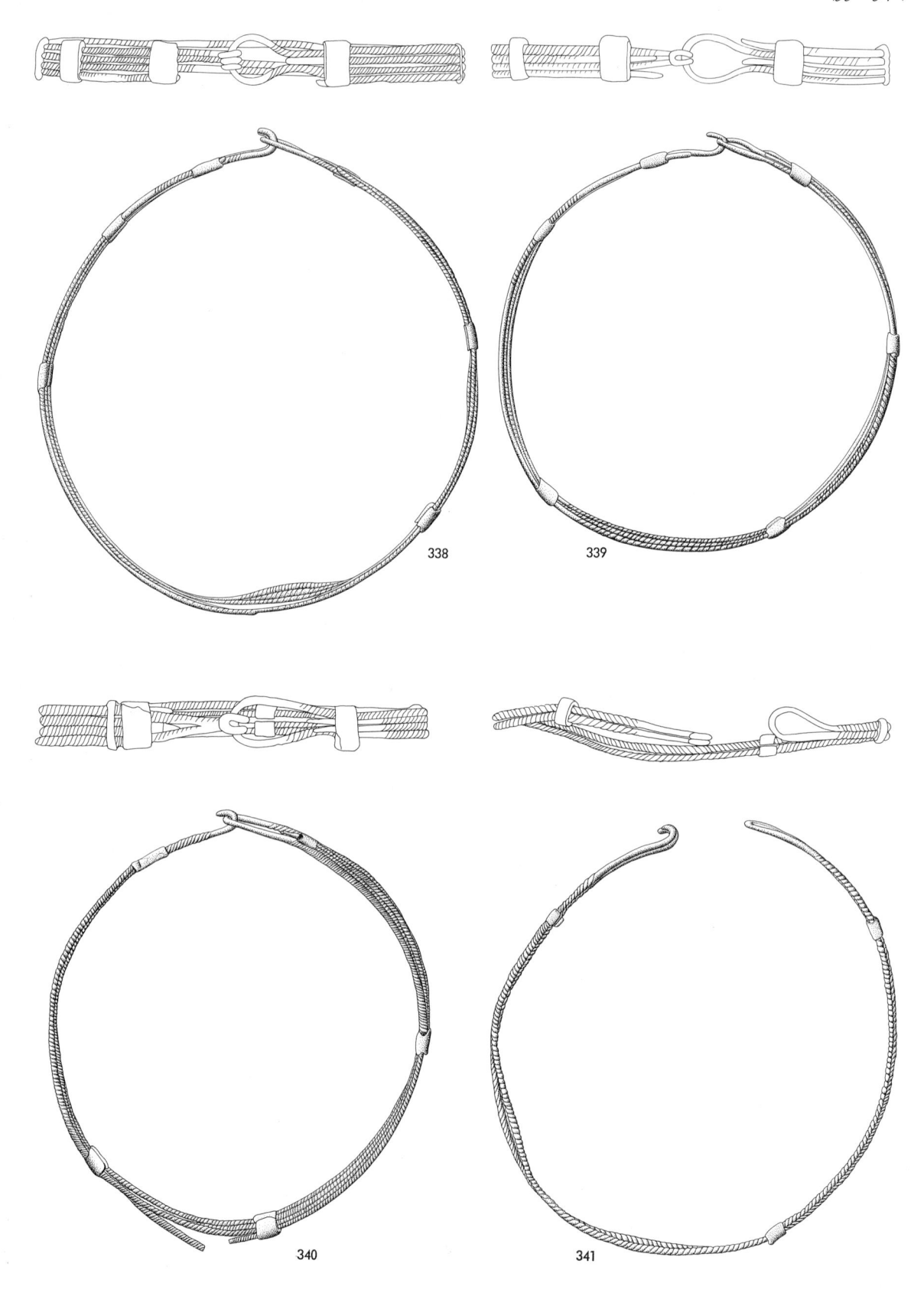

338
339
340
341

338–340 Žilina. – 341 Čachtice.
M. 1:2

Halsringe vom kujawischen Typ (342–344) TAFEL 53

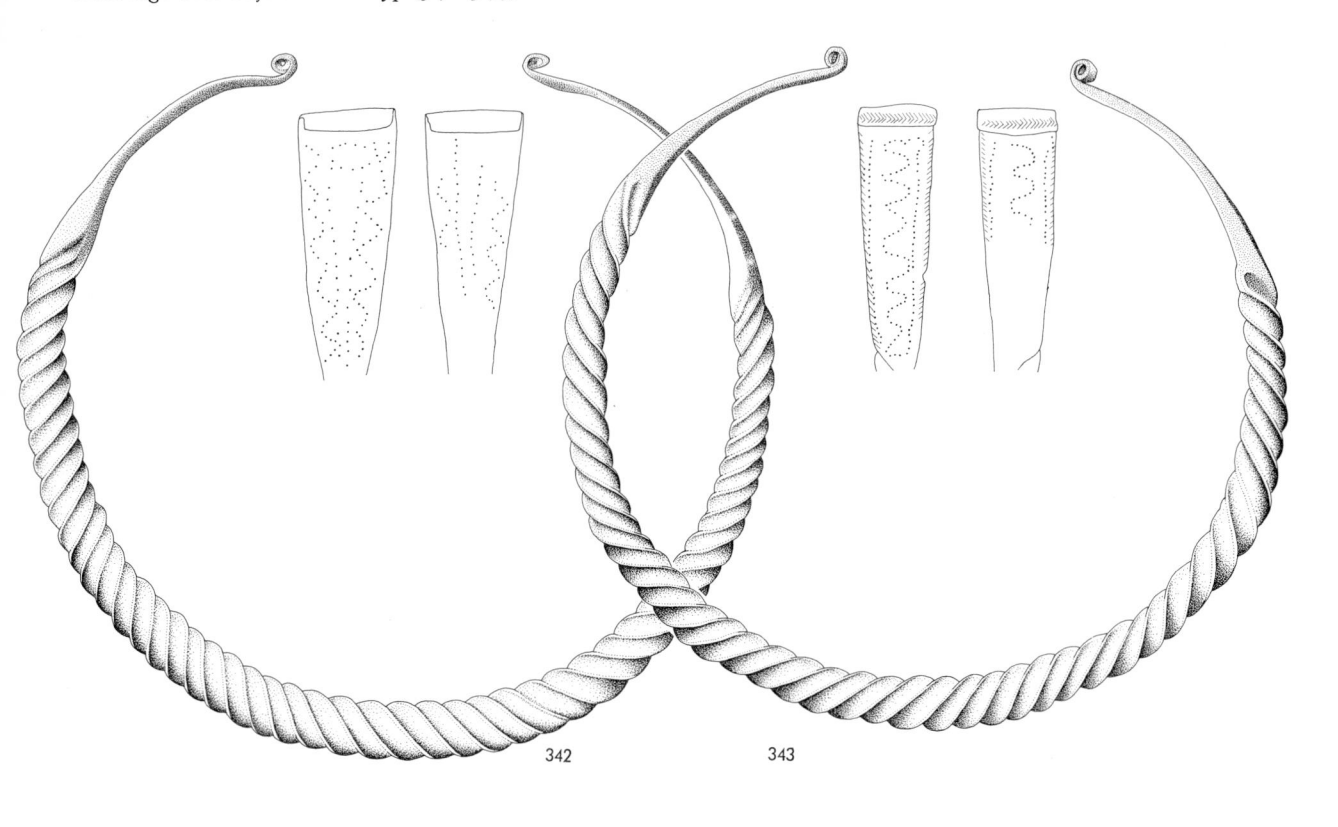

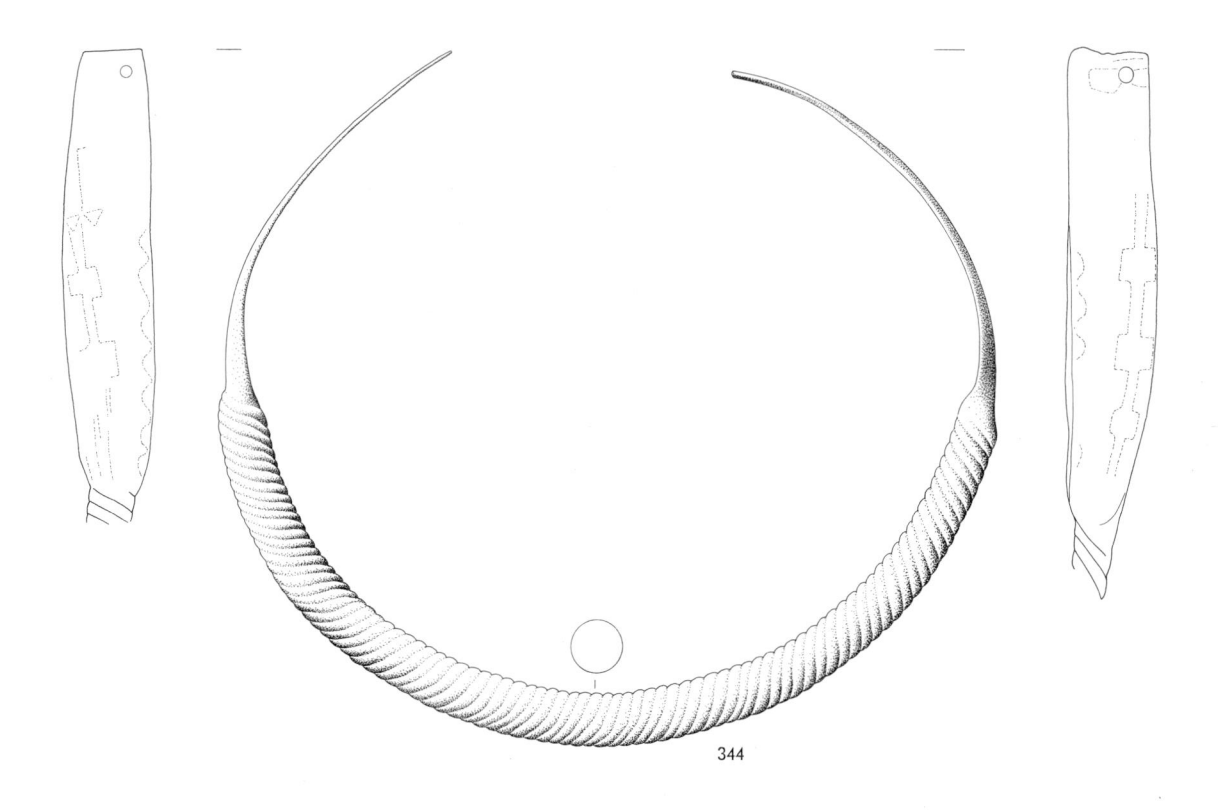

342. 343 Krásna Hôrka (s. auch Taf. 79, C; 80). – 344 Dobšiná.
M. 1 : 2

TAFEL 54

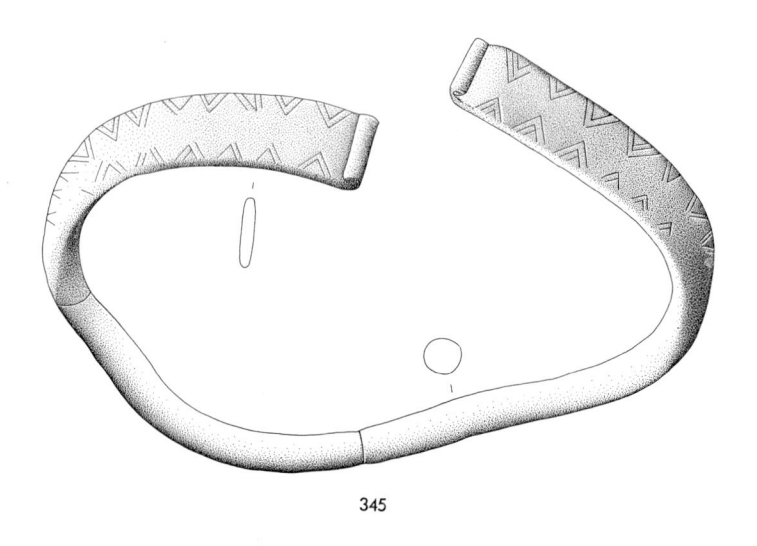

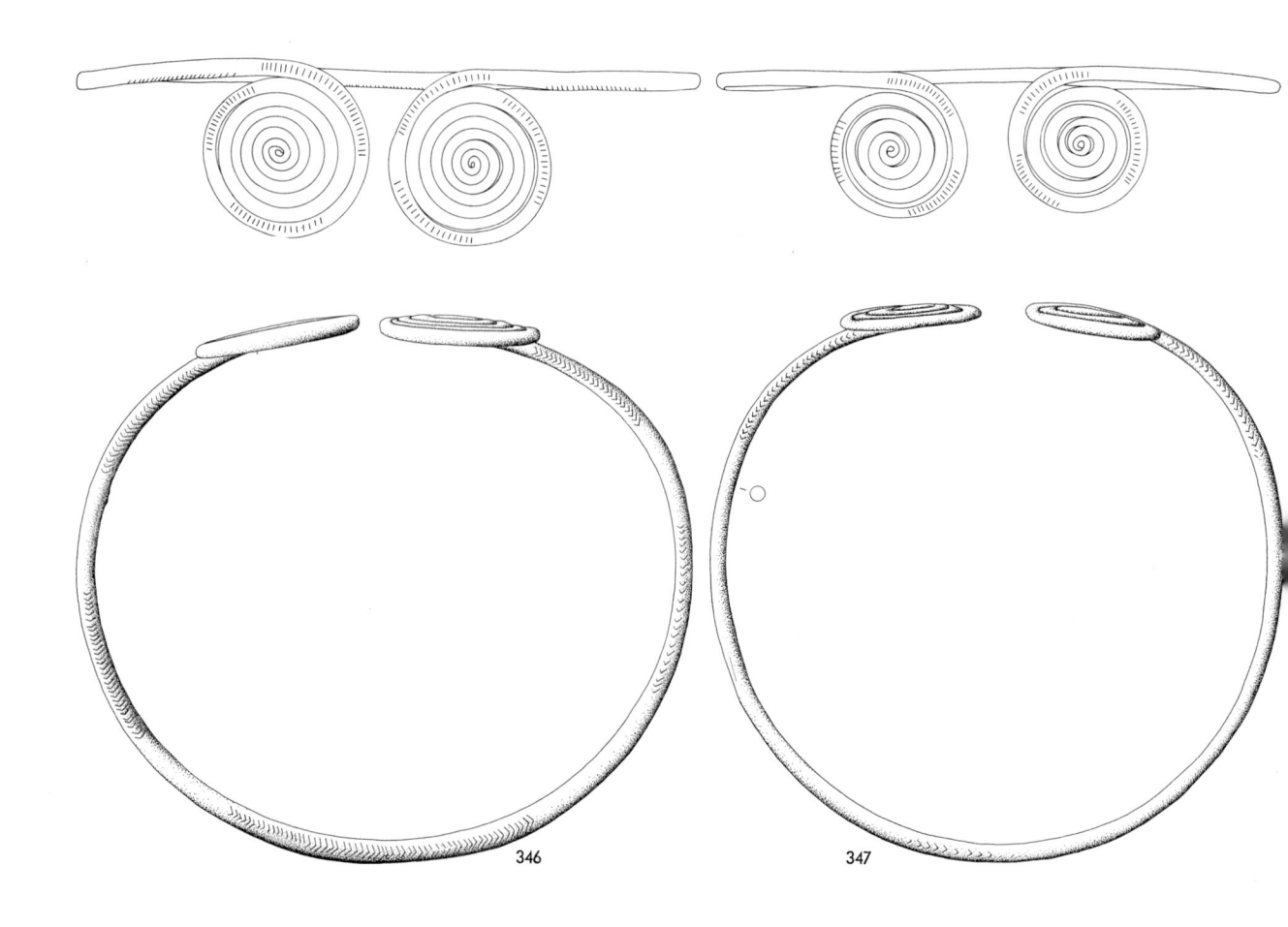

Halsringe vom kujawischen Typ (345);
rundstabige Halsringe mit Endspiralen (346. 347)

345 Dolný Kubín II (s. auch Taf. 79, B). – 346. 347 Istebné-Hrádok. – (345 nach Čaplovič).
M. 1:2

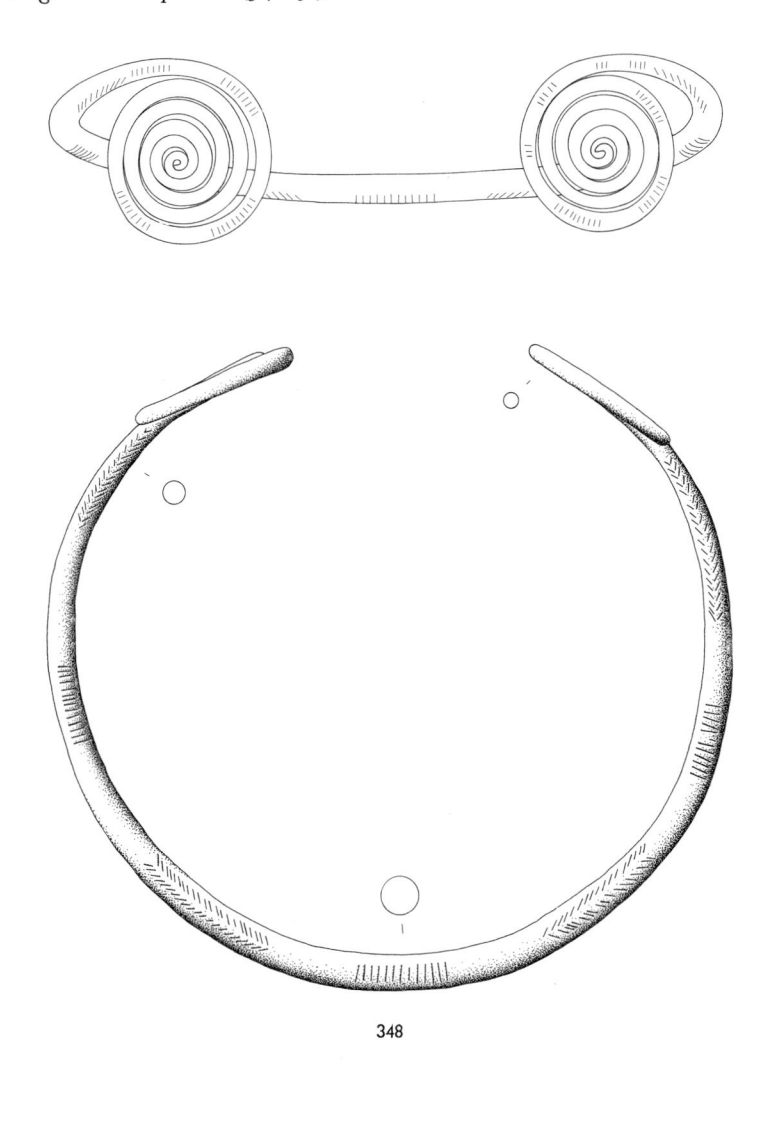

Rundstabige Halsringe mit Endspiralen (348. 349) TAFEL 55

348

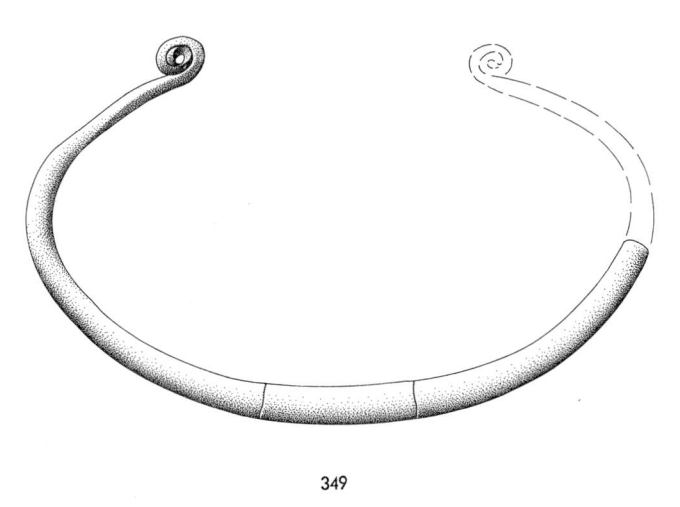

349

348 Malatíny. – 349 Dolný Kubín II (s. auch Taf. 79, A).
M. 1:2

TAFEL 56
Diademe vom Typ Istebné (351.352)

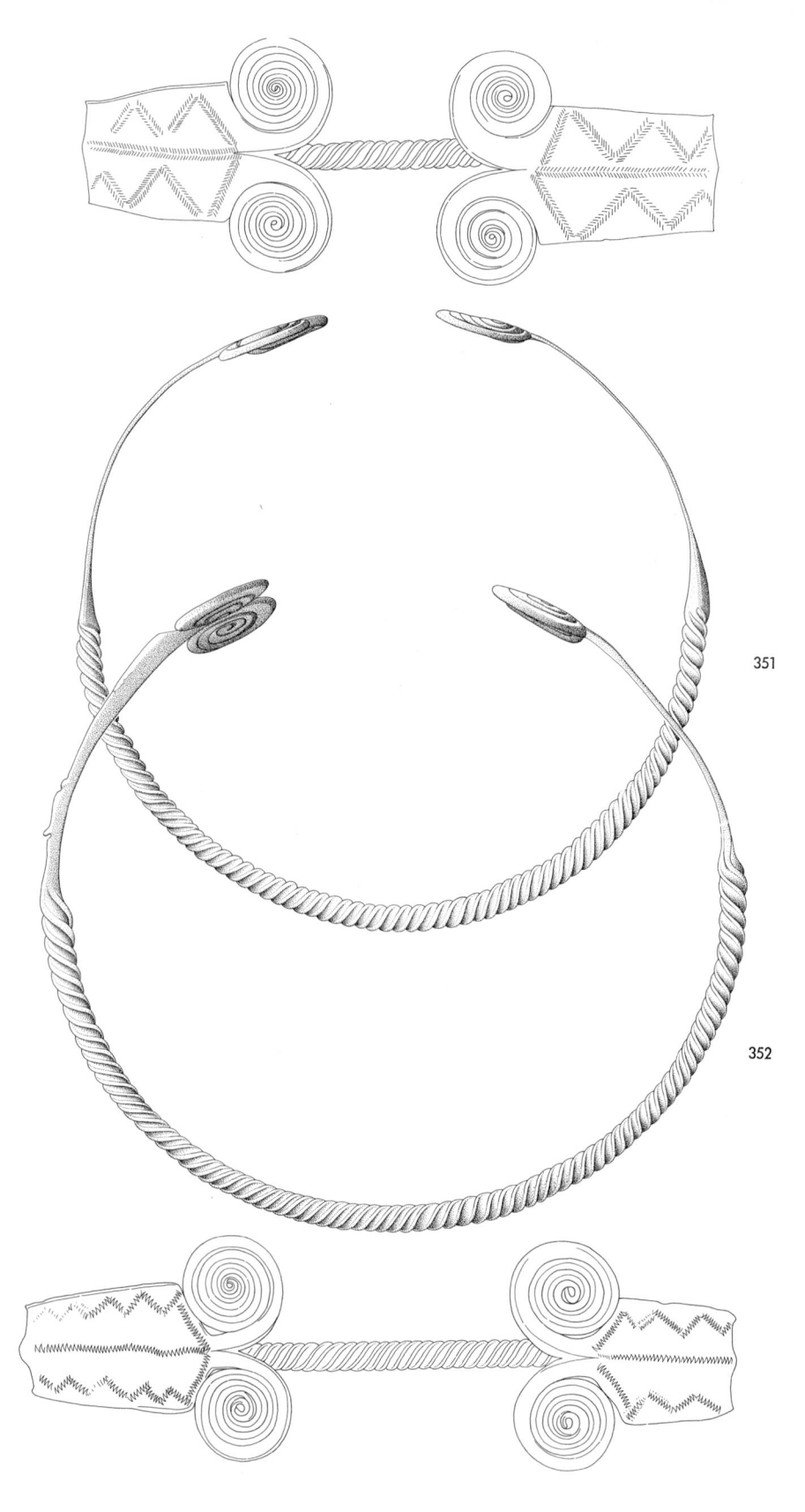

351. 352 Istebné-Hrádok.
M. 1:2

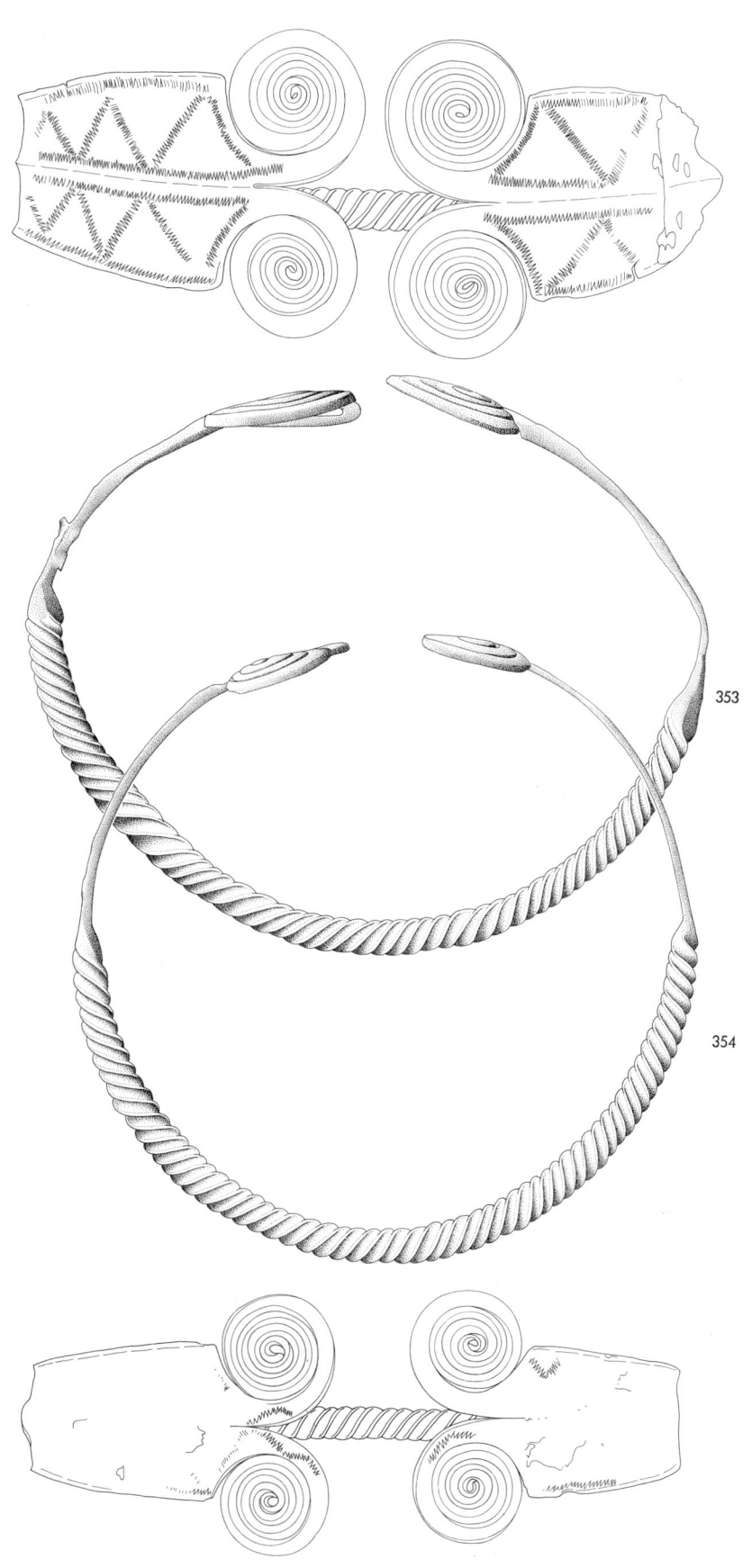

Diademe vom Typ Istebné (353. 354) TAFEL 57

353. 354 Istebné-Hrádok.
M. 1 : 2

TAFEL 58 *Diademe vom Typ Istebné (355. 356)*

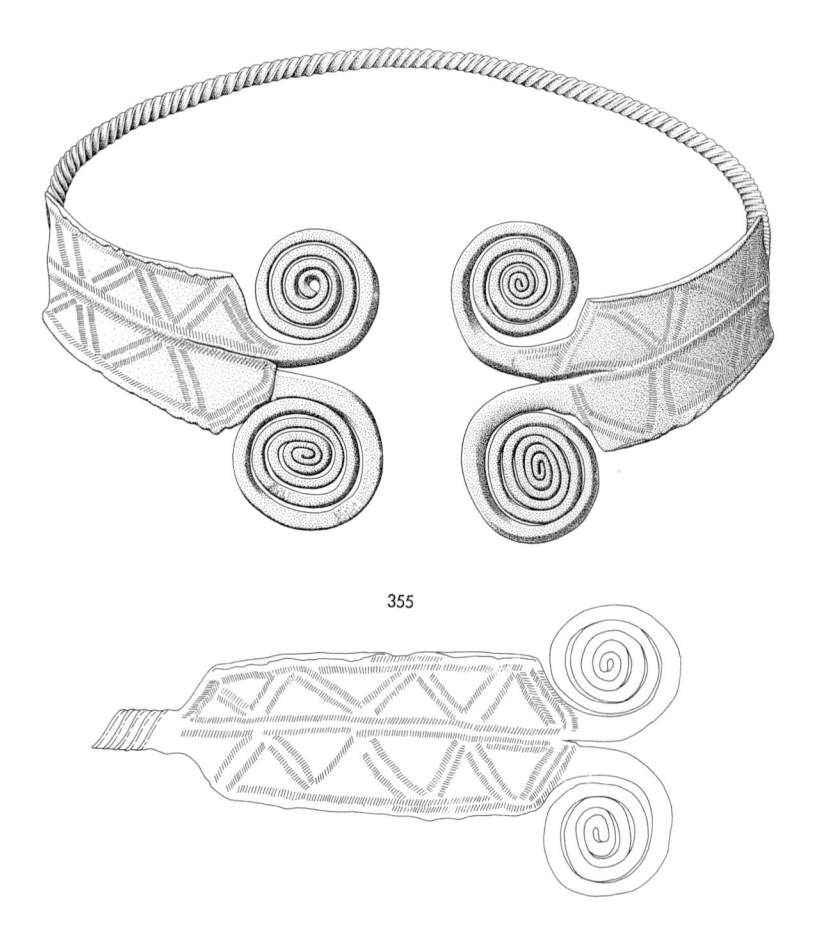

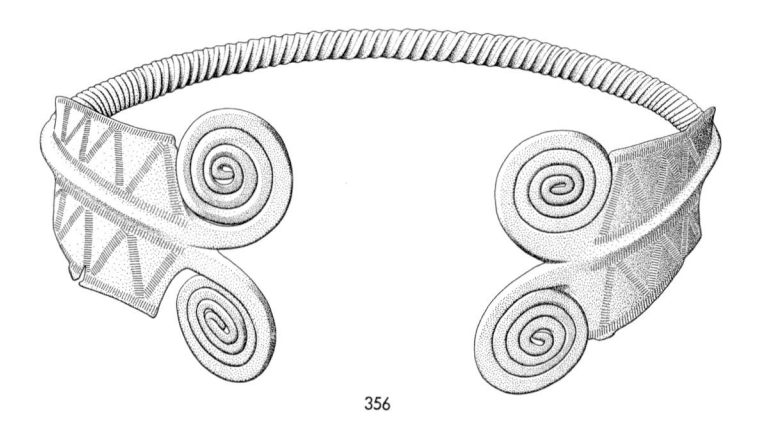

355

356

355 Sebeslavce. – 356 Dobšiná. – (355 nach Hampel; 356 nach Marton).
M. 1:2

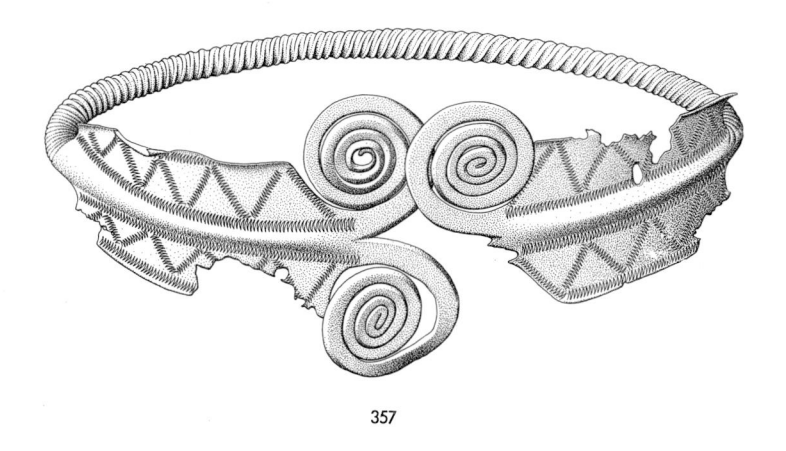

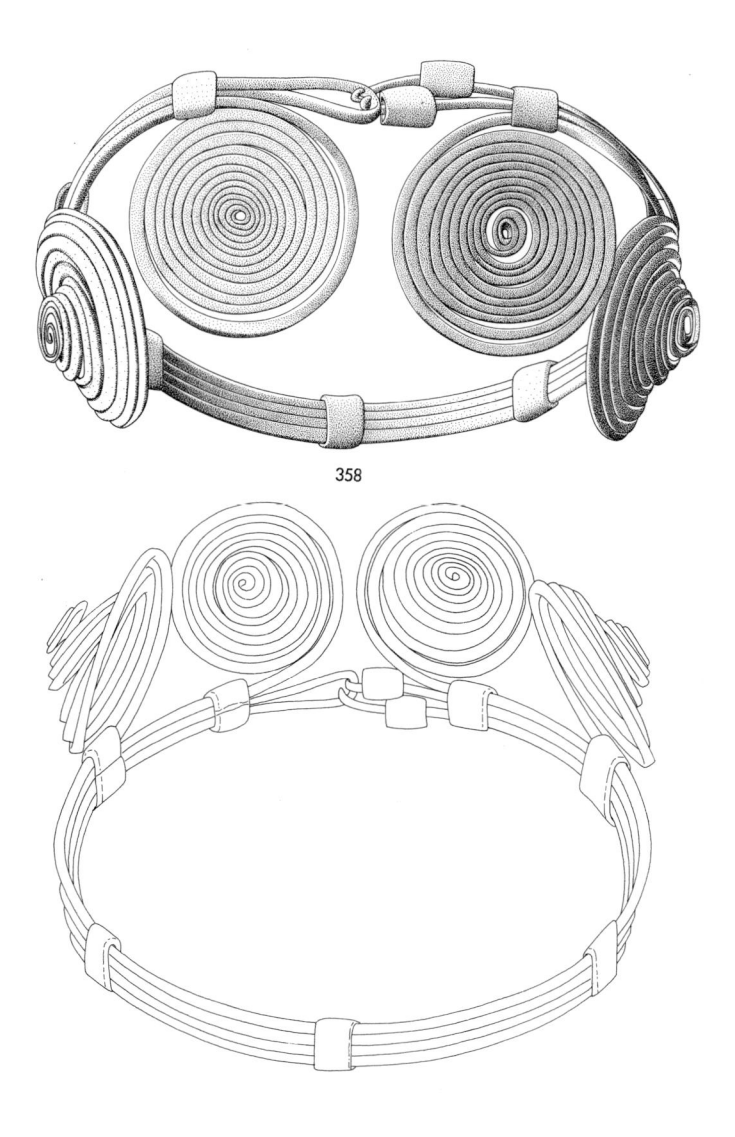

Diadem vom Typ Istebné (357); Drahtdiadem mit Seitenspiralen (358) TAFEL 59

357

358

357 Fundort unbekannt. – 358 Medvedzie. – (357 nach Foltiny; 358 nach Hampel).
M. 1:2

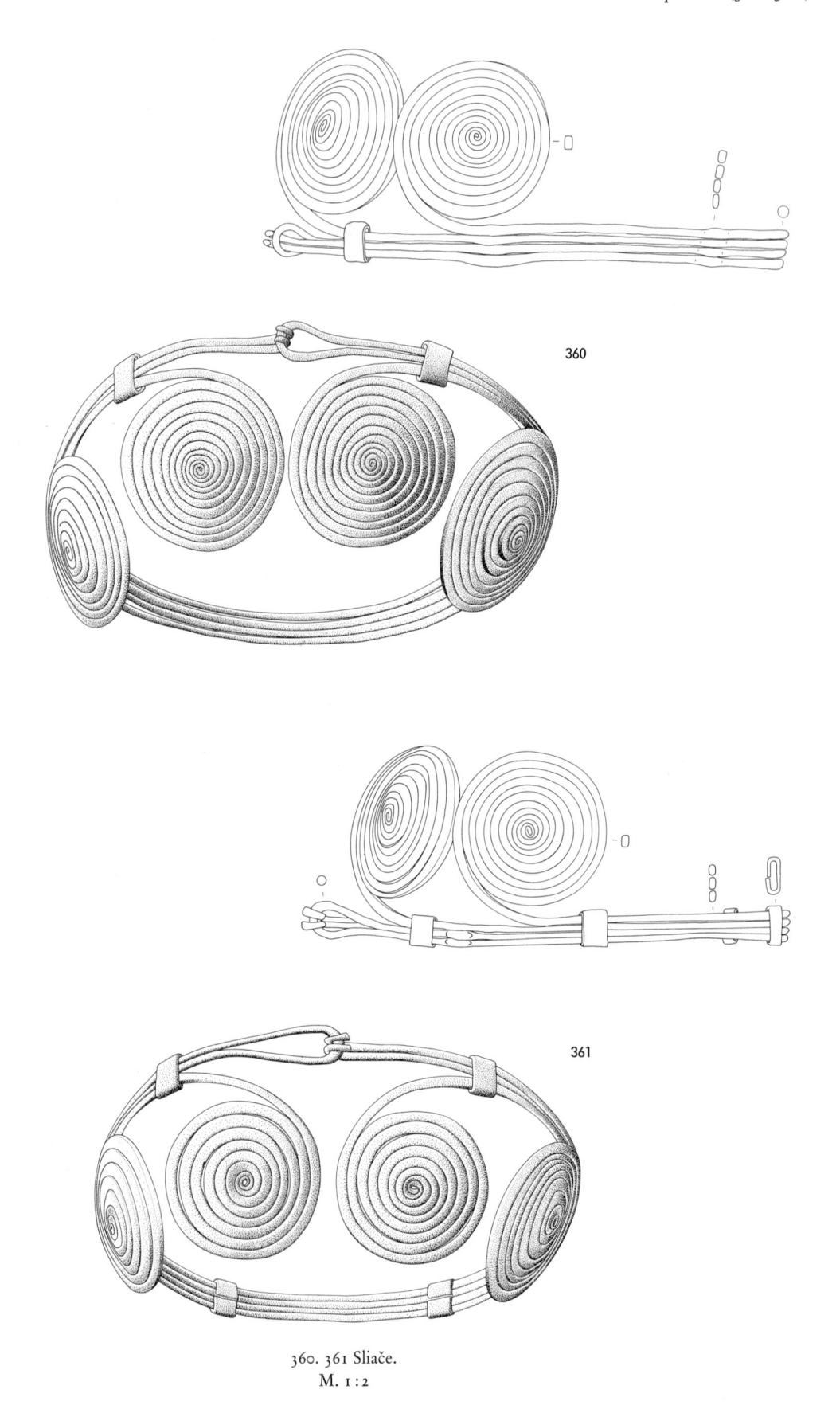

TAFEL 60 Drahtdiademe mit Seitenspiralen (360. 361)

360

361

360. 361 Sliače.
M. 1:2

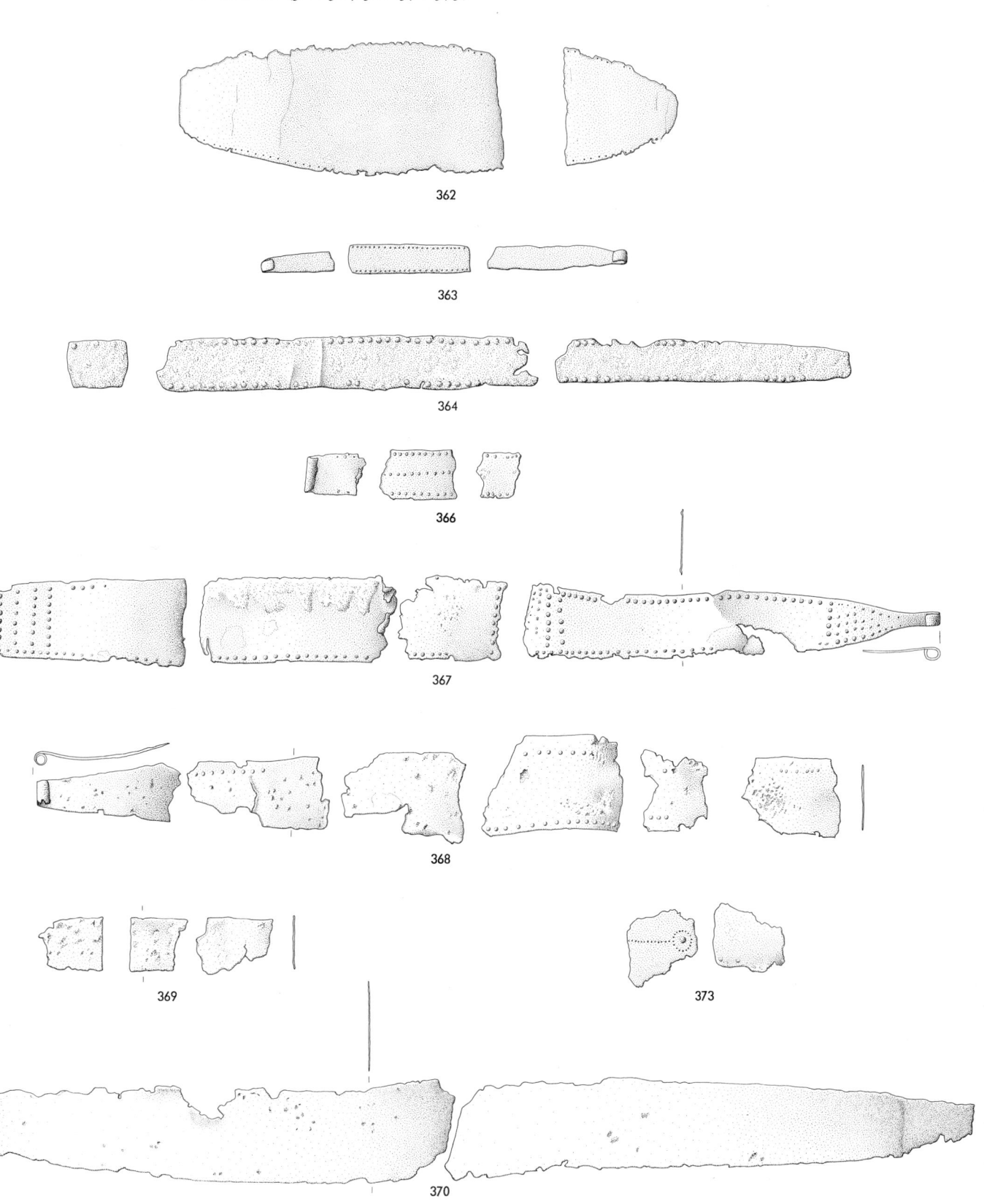

Blechstirnbänder und -diademe (362–364. 366–370. 373) TAFEL 61

362 Veľká Lomnica (s. auch Taf. 72, A). – 363. 364 Výčapy-Opatovce (zu 363 s. auch Taf. 74, E; zu 364 s. auch Taf. 75, A). – 366. 367 Bánov (zu 366 s. auch Taf. 74, C; zu 367 s. auch Taf. 74, D). – 368. 369 Hurbanovo (s. auch Taf. 76, A). – 370 Veľký Grob (s. auch Taf. 73, A). – 373 Branč (s. auch Taf. 75, D). – (363 nach Schubert; 364 nach Točík).
M. 1:2

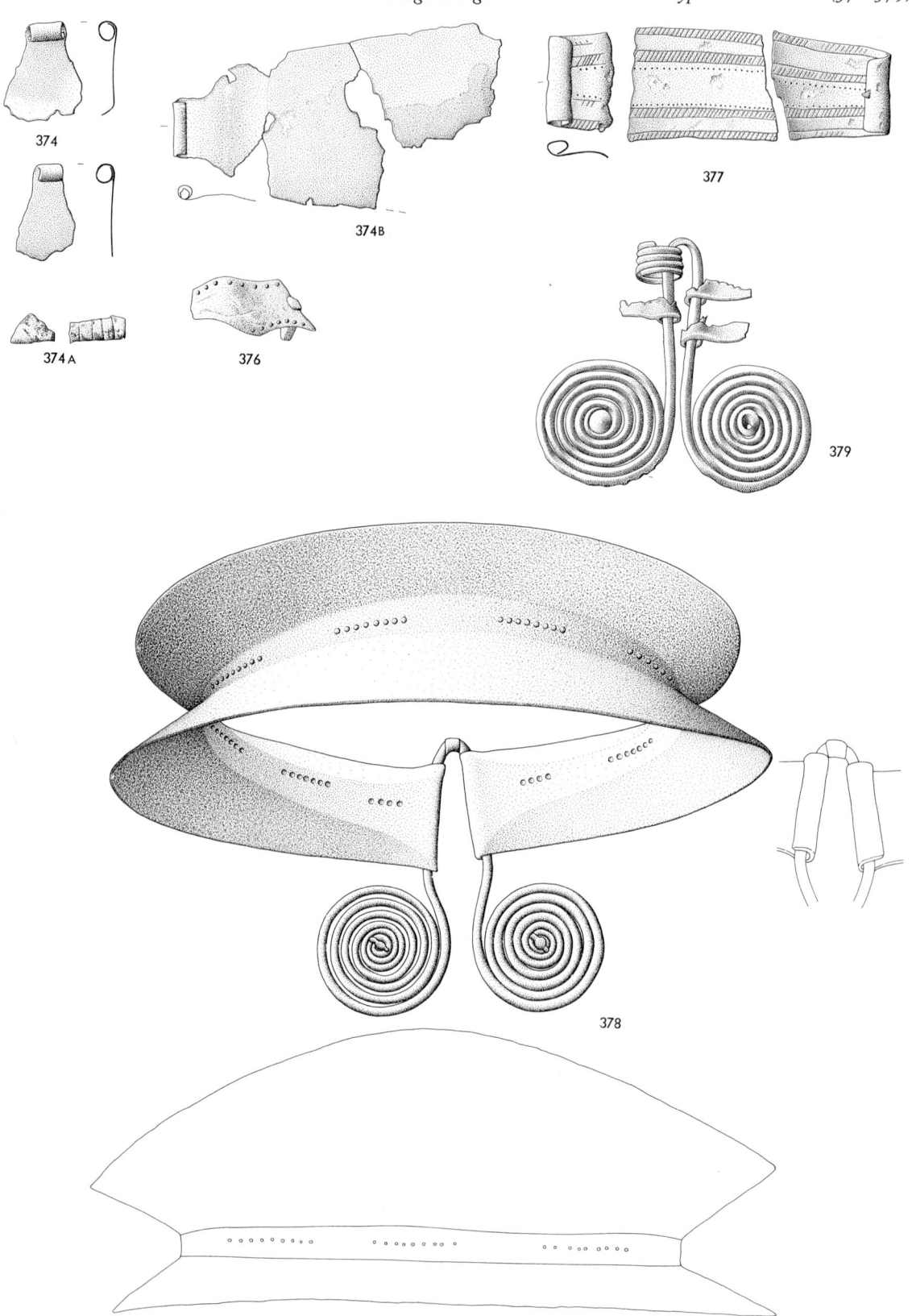

TAFEL 62　　　　　　　　　　　　　　　　　　*Blechstirnbänder und -diademe (374–374 B. 376. 377);*
　　　　　　　　　　　　　　　　　　　　　　　kragenartige Blechdiademe vom Typ Vácszentlászló (378. 379)

374 Bernolákovo. – 374 A Bajč. – 374 B Čierna Voda. – 376 Malé Kršteňany. – 377 Dedinka. – 378 Fundort unbekannt. – 379 Rimavská Sobota. – (374 A nach Točík; 376 nach Porubský; 377 nach Paulík).
M. 1:2

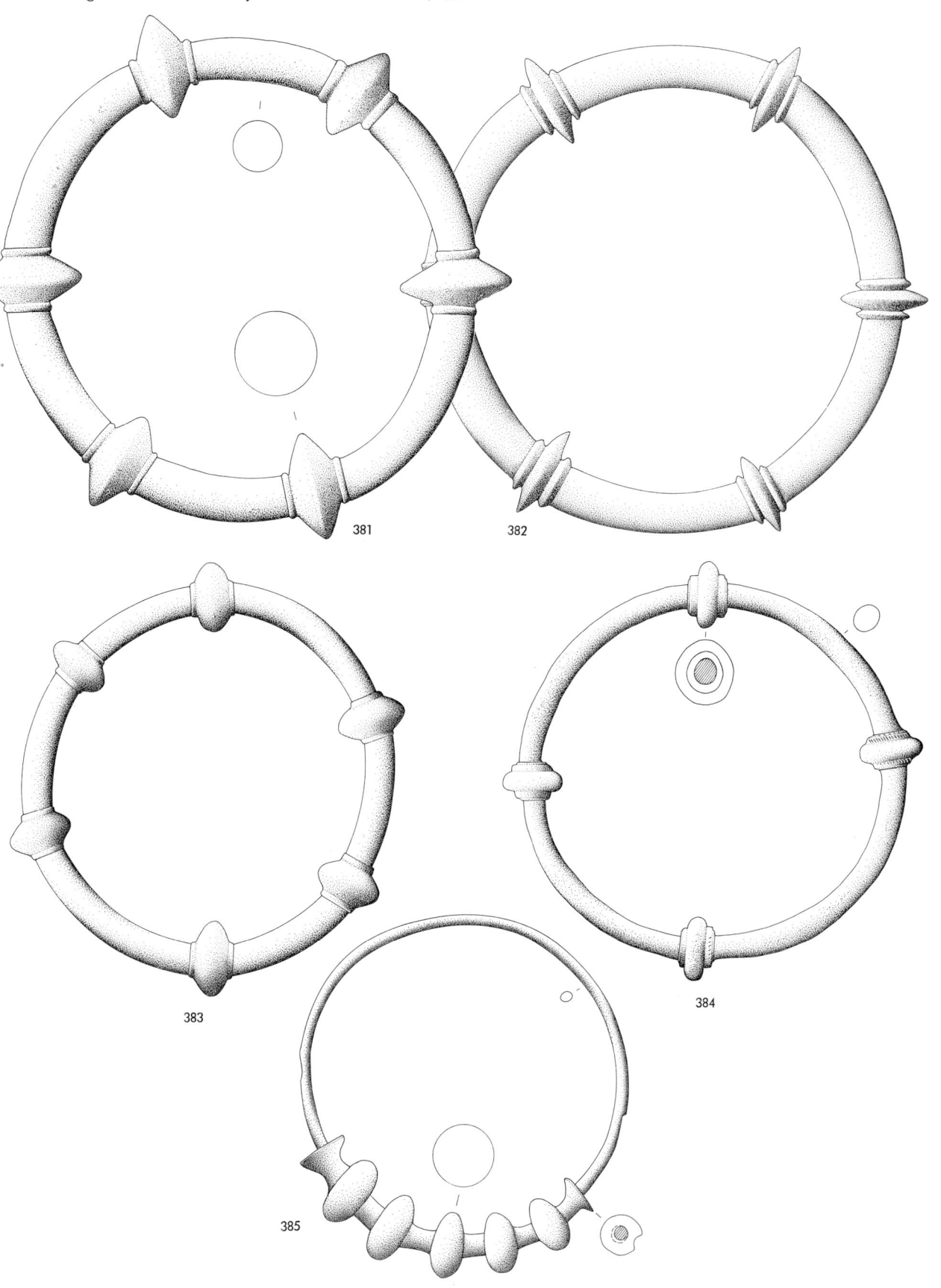

Sonstige, nicht näher klassifizierbare Stücke (381–385) TAFEL 63

381 382

383 384

385

381. 382 Gemerský Lipovec. – 383 Slovensko. – 384. 385 Fundort unbekannt.
M. 1:2

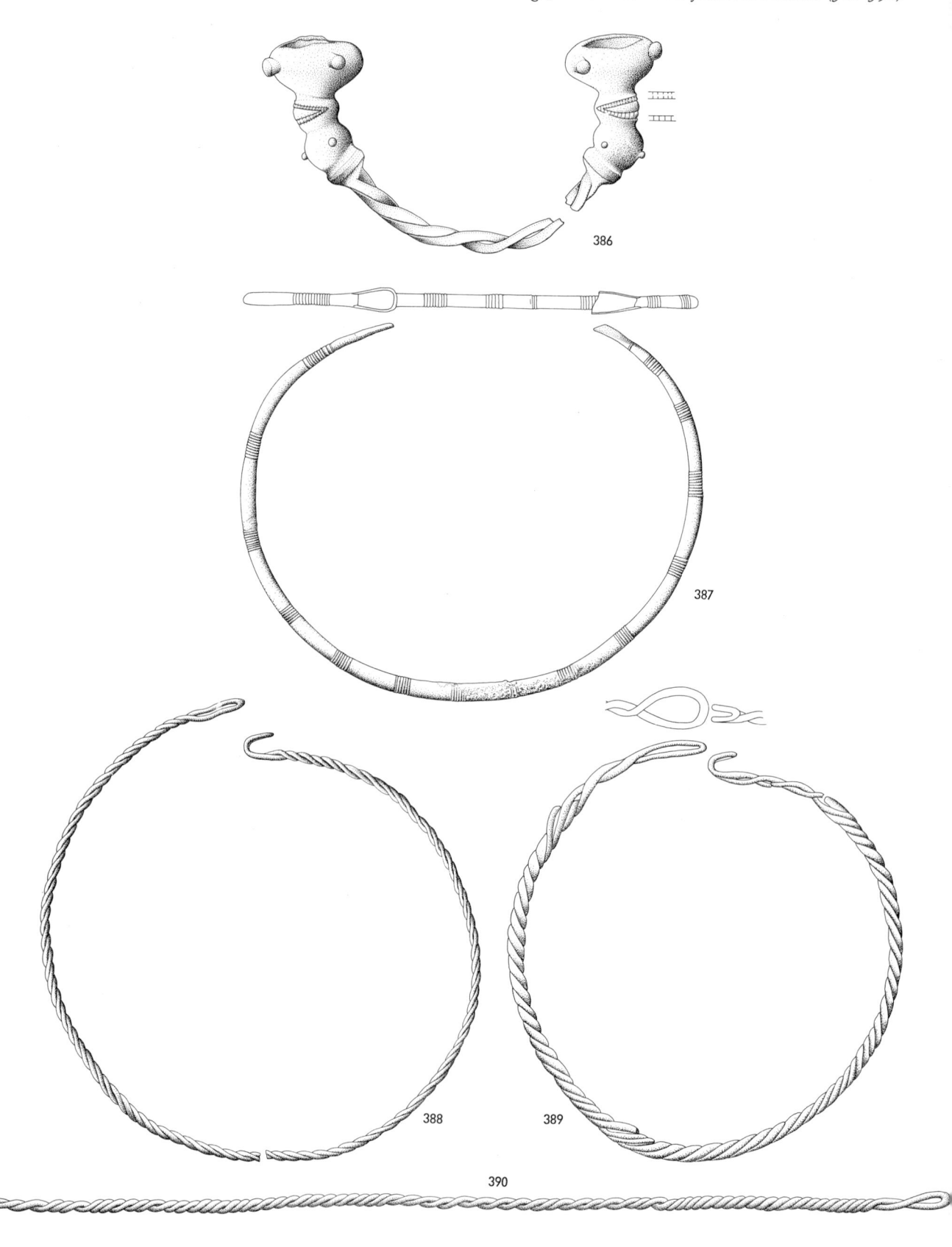

TAFEL 64 *Sonstige, nicht näher klassifizierbare Stücke (386–390)*

386 Istebné-Hrádok. – 387 Chotín. – 388 Marcelová. – 389 Fundort unbekannt. – 390 Gemer. – (388 nach Eisner; 390 nach Hampel).
M. 1:2

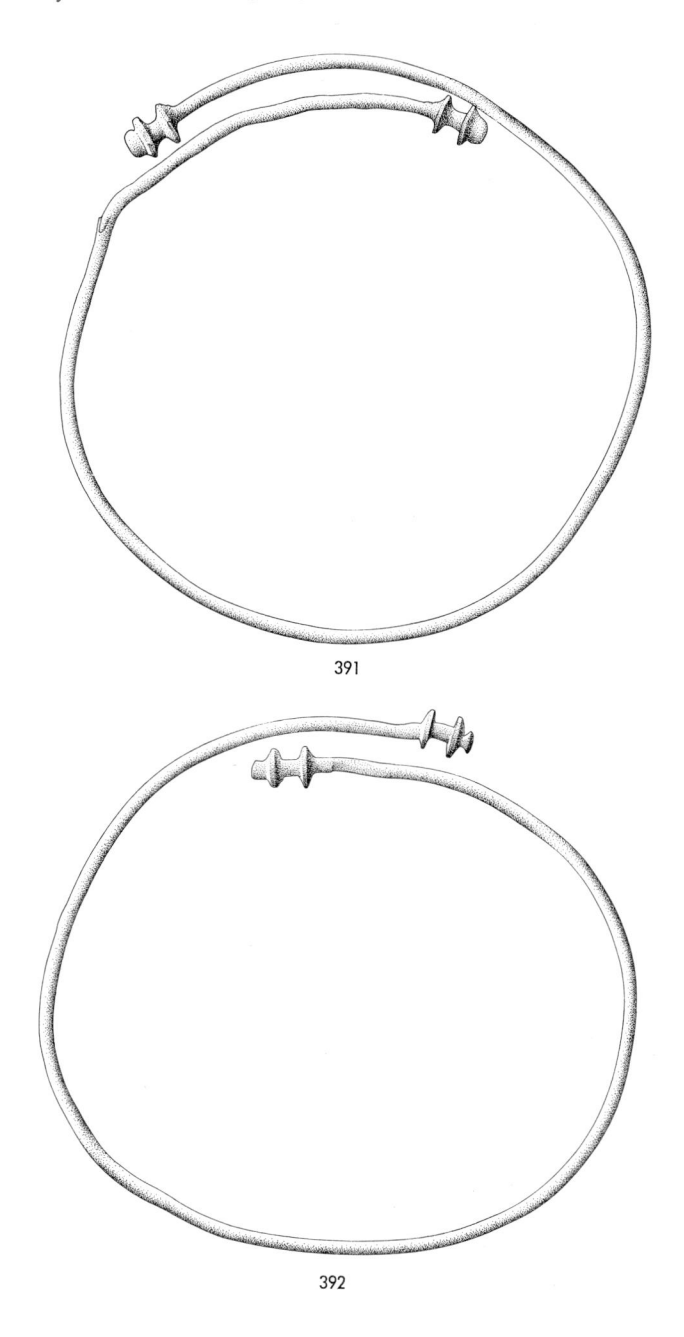

Sonstige, nicht näher klassifizierbare Stücke (391. 392) TAFEL 65

391

392

391. 392 Košice.
M. 1:2

TAFEL 66

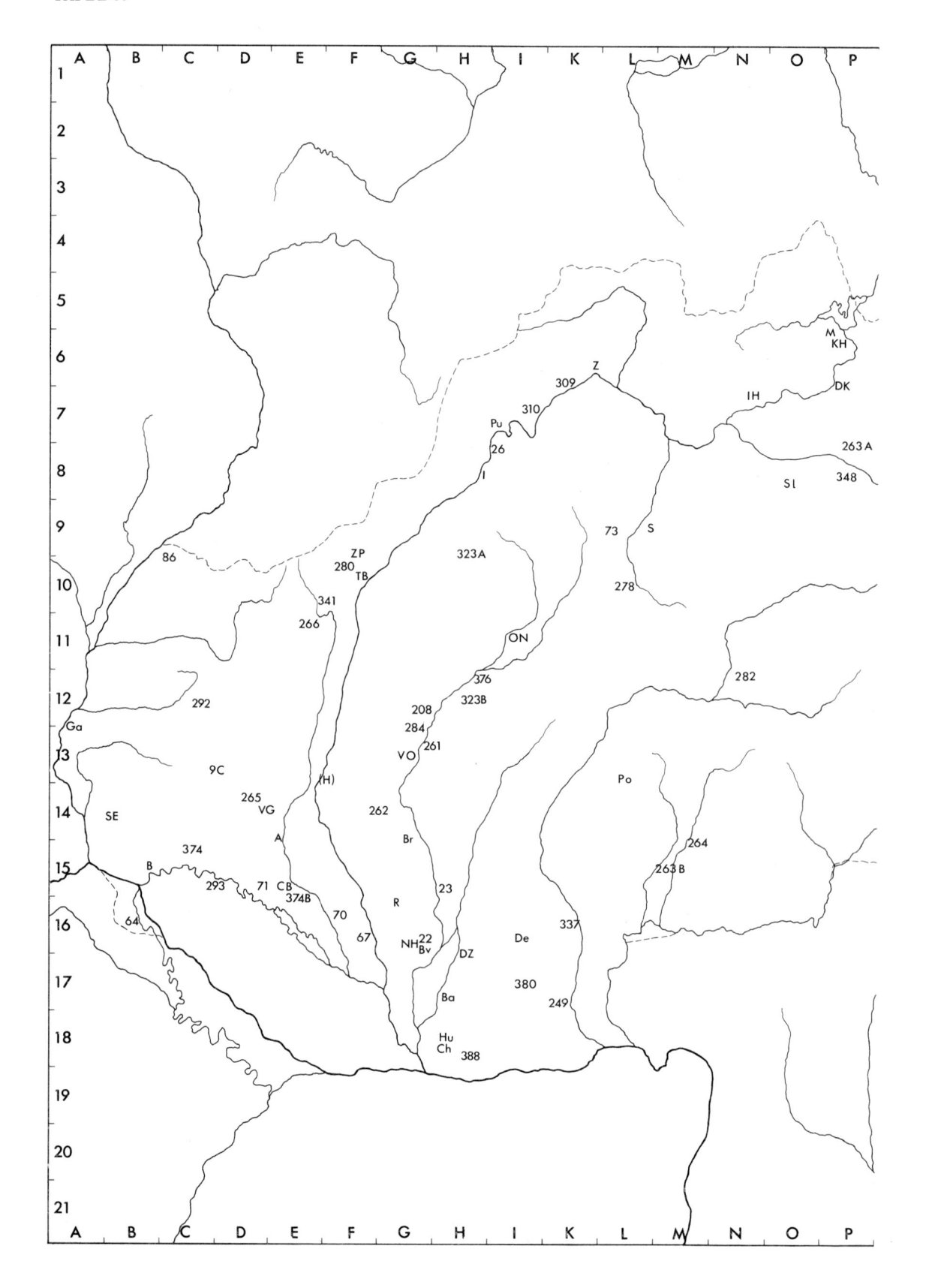

Verbreitung der im vorliegenden Band erfaßten Halsringe und Diademe aus der Slowakei. Die Zahlen entsprechen den im Text und auf den Tafeln angegebenen Fundnummern, für die Buchstabenabkürzungen vgl. das Verzeichnis S. 79.

TAFEL 67

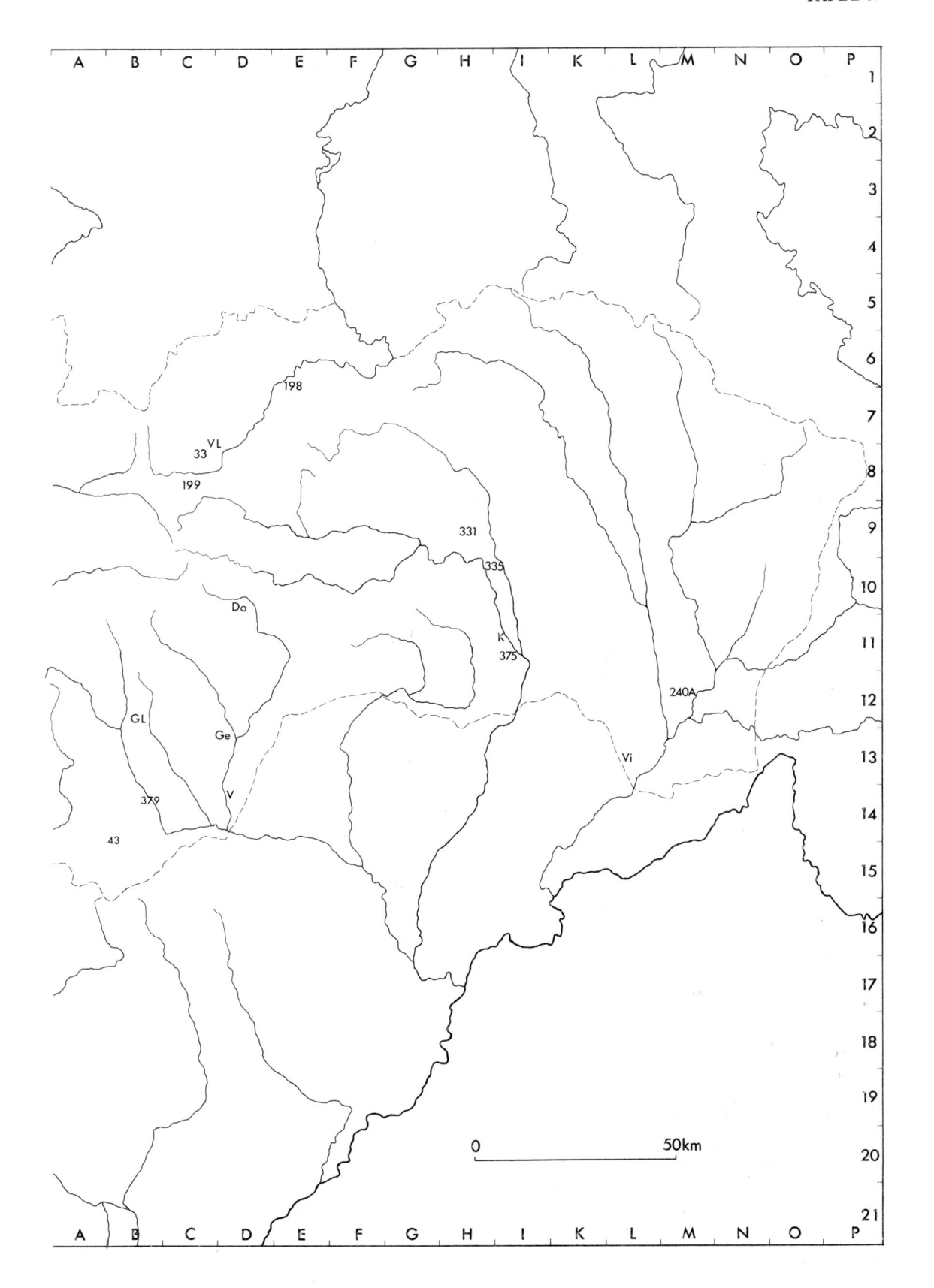

TAFEL 68

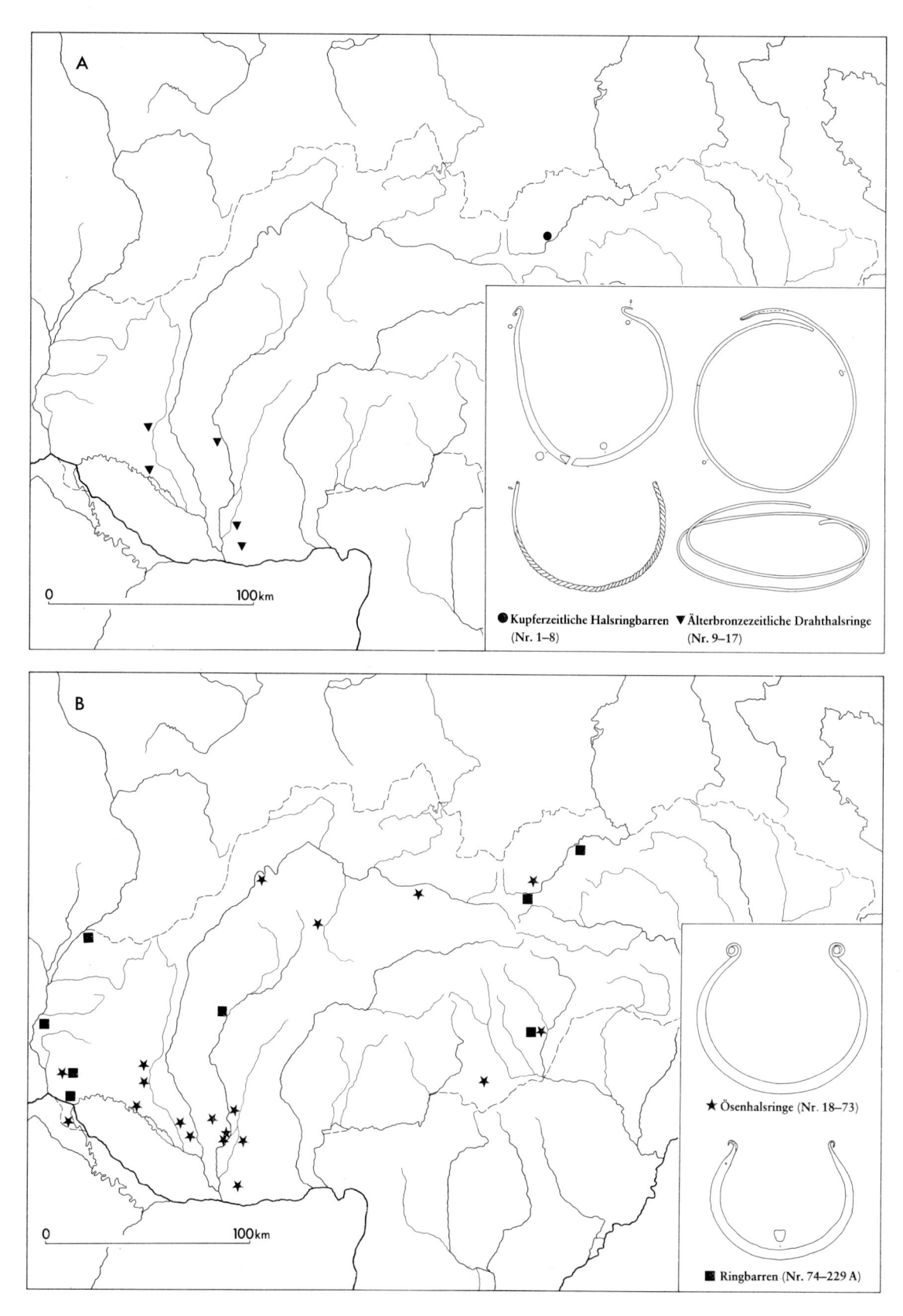

A Verbreitung der kupferzeitlichen Halsringbarren und der älterbronzezeitlichen Drahthalsringe. – B Verbreitung der Ösenhalsringe und Ringbarren.

TAFEL 69

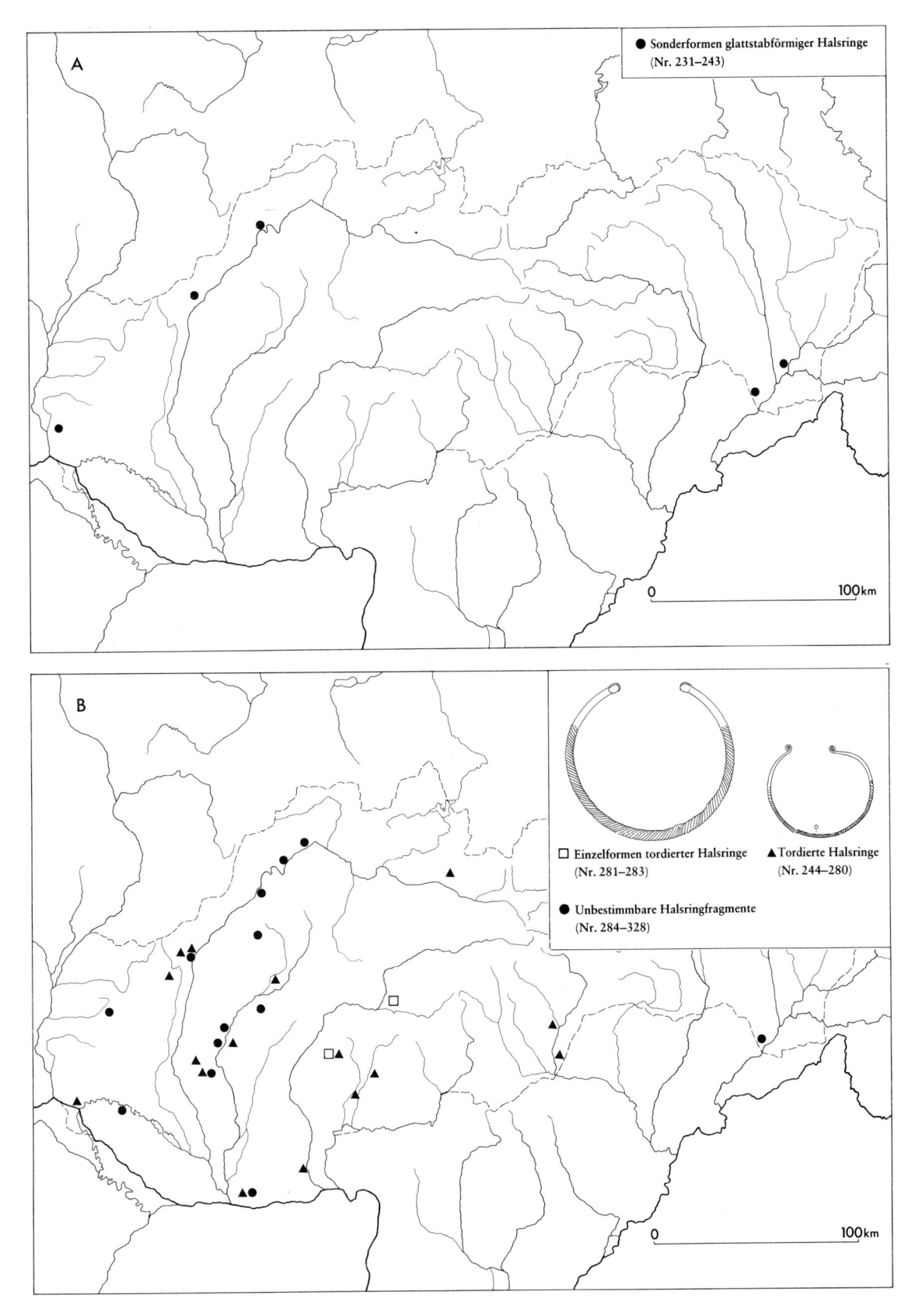

● Sonderformen glattstabförmiger Halsringe
(Nr. 231–243)

□ Einzelformen tordierter Halsringe
(Nr. 281–283)

▲ Tordierte Halsringe
(Nr. 244–280)

● Unbestimmbare Halsringfragmente
(Nr. 284–328)

A Verbreitung der Sonderformen glattstabförmiger Halsringe. – B Verbreitung der tordierten Halsringe, ihrer Einzelformen und unbestimmbarer Halsringfragmente.

TAFEL 70

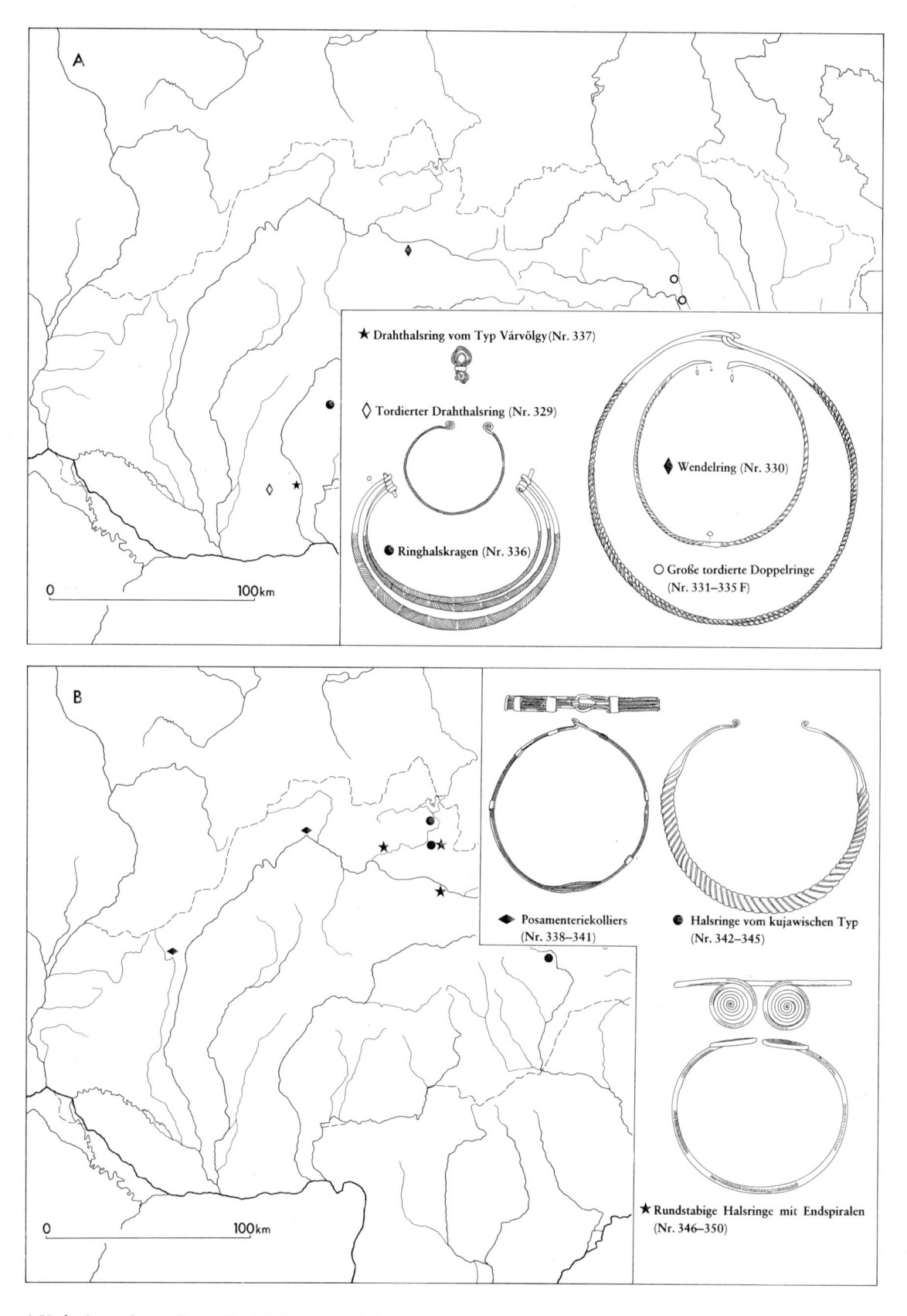

★ Drahthalsring vom Typ Várvölgy (Nr. 337)

◇ Tordierter Drahthalsring (Nr. 329)

◆ Wendelring (Nr. 330)

● Ringhalskragen (Nr. 336)

○ Große tordierte Doppelringe (Nr. 331–335 F)

◆ Posamenteriekolliers (Nr. 338–341)

● Halsringe vom kujawischen Typ (Nr. 342–345)

★ Rundstabige Halsringe mit Endspiralen (Nr. 346–350)

A Verbreitung des tordierten Drahthalsringes und des Wendelringes, der großen tordierten Doppelringe, des Ringhalskragens und des Drahthalsringes vom Typ Várvölgy. – B Verbreitung der Posamenteriekolliers, der Halsringe vom kujawischen Typ und der rundstabigen Halsringe mit Endspiralen.

TAFEL 71

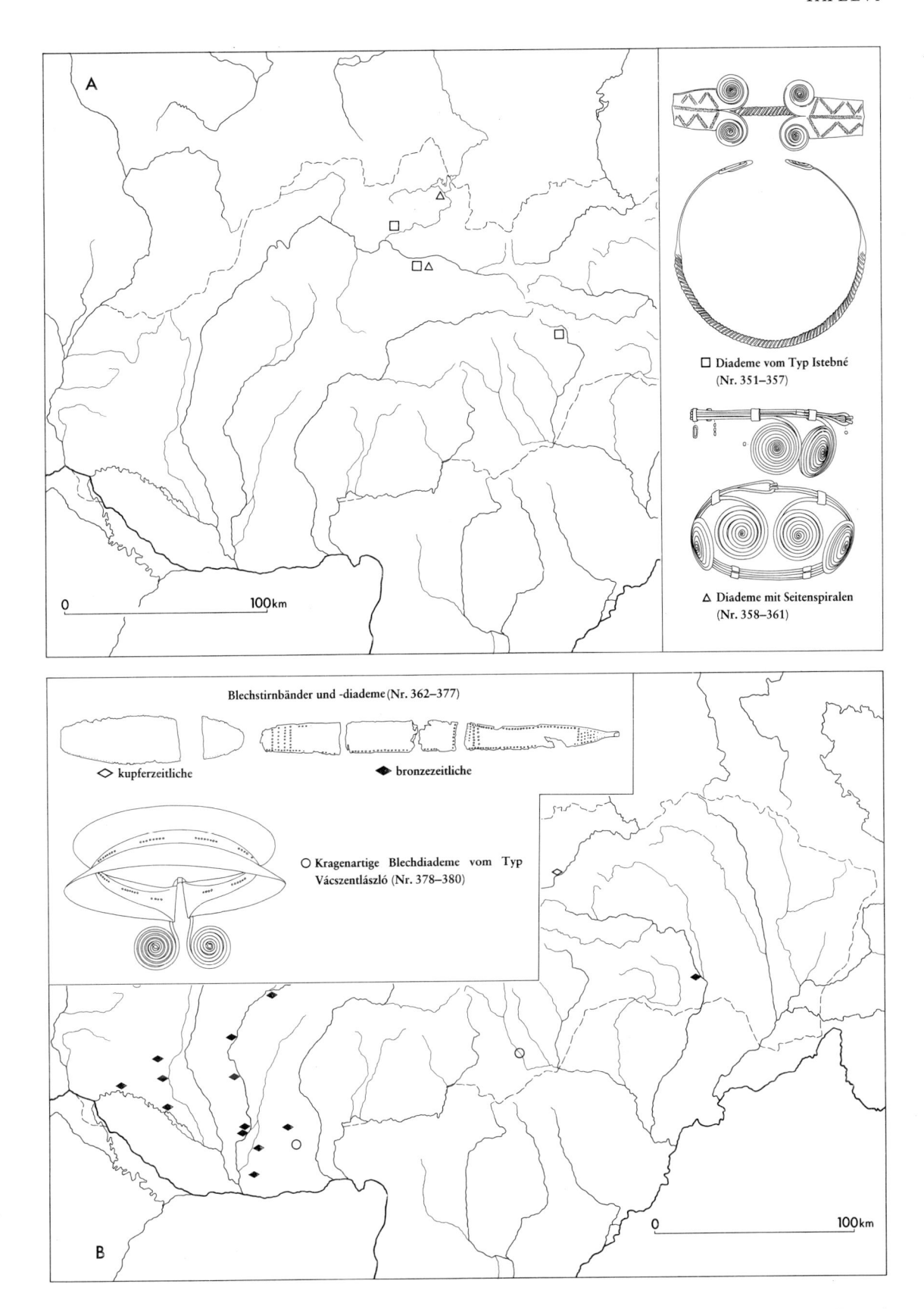

☐ Diademe vom Typ Istebné
(Nr. 351–357)

△ Diademe mit Seitenspiralen
(Nr. 358–361)

Blechstirnbänder und -diademe (Nr. 362–377)

◇ kupferzeitliche   ◆ bronzezeitliche

○ Kragenartige Blechdiademe vom Typ Vácszentlászló (Nr. 378–380)

A Verbreitung der Diademe vom Typ Istebné und der Diademe mit Seitenspiralen. – B Verbreitung der Blechstirnbänder und -diademe und der kragenartigen Blechdiademe vom Typ Vácszentlászló.

TAFEL 72

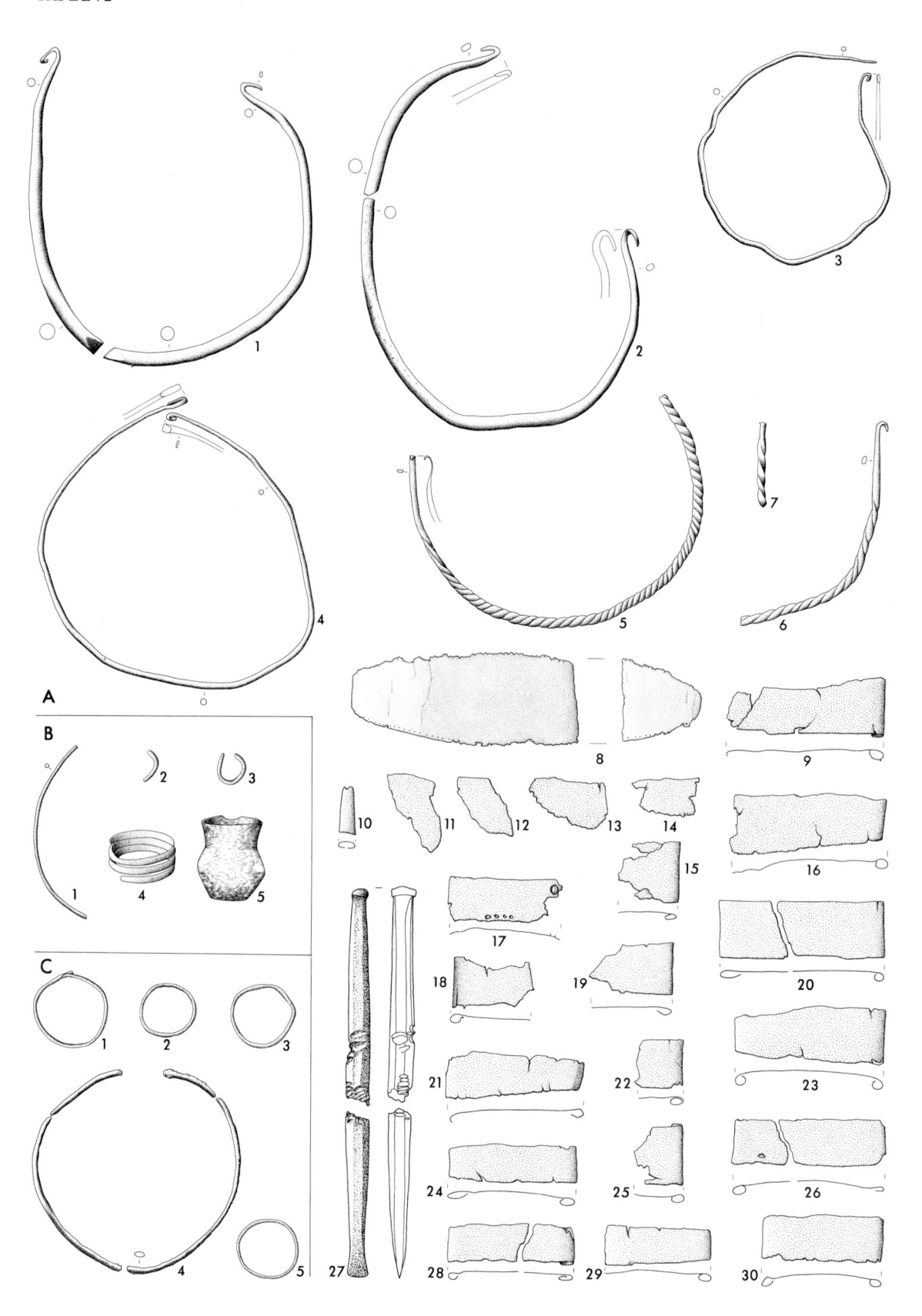

A Veľká Lomnica (Nr. 1–8. 362). – B Hurbanovo, Gr. 25 (Nr. 13). – C Veľký Grob, Gr. 15 (Nr. 15). – (B z. T. nach Točík; C z. T. nach Chropovský/Dušek/Polla).
Keramik 1:6; sonst M. 1:3

TAFEL 73

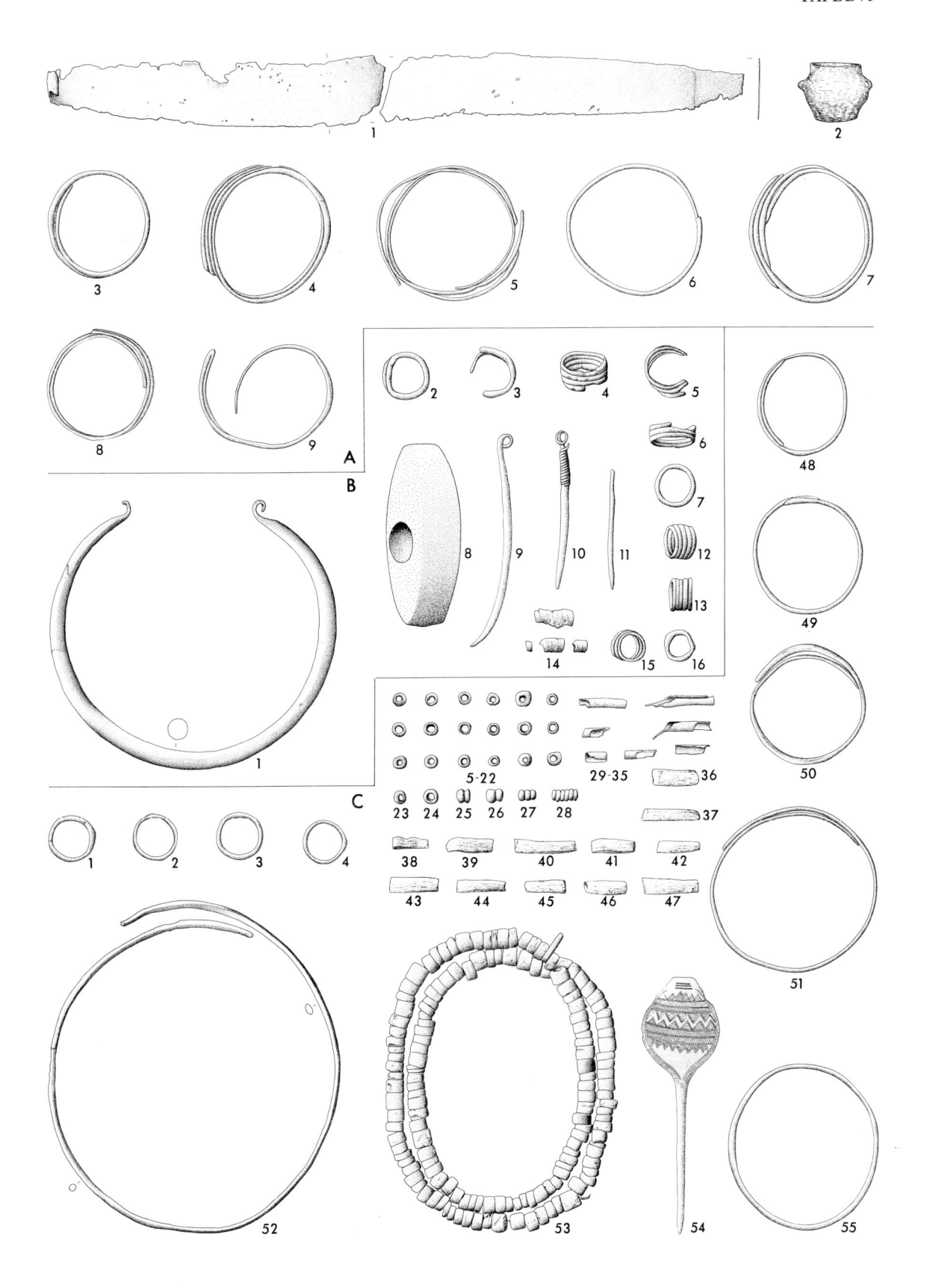

A Veľký Grob, Gr. 12 (Nr. 370). – B Veľký Grob, Gr. 19 (Nr. 58). – C Veľký Grob, Gr. 61 (Nr. 16). – (A–C z. T. nach Chropovský/Dušek/Polla).
Keramik M. 1:6; sonst M. 1:3

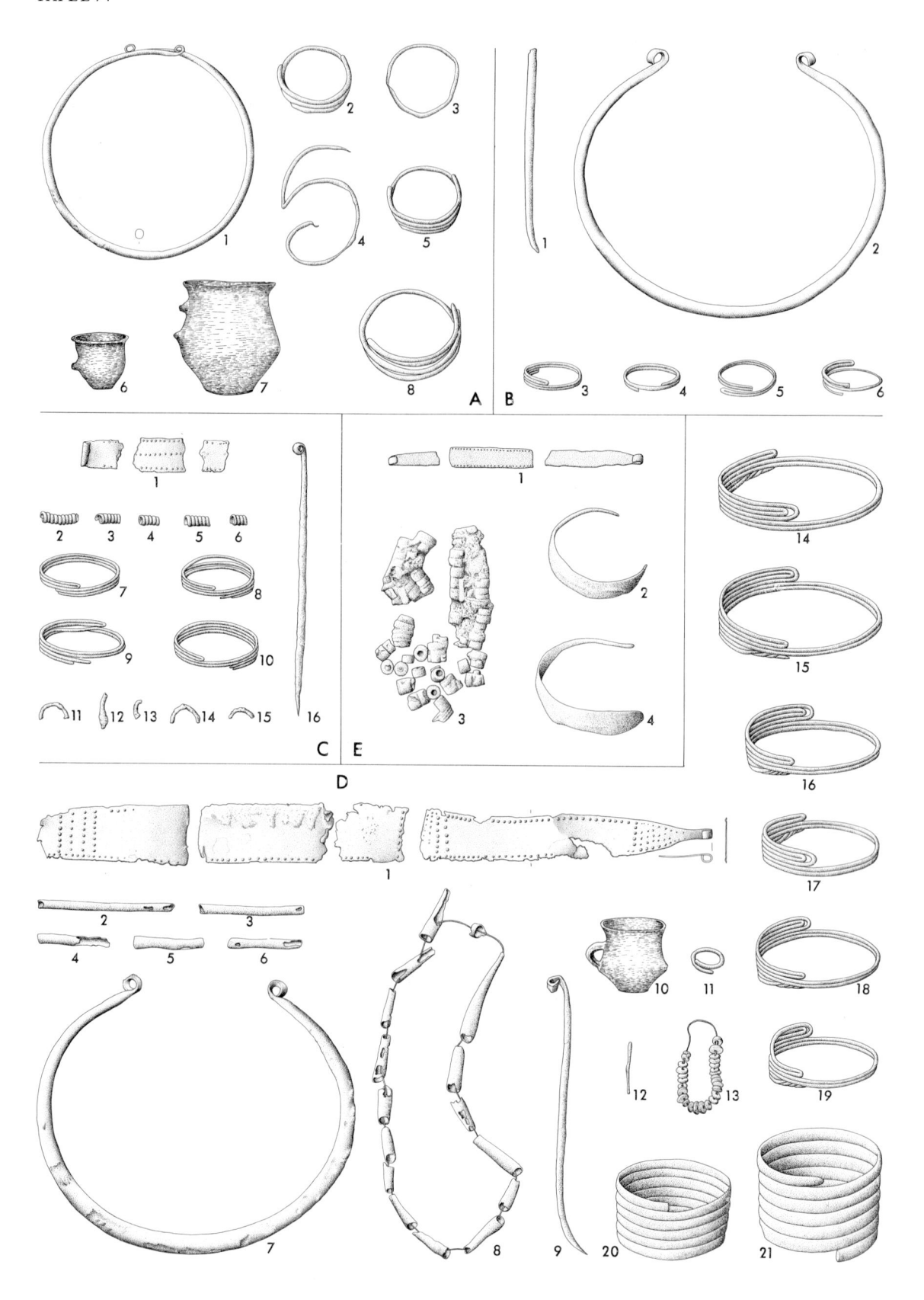

TAFEL 74

A Veľký Grob, Gr. 30 (Nr. 20). – B Šurany, Gr. 1 (Nr. 22). – C Bánov, Gr. 9 (Nr. 366). – D Bánov, Gr. 29 (Nr. 27. 367). – E Výčapy-Opatovce, Gr. 182 (Nr. 363). – (A z. T. nach Chropovský/Dušek/Polla; B–E z. T. nach Točík).
Keramik M. 1:6; sonst M. 1:3

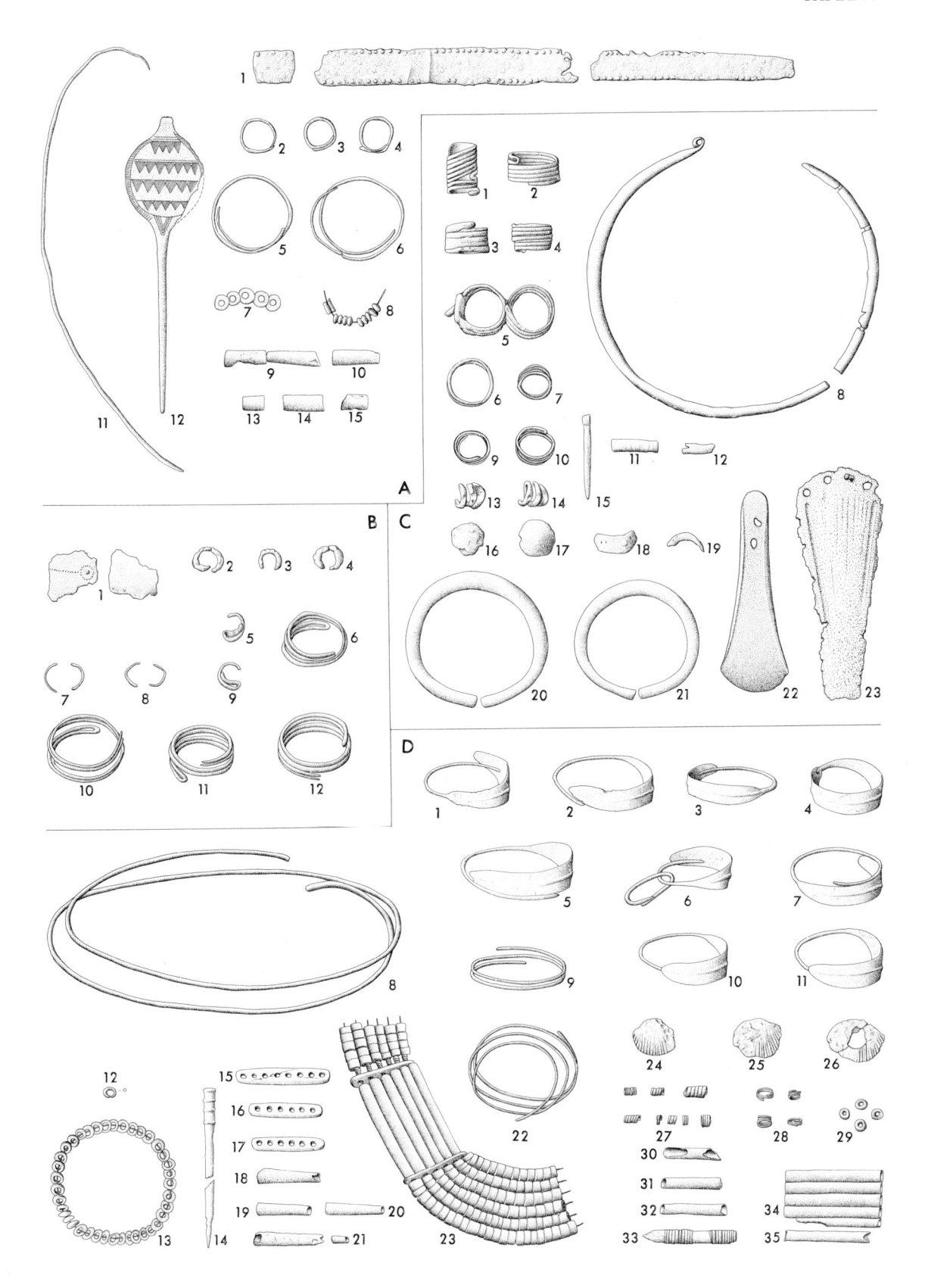

TAFEL 75

A Výčapy-Opatovce, Gr. 270 (Nr. 364). – B Bajč, Gr. 26 (Nr. 9 A). – C Branč, Gr. 278 (Nr. 373). – D Branč, Gr. 160 (Nr. 17). –
(A. B z. T. nach Točík; C. D z. T. nach Vladár).
Keramik M. 1:6; sonst M. 1:3

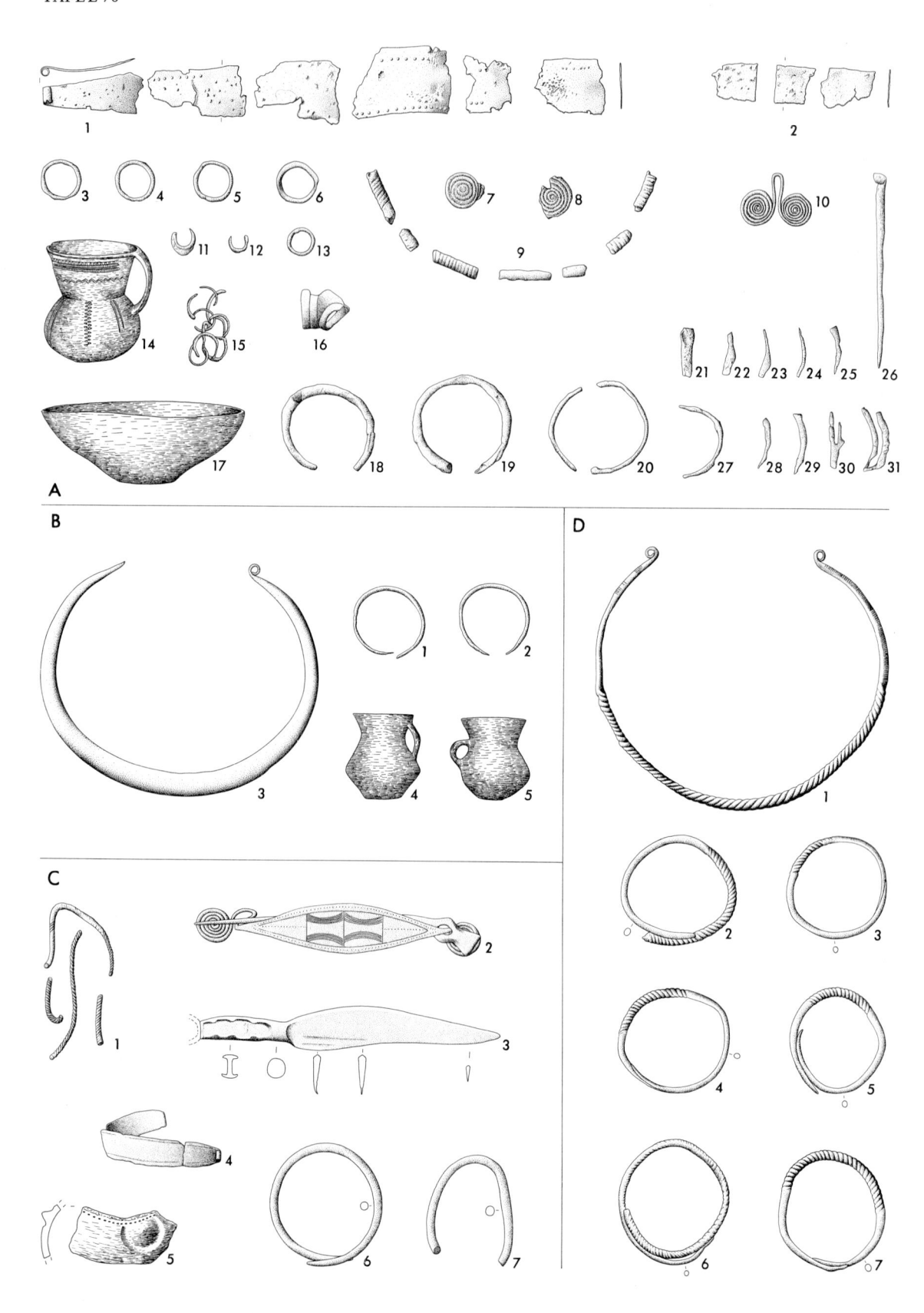

TAFEL 76

A Hurbanovo, Gr. 62 (Nr. 368. 369). – B Rusovce, Gr. 12 (Nr. 64). – C Veľký Grob (Nr. 285). – D Ehem. Komitat Gemer (Nr. 258). – (A z. T. nach Točík; B z. T. nach Köszegi; C z. T. nach Paulík/Chropovský).
Keramik M. 1:6; sonst M. 1:3

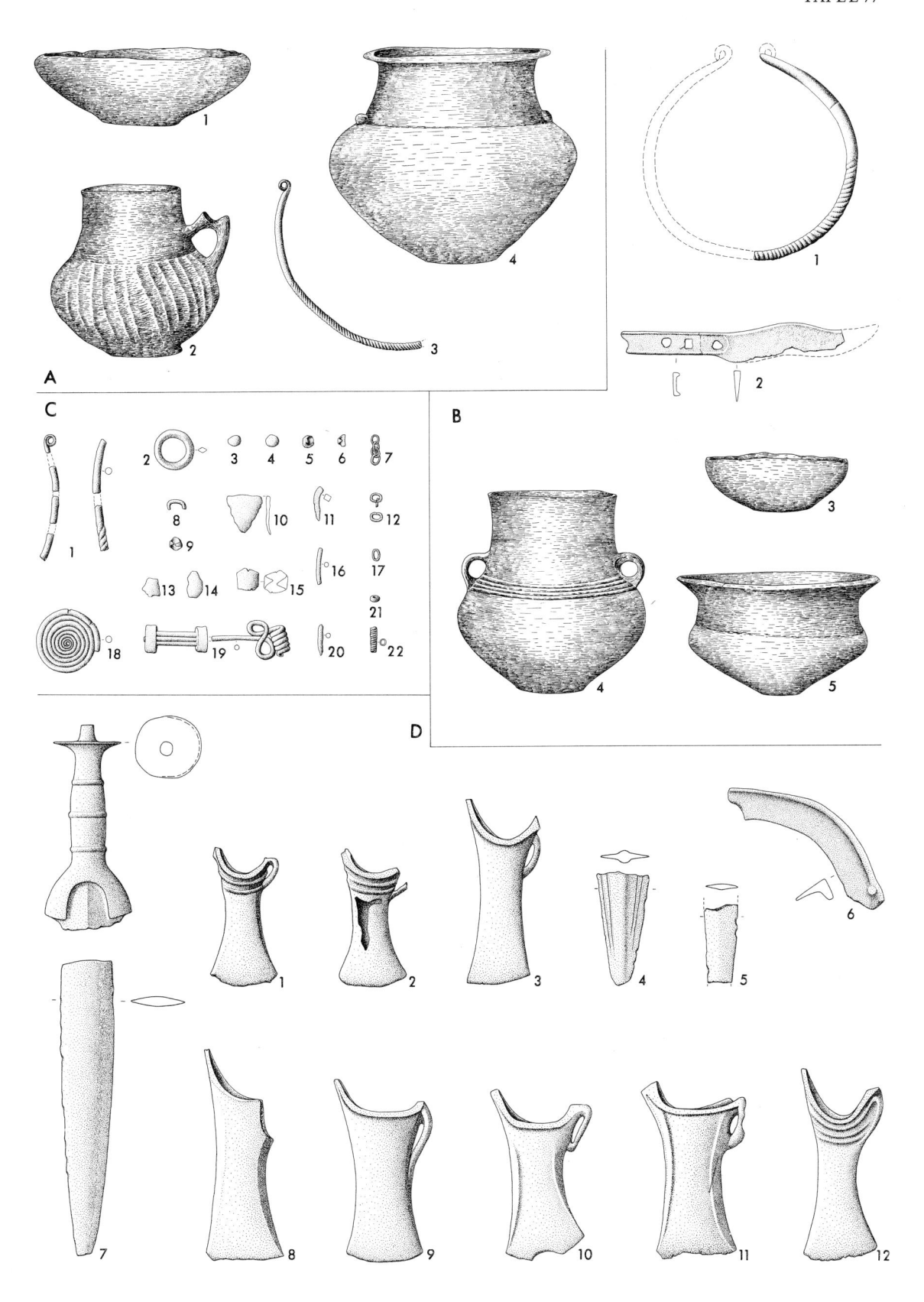

TAFEL 77

A Chotín, Gr. 59 (Nr. 248). – B Chotín, Gr. 40 (Nr. 251). – C Chotín, Gr. 293 (Nr. 252). – D Kopčany (Nr. 240 A; s. auch Taf. 78). – (A. B z. T. nach Dušek; C z. T. nach Paulík; D z. T. nach Demeterová-Pollaková).
Keramik M. 1:6; sonst M. 1:3

TAFEL 78

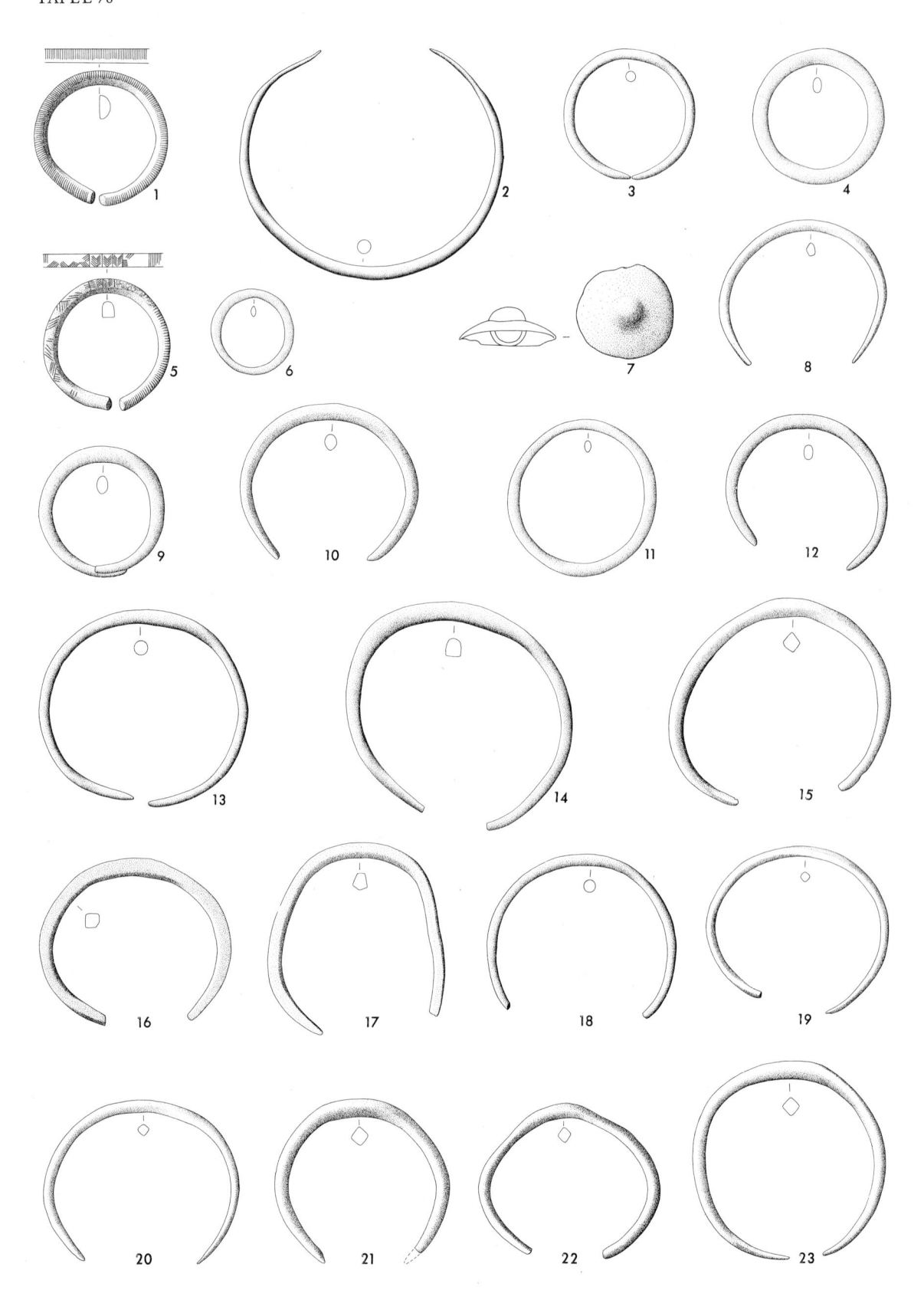

Kopčany (Nr. 240 A; s. auch Taf. 77, D). – (z. T. nach Demeterová-Pollaková).
M. 1:3

TAFEL 79

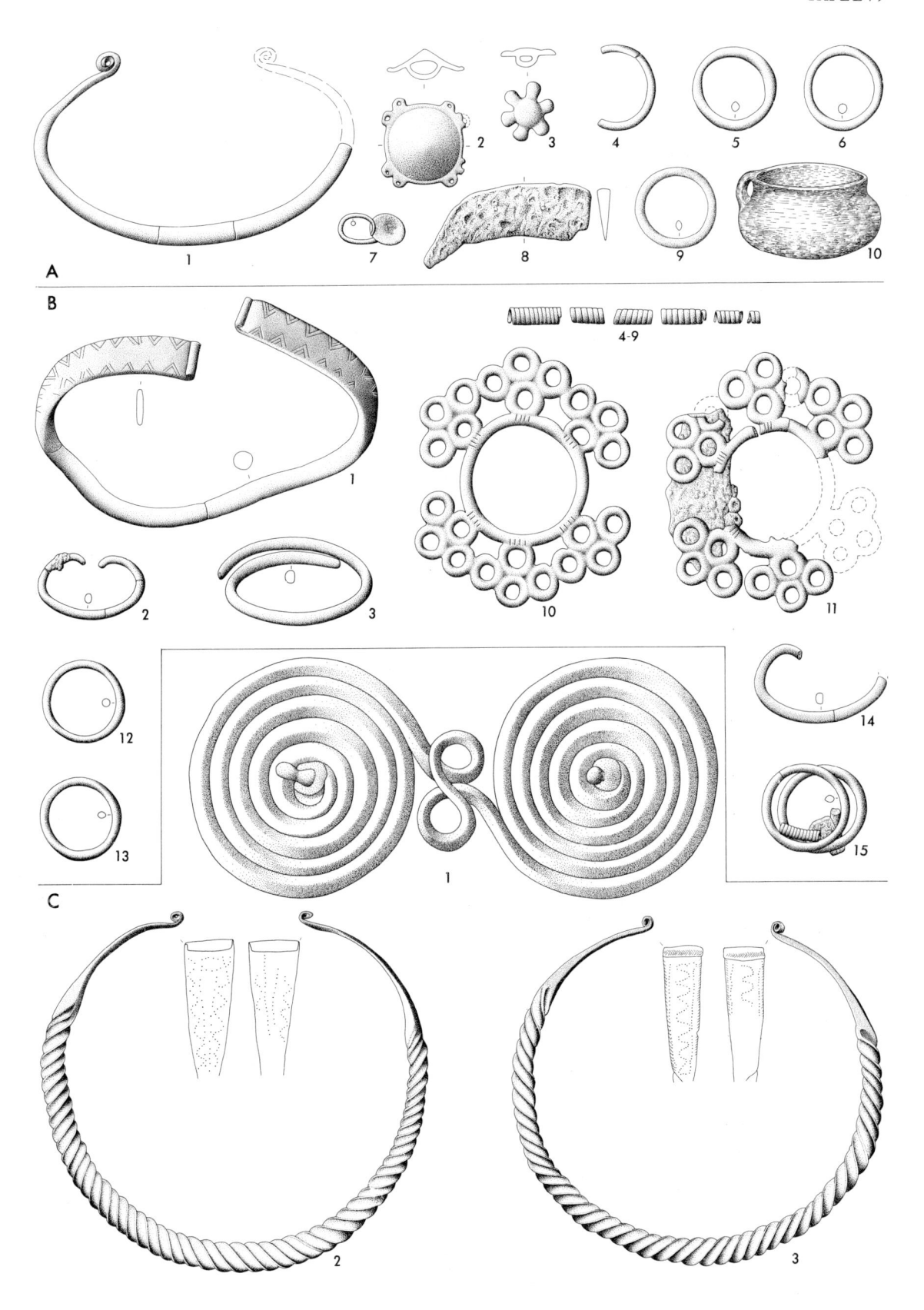

A Dolný Kubín, Gr. 112 (Nr. 349). – B Dolný Kubín, Gr. 136 (Nr. 345). – C Krásna Hôrka (Nr. 342. 343; s. auch Taf. 80). – (A. B z. T. nach Čaplovič; C z. T. nach Hampel).

M. 1:3

TAFEL 80

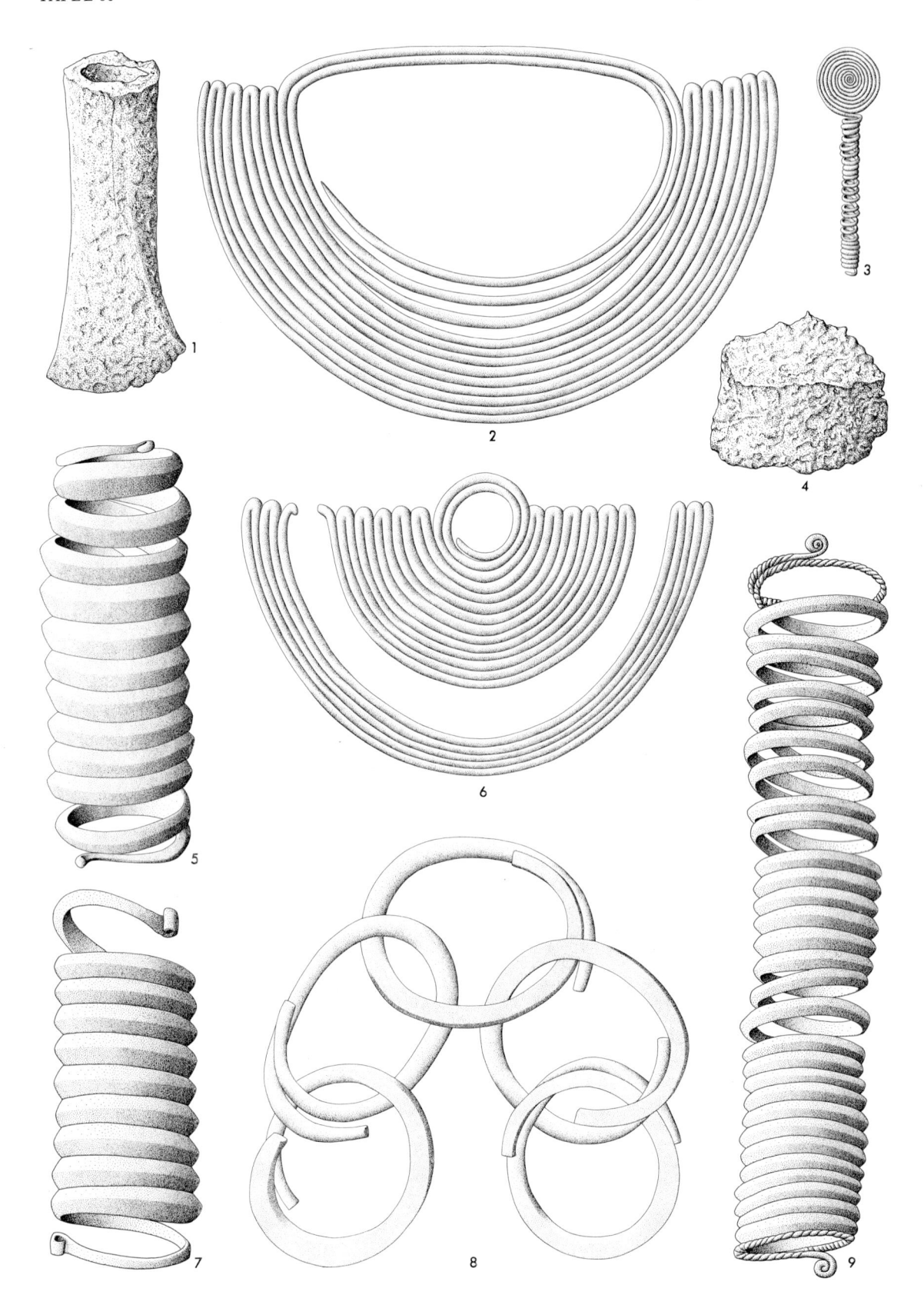

Krasna Horka (Nr. 342. 343; s. auch Taf. 79, C). – (z. T. nach Hampel).
M. 1:3

TAFEL 81

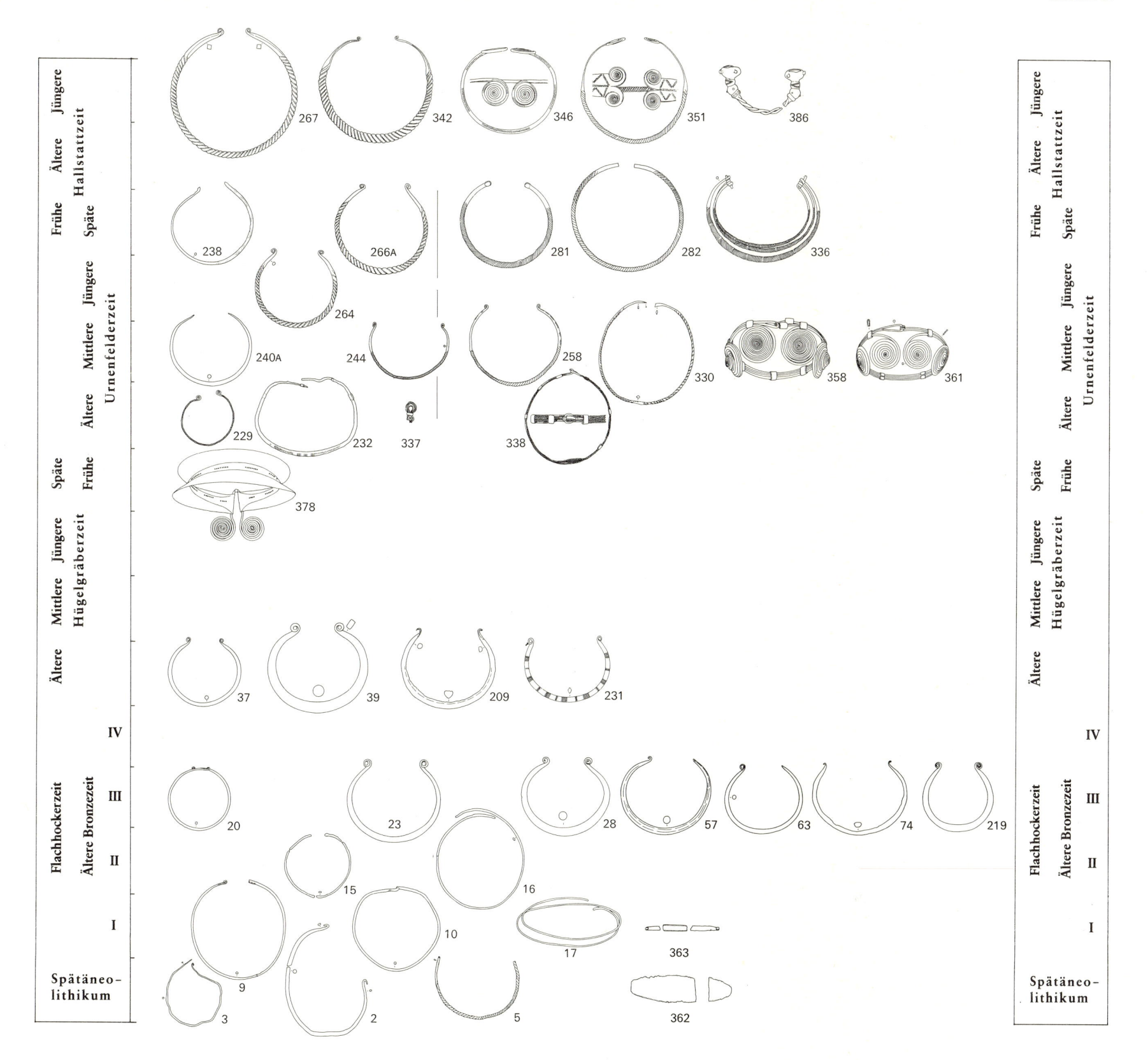

Chronologische Stellung der in der Slowakei vorkommenden Halsringe und Diademe.

PRÄHISTORISCHE BRONZEFUNDE

Abteilung XI · Anhänger und Halsschmuck

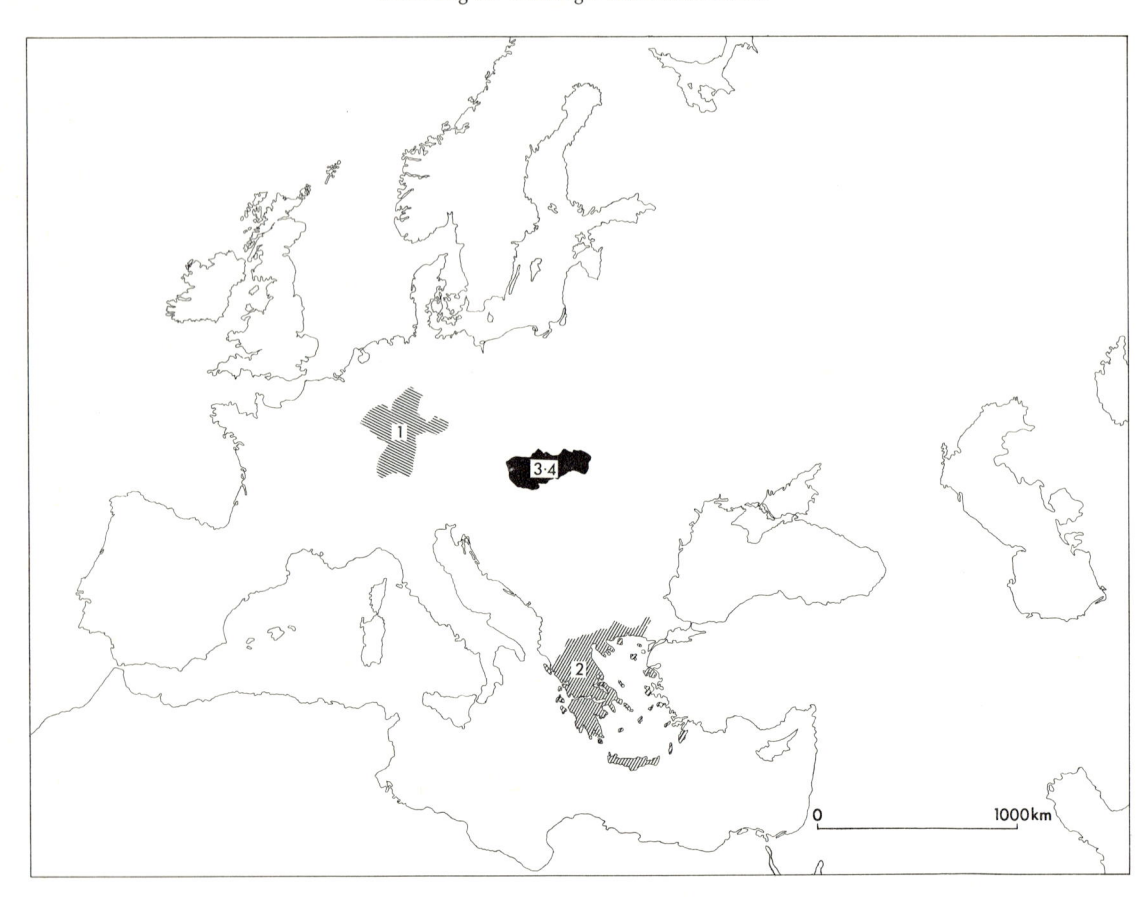

1. U. Wels-Weyrauch, Die Anhänger und Halsringe in Südwestdeutschland und Nordbayern (1978)
2. I. Kilian-Dirlmeier, Anhänger in Griechenland von der mykenischen bis zur geometrischen Zeit (1979)
3. V. Furmánek, Die Anhänger in der Slowakei (1980)
4. M. Novotná, Halsringe und Diademe in der Slowakei (1984)